PLATÓN

LA REPÚBLICA

•FONTANA•

PLATÓN

LA REPÚBLICA

TRADUCCIÓN:

PATRICIO DE AZCARATE

PRÓLOGO Y PRESENTACIÓN:

FRANCESC LL. CARDONA

Doctor en Historia y Catedrático

BookTrade

LA REPÚBLICA, Platón

Prólogo / Presentación: Francesc Lluis Cardona
Traducción: Patricio de Azcarate
Diseño gráfico / Ilustración portada: Daniel Jurado
Ilustración en portada basada en "La escuela de Atenas", de Rafael Sanzio, 1511.

Edita: Olmak Trade S.L.
C/ Roca Plana 1
08110 - Montcada i Reixac
Barcelona (España)

www.olmaktrade.com
info@olmaktrade.com

@O_BookTrade
#ClásicosFontana

Impreso en España / Printed in Spain

I.S.B.N: 978-84-10109-53-7
Depósito Legal: B 10085-2024

Estudio preliminar

Platón: el autor y su mundo

Nació en Atenas el año 427 a. C. y falleció en la misma ciudad en la plenitud de su vida intelectual en el 347. Pertenecía a una familia noble y de ancestral abolengo, cuyos orígenes pretendían remontarse a Codro, primer monarca ateniense y al sabio estadista Solón. Su nombre auténtico era Aristocles, pero su maestro de gimnasia le puso por mote "Platón", que es más como se le conoce, por sus anchas espaldas. Físicamente era bello y perfecto.

Desde la muerte de Pericles (429 a. C.) por la peste, en los indicios de la nefasta guerra del Peloponeso (431-404 a. C.), Platón sería coetáneo de la ruina de su patria, circunstancia que provocaría en él el deseo de un Estado mejor y más justo. Desengañado de la política, Sócrates lo encaminó por el derrotero de la filosofía que lo conduciría a la fama. Durante casi un decenio y hasta su injusta pena capital, quedó estrecha y profundamente vinculado a su doctrina y a su persona, y fue su más fidelísimo discípulo y continuador.

Como ejemplo de resignación y de acatamiento de las leyes humanas, Sócrates bebió la cicuta en el 399 a. C., cuando podía haber huido. Platón denomina a su maestro en el *Fedón* –el mejor hombre de su tiempo– y en el *Gorgias*, "el único estadista verdadero", porque intentó engrandecer su cuidado por la vía de hacer mejores, más virtuosos y críticos a sus ciudadanos y despreciando las riquezas y el mayor poderío militar. Los trágicos acontecimientos que provocaron la desaparición del gran precursor del pensamiento filosófico dejaron un impacto indeleble en Platón, que decidió conservar su recuerdo y su doctrina a través de ese extraordinario monumento que fueron sus *Diálogos*.

Autoejecutada su sentencia condenatoria por el propio Sócrates tras el estruendoso escándalo de su proceso, cuya base fue en el fondo única y exclusivamente política, Platón abandonó un enrarecido ambiente de su ciudad y se puso en contacto con otras escuelas filosóficas, como la de Euclides de Megara y quizá las de Cirene y Egipto.

Regresa a Atenas por poco tiempo, y después recorre la Magna Grecia o Italia meridional, estrechando relaciones con la escuela pitagórica de Tarento. Hacia el 390 a. C., nos lo encontramos en Siracusa, en la corte del tirano Dioniso, en donde por espacio de casi tres años intentó poner en práctica, sin resultado, sus ideales políticos. La aventura por poco termina desgraciadamente, puesto que Platón, sospechoso de conspiración, terminó por ser entregado como prisionero de guerra a un embajador espartano y a duras penas pudo conseguir la libertad.

De nuevo en su ciudad natal, funda alrededor del 388 la *Academia* de la que fue su alma durante casi cuarenta años. Dos nuevas tentativas políticas en Siracusa; a la muerte de Dionisio el Viejo y llegado al poder Dionisio el Joven (sobrino del anterior), vuelven a fracasar, y Platón se ciñó hasta su muerte a su genial meditación filosófica, a su gran labor de escritor y a la enseñanza viva en su querida *Academia*, emplazada en una finca con arboleda, próxima al río Cefiso, en el camino de Eleusis (la famosa ciudad de los misterios órficos) y cuyo nombre deriva del héroe Academo. Esta famosa escuela perduró hasta el año 529 d. C., en que la mandó clausurar el emperador Justiniano. Platón ejerció en ella su docto magisterio en colaboración estrecha y profunda con su máximo discípulo, Aristóteles. La tradición nos ha conservado que a nuestro gran filósofo le sorprendió la muerte plácidamente, cuando asistía a un banquete nupcial.

Escritos

Aunque con algunos problemas cronológicos y de autoría, la obra de Platón se conserva casi completa, siendo, con la aristotélica, los dos pilares de la filosofía griega. Su valor literario es quizás el más alto de toda la cultura griega, maravillándonos con el hallazgo de las expresiones y metáforas justas que dan a luz una nueva forma de pensamiento. Escapa a nuestra mente poder valorar, por incalculable, la aportación platónica a la formación del lenguaje filosófico de todos los tiempos. El genial ateniense escoge el *diálogo* como género literario para expresar su doctrina, en estrecha relación con su sistema dialéctico o de discusión como método filosófico. Muchos de ellos alcanzan una sobrecogedora belleza poética.

De los 36 diálogos que han llegado hasta nosotros el protagonista principal es Sócrates, el inolvidable maestro que, a semejanza de su actuación en vida cuando provocaba con preguntas a sus interlocutores, lleva siempre el peso de la discusión. La clasificación más aceptada de los mismos es:

1) *Diálogos de juventud.* Probablemente algunos de ellos fueron escritos en vida del propio Sócrates y por ello se hallan fuertemente teñidos de su doctrina; los más sobresalientes son: la *Apología de Sócrates*, el *Critón* y el *Eutifrón*.

2) *Diálogos polémicos.* Contra los sofistas o falsos filósofos. Así el *Protágoras*, el *Gorgias* y el *Eutidemo*.

3) *Diálogos de la madurez.* En los que se desarrolla los temas fundamentales de la filosofía platónica. Así el *Fedro*, donde se encuentra la teoría del alma; el *Symposión* o *Banquete*, acerca del amor; el *Fedón* sobre las inmortalidad del alma; y la *República* sobre la justicia y las ideas del estado, y al que al incluirlo en la colección de clásicos dedicamos un apartado. Por último, el *Teetetes* y el *Parménides* que, junto con el *Sofista* y el *Político*, para algunos especialistas corresponden al siguiente grupo.

4) *Diálogos de la madurez tardía o de vejez*: el *Timeo* donde se hallan referencias a la Atlántida, y el *Filebo*. En este apartado hay que consignar la más extensa de sus obras en volumen, que contiene una segunda exposición de su teoría del Estado y en la que Sócrates no aparece. Se trata de la *Leyes*. Obra incompleta y resultado probable de apuntes de forma simultánea por algunos de sus discípulos.

Sus *Cartas* o *Epístolas*, sobre todo, algunas de ellas, como la VII, que doctrinariamente es de gran valor, son de discutida autenticidad en la época presente.

La trayectoria del pensamiento platónico a través de sus obras evoluciona desde la doctrina socrática hasta su genial descubrimiento de las *ideas,* y culmina en la discusión de las dificultades y problemas que las ideas plantean en diálogo con Aristóteles.

Estudio especial de la *República o el Estado*

Los desgraciados acontecimientos que habían conmovido a su patria y se habían abatido de forma irreversible sobre su maestro, movieron a Platón a la redacción de un tratado sobre la mejor forma de gobierno, así como sobre la justicia, que compuso entre el 384 y el 377 a. C. La obra rebasó con creces su título y la conocida abreviadamente como *Politeia* (o derecho civil de los ciudadanos) platoniana, se transformó además de en un tratado sobre política, en un ensayo y teoría de la educación, además de convertirse en el primer modelo de *utopía*[1] que sirvió de punta para todas las posteriores.

La división en diez "libros" data de la Edad Media y es artificial. En realidad podemos distinguir cinco partes principales. En el libro I, que se considera escrito con bastante anterioridad a los demás y a manera de prólogo, se plantea el problema de qué es la justicia; en los libros II, III y IV se desarrollan los temas del gobierno, la magistratura y la educación propia de esta ciudad; en los libros VIII y IX se realiza un balance de las formas de gobierno y la estructura social de las *polis* o "ciudades-Estado griegas", y de su evolución, que lleva a opinar al filósofo de que se hallan en un proceso decadente que inexorablemente conducirá a la ruina; la democracia mal utilizada y la tiranía son los síntomas de este proceso. Por último, en el libro X, condena la poesía y las artes de la ilusión y evoca la verdadera sabiduría, la única capaz de alcanzar con toda justicia el premio eterno.

---

1. Denominación sacada de la famosa obra del humanista inglés Tomás Moro (1478-1535) que proviene del grupo *ouk* = no; *topos* = lugar, "no hay lugar", "sin lugar", y designa la concepción de un Estado ideal, imposible de realizar en la práctica.

Como es natural, Sócrates es el centro del jugoso "diálogo" que se desarrolla conversando con Platón y el resto de amigos y discípulos. El individuo justo es aquel que usa su razón según los dictados de la verdad, que es fuerte y valiente y moderado en sus deseos. De la misma manera el Estado justo debe estar dirigido por gobernantes sabios, defendido por valientes guerreros y compuesto por una mayoría de ciudadanos –agricultores y artesanos– de costumbres moderadas. Sólo si los individuos guardan este equilibrio entre las potencias, el Estado será justo, y únicamente si éste es equilibrado, los individuos serán justos.

Sin embargo, como los ciudadanos sólo pensaban en sí mismos y no en la comunidad, Platón dio mayor importancia a los intereses comunitarios que a los individuales. Por tanto habla más acerca de los gobernantes y guerreros, que unidos constituyen el grupo de los *guardianes*, que sobre los ciudadanos.

La vida de los ciudadanos es idílica, repartida entre el trabajo y el disfrute de los bienes. Por el contrario –tomen nota los políticos de todos los tiempos y de todos los países– la vida de los guardianes será muy austera, a semejanza de la que llevaban precisamente los espartanos (rivales por aquel entonces de Atenas) y por ello parece justificar su triunfo singularmente guerrero.

Los *guardianes* dedicarán toda su vida a ser gobernantes y guerreros, mediante ejercicios de gimnasia, estudio de la música y de la filosofía. Los más sabios y prudentes serán después los que gobiernen. Entre ellos no habrá propiedad privada. Nada será suyo, para que no deseen amasar las riquezas que corrompen. Y este comunismo de bienes se aplica también a las mujeres y a los hijos, pues en el Estado ideal de Platón tanto las mujeres como los niños serán comunes a todos los hombres. La mujer gozará así de una situación semejante a la del hombre, aunque dedicada a tareas más sencillas y ligeras. Los hijos serán educados por la comunidad, a fin de liberar a las mujeres de esta tarea.

El Estado utópico de Platón es pues comunista en todos los sentidos, por lo menos para los guardianes, basado en la razón y estructurado jerárquicamente, con unos gobernantes que mandan, pero que llevan una vida austera y sabia, y unos ciudadanos que obedecen, pero viven felices.

La ciudad-Estado se puede considerar, a semejanza del alma, según Platón, como un todo compuesto de tres partes, que corresponden a las psíquicas. Existe una correlación estrecha entre las tres y las facultades anímicas y, por lo tanto, a cada uno de los tres grupos sociales pertenece de modo eminente una de las virtudes. La virtud de las clases productoras o de los ciudadanos es naturalmente la templanza; la de los vigilantes o guerreros, la fortaleza; y la de los filósofos o guardianes, la sabiduría. También aquí la virtud capital como en el alma es la justicia, y de un modo todavía más riguroso, pues consiste en el equilibrio y una buena relación de los individuos entre sí y con el Estado, y de las diferentes clases entre sí y con la comunidad social. Es pues la justicia quien rige y determina la vida del cuerpo político, que es la ciudad. El Estado platónico no se aleja en sus dimensiones de la *polis* griega tradicional, relativamente pequeña y de escasa población. Platón no llega a imaginar otro tipo de unidad política.

Los filósofos son los arcontes o gobernantes encargados de la dirección suprema, de la legislación y de la educación de todas las clases. La función de los vigilantes o guerreros es la militar: la defensa del Estado y del orden social y político establecido contra los enemigos de dentro y de fuera. La tercera clase de los ciudadanos es la productora, con un papel más pasivo y sometida a las dos clases superiores, a las que tiene que sostener económicamente; recibe de ellas, en cambio, dirección, educación y defensa.

La educación, semejante para hombres y mujeres, es gradual, y ella es quien opera la selección de los ciudadanos y determina la clase a la que habrán de pertenecer, según sus aptitudes y méritos: los menos dotados reciben una formación elemental e integran la clase productora; los más aptos prosiguen su educación, y una nueva selección separa los que han de quedar entre los vigilantes y los que, tras una nueva preparación superior, ingresan en la clase de los filósofos y han de llevar, por tanto, el peso del gobierno. El papel de cada ciudadano se halla rigurosamente fijado según su edad. La relación entre los sexos y la generación están supeditadas al interés del Estado, que las regula de modo conveniente. Así, para evitar el nacimiento de niños físicamente imperfectos, "los mejores de ambos sexos se ayuntarán con la mayor frecuencia posible y en menor grado los peores". La autoridad se ejercerá de un modo enérgico y la ley fundamental será lógicamente, y como ya hemos señalado repetidamente, la Justicia.

El mito de la caverna

En el libro VII de la obra cuenta Platón un mito de fuerza sobrecogedora que se ha hecho famoso: se trata del "mito de la caverna". Imagina unos hombres que se encuentran desde niños en una caverna, que tiene una abertura por donde penetra la luz exterior; están sujetos, de modo que no pueden moverse ni mirar más que en el fondo de la caverna. Fuera de ella, a espaldas de esos hombres, brilla el resplandor de un fuego encendido sobre una eminencia de terreno, y entre el fuego y los hombres encadenados, hay un camino con un pequeño muro; por ese camino pasan hombres que llevan todo género de objetos y estatuillas, que rebasan la altura de la tapia, y los encadenados ven las sombras de esas cosas, que se proyectan sobre el fondo de la caverna: cuando los transeúntes hablan, los encadenados oyen sus voces como si procedieran de las sombras que ven, para ellos la única realidad.

Uno de los encadenados, libre de su sujeción contempla la realidad exterior: la luz hace que le duelan los ojos, y apenas ve el sol: éste lo deslumbra dolorosamente y lo ciega. Poco a poco intenta habituarse; primero consigue ver las sombras; luego las imágenes de las cosas, reflejadas en las aguas; después las cosas mismas. Verá el cielo de noche, las estrellas y la luna; y al amanecer la imagen reflejada del sol, y por último tras un largo esfuerzo, podrá contemplar el sol mismo. Entonces sentirá que el mundo en que había vivido antes era irreal y despreciable, y que si de vuelta a la caverna hablaba con sus compañeros de ese mundo de sombras y dijera que no eran reales, se reirían de él, y si tratase de salvarlos y sacarlos al mundo real, lo matarían.

Platón simboliza con este mito al hombre que no ha llegado más que a un conocimiento sensible, un conocimiento de las sombras; llamado a filosofar o a obtener la sabiduría y tras un primer momento de desconcierto, penetrado por la dialéctica del mundo inteligible, llega a la contemplación de las ideas mismas y finalmente a la más elevada, la Idea del Bien = el Ser Supremo. En la muerte del filósofo por sus compañeros al regresar a la caverna para enseñarles la verdad late el recuerdo de Sócrates. ¿Qué es la Verdad? preguntará Pilatos a Jesús, que poco después morirá por haber venido (según el Evangelio) para dar "testimonio de la misma". ¿Cuál es la auténtica verdad? se preguntará Segismundo, en *La Vida es sueño* calderoniana, ¿la de cuando se hallaba encadenado, lamentándose de su suerte, o la de entre "telas y brocados", vivida de forma tan fugaz y sorprendente?

Solamente los filósofos pueden llegar al conocimiento de la auténtica Verdad, pero una vez contemplada, como buenos gobernantes "han de regresar a la caverna" para enseñar a sus conciudadanos el camino de la felicidad, aun a costa del riesgo que esto comporta.

Platón realiza a continuación un elogio de la ciencia de los números (influido por los pitagóricos) como vehículo para elevarse hasta la esencia misma de las cosas y en la que los filósofos, y por ende los gobernantes, han de ser expertos, así como también en el espíritu de la geometría. La astronomía será la tercera ciencia, aunque puesta a discusión, se preferirá a la "ciencia de los sólidos", y se verterá un elogio sobre aquélla. El camino para llegar al conocimiento científico será el de la *dialéctica* o de discusión.Como los sabios son pocos (es decir, los filósofos), pocos son los nacidos para gobernar. En este sentido el Estado platónico será nítidamente aristocrático. Estrechamente ligado con estos problemas se plantea el del arte ¿es el arte un medio de elevación moral hacia el conocimiento del Bien o, por el contrario, un obstáculo para ello?

Para dar respuesta, el filósofo indaga la naturaleza del arte y encuentra que es "imitación" del mundo sensible y ordenado a la sensibilidad. Ahora bien, el mundo sensible es una apariencia de realidad y no la realidad: los sentidos son órganos de opinión y no de verdad. El arte, pues, está a la altura de la naturaleza corpórea y como imitación de lo sensible engaña y amenaza la finalidad educativa propuesta por el Estado. Artistas y poetas son rechazados de la República platónica, excepto los compositores de himnos a los dioses y a los héroes. En conclusión, el arte no es educativo porque no es filosofía. Sin embargo, en diálogos como el *Banquete* o el *Fedro* le reconoce su valor teorético y su finalidad intrínseca educativa.

La ley moral, según Platón, posee una sanción suprema en una vida futura, sanción (premio o castigo) cuya idea conduce al filósofo a probar en la última parte de su obra y, en especial, en el libro X, la inmortalidad del alma humana. Recoge con esto una corriente muy profunda de la religión y de todo el pensamiento griego, sobre todo de los misterios dionisíacos y órficos, y, naturalmente, de los pitagóricos. El propio cristianismo se valió de las pruebas de la inmortalidad del gran pensador ateniense.

La idea del bien aparece al mismo tiempo como divinidad, como el artífice o demiurgo del mundo. Platón supone la creación de un "alma del mundo", intermedio entre las ideas y las cosas: es la animadora del mundo. El alma humana es también algo intermedio; por una parte está caída, ligada a la "caverna" que es el cuerpo, sujeta al mundo sensible, cambiante y corruptible; por otra parte ha visto las ideas y posee una peculiar conexión con ellas; participa por lo tanto de su mundo eterno e inteligible.

En conclusión, el pensamiento platónico es la expresión más profunda, más filosófica, más rica en sugestiones del pensamiento clásico, con intuiciones que hacen parecer su personalidad como precursora del cristianismo. La *kallípolis* (ciudad bella) platónica debemos considerarla como un *paradigma*, un ideal que permite valorar las ciudades reales e imperfectas y medir la distancia que las separa de la auténtica justicia.

Francesc Lluis Cardona

PLATÓN

LA REPÚBLICA

O EL ESTADO

SÓCRATES.-GLAUCÓN.-POLEMARCO.
TRASIMACO.-ADIMANTO.-CÉFALO.-CLITOFÓN

Libro primero

SÓCRATES.–Fui ayer al Pireo con Glaucón,[1] hijo de Aristón, para dirigir mis oraciones a la diosa,[2] y ver cómo se verificaba la fiesta que por primera vez iba a celebrarse. La pompa de los habitantes de aquel punto me pareció muy preciosa, pero a mi juicio, la de los tracios no se quedó atrás. Terminada nuestra plegaria, y vista la ceremonia, tomamos el camino de la ciudad. Polemarco, hijo de Céfalo, al vernos desde lejos, mandó al esclavo que le seguía que nos alcanzara y nos suplicara que le aguardásemos. El esclavo nos alcanzó y, tirándome de la capa, dijo:

–Polemarco os suplica, que le esperéis.

Me volví, y le pregunté, que dónde estaba su amo.

–Me sigue –respondió–; esperadle un momento.

–Le esperaremos –dijo Glaucón.

Un poco después llegaron Polemarco y Adimanto, hermano de Glaucón;[3] Nicerates, hijo de Nicias; y algunos otros que volvían de la pompa. Polemarco, al alcanzarnos, me dijo:

–Sócrates, me parece que os retiráis de la ciudad.

–No te equivocas –le respondí.

–¿Has reparado cuántos somos nosotros?

–Sí.

–Pues o sois más fuertes que nosotros, o permaneceréis aquí.

–Hay otro medio, que es convenceros de que tenéis que dejarnos marchar.

–¿Cómo podremos convencernos, si no queremos escucharos?

–En efecto –dijo Glaucón–, entonces no es posible.

–Pues bien –replicó Polemarco–, estad seguros de que no os escucharemos.

---

1. Hermano de Platón en cuya casa, en el Pireo, se desarrolla este diálogo.
2. Bendis, divinidad lunar de la Tracia importada a Atenas.
3. Y, por tanto, también hermano de Platón.

–¿No sabéis –dijo Adimanto–, que esta tarde la carrera de las antorchas encendidas en honor de la diosa se hará a caballo?

–¿A caballo? es cosa nueva. ¡Cómo! ¿correrán a caballo, teniendo en la mano las antorchas, que en la carrera habrán de entregar los unos a los otros?

–Sí –dijo Polemarco–, y además habrá una velada que merece la pena de verse. Iremos allá después de cenar, y pasaremos el rato alegremente con muchos jóvenes, que allí encontraremos. Quedaos, pues, y no os hagáis más de rogar.

–Ya veo que es preciso quedarse –dijo Glaucón.

–Puesto que lo quieres así –le respondí–, nos quedaremos.

Nos fuimos, pues, a la casa de Polemarco, donde encontramos a sus dos hermanos Lisias y Eutidemo[4] con Trasimaco de Calcedonia, Carmantides, del pueblo de Peanea, y Clitofón, hijo de Aristónimo; Céfalo, padre de Polemarco, también estaba allí. Hacía mucho tiempo que no le había visto, y me pareció muy envejecido. Estaba sentado, tenía apoyada su cabeza en un cojín, y llevaba en ella una corona, porque en aquel mismo día había hecho un sacrificio doméstico. Junto a él nos situamos en los asientos que estaban colocados en círculo. Apenas me vio Céfalo, me saludó y me dijo:

–Sócrates, muy pocas veces vienes al Pireo, a pesar de que nos darías mucho gusto en ello. Si yo tuviese fuerzas para ir a la ciudad, te ahorraría el trabajo de venir aquí, y yo mismo iría a verte. Si en lo sucesivo procuras venir muchas veces, te estaré muy agradecido, porque debes saber que, a medida que los placeres del cuerpo me abandonan, encuentro mayor encanto en la conversación. Ten, pues, conmigo este miramiento, y al mismo tiempo conversarás con estos jóvenes, sin olvidar por eso un amigo que tanto te aprecia.

–Yo, Céfalo –le dije–, me complazco infinito en conversar con los ancianos. Como se hallan al término de una carrera, que quizá habremos de recorrer nosotros un día, me parece natural que averigüemos de ellos si el camino es penoso o fácil, y puesto que tú estás ahora en esa edad que los poetas llaman el umbral de la vejez, me complacerías

---

4. Célebre sofista, cuyo nombre lleva otro de los *diálogos* platónicos.

mucho si me dijeras lo que tú piensas en este punto, y si consideras semejante situación como la más cruel de la vida

–Sócrates –me respondió–, te diré mi pensamiento sin ocultarte nada. Me sucede muchas veces, según el antiguo proverbio, que me encuentro con muchos hombres de mi edad, y toda la conversación por su parte se reduce a quejas y lamentaciones; recuerdan con sentimiento los placeres del amor, de la mesa, y todos los demás de esta naturaleza, que disfrutaban en su juventud. Se afligen de esta pérdida, como si fuera la pérdida de los más grandes bienes. La vida de entonces era dichosa, dicen ellos, mientras que la presente no merece ni el nombre de vida. Algunos se quejan además de los ultrajes a que les expone la vejez de parte de los demás. En fin, hablan sólo de ella para acusarla, considerándola causa de mil males. Tengo para mí, Sócrates, que no dan en la verdadera causa de esos males, porque si fuese sólo la vejez, debería producir indudablemente sobre mí y sobre los demás ancianos los mismos efectos. Porque he conocido a algunos de un carácter bien diferente, y recuerdo que, encontrándome en cierta ocasión con el poeta Sófocles, como le preguntaran en mi presencia si la edad le permitía aún gozar de los placeres del amor: "El dios me libre –respondió–, ha largo tiempo que he sacudido el yugo de ese furioso y brutal tirano." Entonces creí que decía verdad, y la edad no me ha hecho mudar de opinión. La vejez, en efecto, es un estado de reposo y de libertad respecto de los sentidos. Cuando la violencia de las pasiones se ha relajado y se ha amortiguado su fuego, se ve uno libre, como decía Sófocles, de una multitud de furiosos tiranos. En cuanto a las lamentaciones de los ancianos de que hablo, y a los malos tratamientos de que se quejan, hacen muy mal, Sócrates, en achacarlos a su ancianidad, cuando la causa es su carácter. Con costumbres suaves y convenientes, la vejez es soportable; pero con un carácter opuesto, lo mismo la vejez que la juventud son desgraciadas.

Me encantó esta respuesta y para comprometerle más y más en la conversación, añadí:

–Estoy persuadido, Céfalo, de que al hablar tú de esta manera, los más no estimarán tus razones, porque se imaginan que contra las incomodidades de la vejez encuentras recursos, más que en tu carácter, en tus cuantiosos bienes, porque los ricos, dicen ellos, pueden procurarse grande alivio.

–Dices verdad; ellos no me escuchan, y ciertamente tienen alguna razón en lo que dicen, pero no tanta como se imaginan. Ya sabes la respuesta que Temístocles dio a un habitante de Serifa que le echaba en cara que su reputación la debía a la ciudad donde había nacido, más bien que a su mérito: "Es cierto – respondió–, que si yo hubiera nacido en Serifa, no sería conocido; pero tú no lo serías aunque hubieras nacido en Atenas." La misma observación puede hacerse a los ancianos poco ricos y de mal carácter, diciéndoles que la pobreza haría quizá la vejez insoportable al sabio mismo, pero que sin la sabiduría nunca las riquezas la harían más dulce.

–Pero –repliqué yo–, esos grandes bienes que tú posees, Céfalo, ¿te han venido de tus antepasados o los has adquirido tú en su mayor parte?

–¿Qué he adquirido yo, Sócrates? En este punto ocupo un término medio entre mi abuelo y mi padre, porque aquél, cuyo nombre llevo, habiendo heredado un patrimonio poco más o menos igual al que yo poseo ahora, hizo adquisiciones, que excedieron en mucho a los bienes que había recibido; y mi padre Lisanias me ha dejado menos fortuna que la que me ves ahora. Yo me daré por contento, si mis hijos encuentran, después de mi muerte, una herencia, que no sea ni inferior ni muy superior a la que yo encontré a la muerte de mi padre.

–Lo que me ha obligado a hacerte esta pregunta –le dije–, es que me parece que no tienes mucho apego a las riquezas, cosa muy ordinaria en los que no han creado su propia fortuna, mientras que los que la deben a su industria, están doblemente apegados a ella; porque le tienen cariño, en primer lugar, por ser obra suya, como aman los poetas sus versos y los padres a sus hijos, y le tienen también cariño como los demás hombres por la utilidad que les reporta. También es más difícil comunicar con ellos, y sólo tienen en estima el dinero.

–Tienes razón –dijo Céfalo.

–Muy bien –añadí yo–. Pero dime ahora, ¿cuál es, a tu parecer, la mayor ventaja que las riquezas procuran?

–No espero convencer a muchos de la verdad de lo que voy a decir. Ya sabrás, Sócrates, que cuando se aproxima el hombre al término de la vida, tiene temores e inquietudes sobre cosas que antes no le daban ningún cuidado; entonces se presenta al espíritu lo que se cuenta de los infiernos y de los suplicios, que están allí preparados para los malos. Se comienza por temer que estos discursos, hasta entonces tenidos por fábulas, sean otras tantas verdades, ya proceda esta aprensión de la debilidad de la edad, o ya de que se ven con más claridad tales objetos a causa de su proximidad. Lo cierto es que está uno lleno de inquietudes y de terror. Se recuerdan todas las acciones de la vida, para ver si se ha causado daño a alguien. El que, al examinar su conducta, la encuentra llena de injusticias, tiembla y se deja llevar de la desesperación, y algunas veces, durante la noche, el terror le despierta despavorido como a los niños. Pero el que no tiene ningún remordimiento, ve sin cesar en pos de sí una dulce esperanza, que sirve de nodriza a su ancianidad, como dice Píndaro, que se vale de esta graciosa imagen al hablar del hombre que ha vivido justa y santamente:

La esperanza le acompaña, meciendo dulcemente su corazón
y amamantando su ancianidad;
la esperanza, que gobierna a su gusto
el espíritu fluctuante de los mortales.[5]

Está esto admirablemente dicho. Y porque las riquezas preparan tal porvenir y son a este fin un gran auxilio, es por lo que, a mis ojos, son tan preciosas, no para todo el mundo, sino sólo para el sabio. Porque a ellas debe en gran parte el no haberse visto expuesto a hacer daño a tercero, ni aun sin voluntad, ni a usar de mentiras, con la ventaja además de abandonar este mundo libre del temor de no haber hecho todos los sacrificios convenientes a los dioses, o de no haber pagado sus deudas a los hombres. Las riquezas tienen además otras ventajas sin duda; pero, bien pesado todo, creo que daría a éstas

5. Píndaro, *Fragmentos*, t. III.

la preferencia sobre todas las demás, por el bien que proporcionan al hombre sensato.

–Nada más precioso –repuse yo–, que lo que dices, Céfalo Pero ¿está bien definida la justicia haciéndola consistir simplemente en decir la verdad, y en dar a cada uno lo que de él se ha recibido? ¿O más bien, son estas cosas justas o injustas según las circunstancias? Por ejemplo, si uno después de haber confiado sus armas a su amigo, se las reclamase estando demente, todo el mundo conviene en que no debería devolvérselas, y que cometería un acto injusto, dándoselas. También están todos acordes en que obraría mal sí no disfrazaba algo la verdad, atendida la situación en que su amigo estaba.

–Todo eso es cierto.

–Por consiguiente, la justicia no consiste en decir la verdad, ni en dar a cada uno lo que le pertenece.

–Sin embargo, en eso consiste –dijo interrumpiéndome Polemarco–, si hemos de creer a Simónides.

–Pues bien, continuad la conversación –dijo Céfalo–. Yo os cedo mi puesto; tanto más cuanto que voy a concluir mi sacrificio.

–¿Es Polemarco el que te sustituirá? –le dije yo.

–Sí –repuso Céfalo, sonriéndose, y al mismo tiempo salió para ir a terminar su sacrificio.

–Dime, pues, Polemarco, puesto que ocupas el lugar de tu padre, lo que dice Simónides de la justicia y dime también en qué compartes su opinión.

–Dice que el atributo propio de la justicia es dar a cada uno lo que se le debe,[6] y en esto encuentro que tiene razón.

–Difícil es no someterse a Simónides, porque era un sabio, un hombre divino. Pero ¿entiendes quizá, Polemarco, lo que quiere decir con esto? Yo no lo comprendo. ¿Es evidente que no entiende que deba darse un depósito, cualquiera que él sea, como dijimos antes, cuando le pide un hombre que no está en su razón? Sin embargo, este depósito es una deuda; ¿no es así?

–Sí.

6. Simónides, *Fragmentos*, CLXI.

–Luego es preciso guardarse de volverle al que le pide si no está en su razón.

–Es cierto.

–Luego Simónides ha querido decir otra cosa.

–Sin duda, puesto que piensa, que debe hacerse bien a sus amigos y no dañarles en nada.

–Ya entiendo. No es volver a su amigo lo que se le debe, entregarle el dinero que nos ha confiado, cuando sólo puede recibirlo en perjuicio suyo. ¿No es este el sentido de las palabras de Simónides?

–Sí.

–Pero, ¿debe darse a los enemigos lo que se les debe?

–Sí, sin duda, lo que se les debe; pero a un enemigo no se le debe más que lo que conviene que se le deba, es decir, el mal.

–Simónides por tanto se ha explicado como poeta y de una manera enigmática sobre la justicia puesto que ha creído, al parecer, que consistía en dar: a cada uno lo que le conviene, aunque se haya servido de otra expresión.

–Así parece.

–Si alguno le hubiese preguntado: Simónides, la medicina, ¿a quién da lo que le conviene y qué es lo que le da? ¿Qué crees que habría respondido?

–Que da al cuerpo alimentos, bebidas y los remedios convenientes.

–¿Y el arte del cocinero qué da, y a quién da lo que le conviene?

–Da a cada manjar su sazón.

–¿Y este arte, que se llama justicia, qué da y a quién da lo que le conviene?

–Sócrates, si hemos de atenernos a lo que se ha dicho más arriba, la justicia hace bien a sus amigos y mal a sus enemigos.

–Entonces, Simónides llama justicia a hacer bien a sus amigos y mal a sus enemigos.

–Por lo menos así me lo parece.

–¿Quién puede hacer mayor bien a sus amigos y mayor mal a sus enemigos en caso de enfermedad?

–El médico.

–¿Y en el mar, en caso de peligro?

–El piloto.

–Y el hombre justo, ¿en qué y en qué ocasión puede hacer mayor bien a sus amigos y mayor mal a sus enemigos?

–En la guerra, a mi parecer, atacando a los unos y defendiendo a los otros.

–Muy bien; pero mi querido Polemarco, no hay necesidad de tropezar con el médico cuando no hay enfermedad.

–Eso es cierto.

–Ni con el piloto, cuando no se está en la mar.

–También es cierto.

–Por la misma razón, ¿es inútil el hombre justo cuando no se hace la guerra?

–Yo no lo creo.

–Entonces la justicia, ¿sirve también para tiempo de paz?

–Sí.

–Pero la agricultura sirve también en este tiempo ¿no es así?

–Sí.

–¿En la recolección de los frutos de la tierra?

–Sí.

–Y el oficio de zapatero, ¿sirve en igual forma?

–Sí.

–Me dirás que sirve para tener calzado.

–Sin duda.

–Dime ahora en qué es útil la justicia durante la paz.

–Es útil en el comercio.

–¿Entiendes por esto las relaciones en los negocios mercantiles, o alguna otra cosa?

–No; es eso mismo lo que yo entiendo.

–Cuando se quiere aprender a jugar a los dados, ¿a quién conviene asociarse, a un hombre justo, o a un jugador de profesión?

–A un jugador de profesión.

–Y para la construcción de una casa, ¿vale más dirigirse a un hombre justo que al arquitecto?

–Todo lo contrario.

–Mas así como para aprender la música, me dirigiré al músico con preferencia al hombre justo; ¿en qué caso me dirigiré más bien a éste que a aquél?

–Cuando se trate de emplear dinero.

–Quizá no cuando sea preciso hacer uso de él; porque si quiero comprar o vender un caballo en unión con otro, me asociaré con preferencia a un chalán.

–Yo pienso lo mismo.

–Y con el piloto o arquitecto, si se trata de una nave.

–Sí.

–¿En qué, pues, me será el hombre justo particularmente útil cuando quiera yo dar con otro algún destino a mi dinero?

–Cuando se trate, Sócrates, de ponerlo en depósito y de conservarlo.

–Es decir, ¿cuando no quiera hacer ningún uso de mi dinero, sino dejarlo ocioso?

–Sí, verdaderamente.

–De esa manera la justicia me será útil, cuando mi dinero no me sirva para nada.

–Al parecer.

–Luego la justicia me servirá, cuando sea preciso conservar una podadera sola o con otras; pero si quiero servirme de ella, me dirigiré al viñador.

–En buen hora.

–Asimismo me dirás que si quiero guardar un broquel o una lira, la justicia me será buena para esto; pero que si quiero servirme de estos instrumentos, deberé acudir al músico y al maestro de esgrima.

–Así es.

–Y en general, trátese de la cosa que se quiera, la justicia me será inútil, siempre que quiera servirme de esa cosa, y útil cuando no me sirva de ella

–Quizá.

–Pero, querido mío la justicia no es de gran importancia, si sólo es útil para las cosas de que no hacemos uso. Atiende a lo que te voy a decir. El que es el más diestro para dirigir golpes sea en la guerra sea en una lucha, ¿no lo es también para librarse de los que le dirijan?

–Sí.

–El que es hábil para preservarse de una enfermedad y prevenirla, ¿no es al mismo tiempo el más capaz de darla a otro?

–Lo creo.

–¿Quién es el más a propósito para salvar un ejército? ¿No lo es el que sabe burlar los designios y los proyectos del enemigo?

–Sin duda.

–Por consiguiente, el mismo hombre, que es a propósito para guardar una cosa, lo es también para hurtarla. Luego si el justo es a propósito para guardar el dinero, lo será también para disiparlo.

–Por lo menos es una consecuencia de lo que acabamos de decir.

–Luego el hombre justo es un bribón. Esta idea pudiste tomarla de Homero,[7] que alaba mucho a Antólico, abuelo materno de Odiseo, y dice que *superó a todos los hombres en el arte de robar y de engañar.* Por consiguiente, según Homero, Simónides y tú, la justicia no es otra cosa que el arte de robar para hacer bien a los amigos y mal a sus enemigos; ¿no es así como tú lo entiendes?

–No, ¡por Zeus!, no sé lo que he querido decir. Me parece, sin embargo, que la justicia consiste siempre en favorecer a sus amigos y dañar a sus enemigos.

–Pero ¿qué entiendes por amigos? ¿Son los que nos parecen hombres de bien o los que lo son en realidad, aun cuando no los juzguemos tales? Otro tanto digo de los enemigos.

–Me parece natural amar a los que se creen buenos, y aborrecer a los que se creen malos.

–¿No es frecuente que los hombres se engañen sobre este punto, y tengan por hombre de bien al que lo es sólo en la apariencia o por un bribón al que es hombre de bien?

–Convengo en ello.

–Aquellos a quienes esto sucede, tienen por enemigos hombres de bien, y por amigos hombres malos.

–Sí

–Y así, respecto de ellos, la justicia consiste en hacer bien a los malos y mal a los buenos.

---

7. *Odisea*, XIX.

–Así parece.

–Pero los buenos son justos e incapaces de dañar a nadie.

–Es cierto.

–Es justo, por consiguiente, según dices, causar mal a los que no nos lo causan.

–Nada de eso, Sócrates, y es un crimen decirlo.

–Luego será preciso decir, que es justo hacer daño a los malos y hacer bien a los buenos.

–Eso es más conforme a la razón que lo que decíamos antes.

–De aquí resultará, Polemarco, que para todos aquellos que se engañan en los juicios que forman de los hombres, será justo dañar a sus amigos, porque los mirarán como malos, y hacer bien a sus enemigos por la razón contraria: conclusión completamente opuesta a lo que supusimos que decía Simónides.

–La consecuencia es necesaria; pero alteremos algo la definición que hemos dado del amigo y del enemigo, porque no me parece exacta.

–¿Qué era lo que decíamos, Polemarco?

–Dijimos que nuestro amigo es el que nos parece hombre de bien.

–¿Qué alteración quieres hacer?

–Quisiera decir, que nuestro amigo debe a la vez parecernos hombre de bien y serlo realmente, y que el que lo parece, sin serlo, sólo es nuestro amigo en apariencia. Lo mismo debe decirse de nuestro enemigo.

–En este concepto el verdadero amigo será el hombre de bien, y el malo el verdadero enemigo.

–Sí.

–¿Quieres, por consiguiente, que mudemos algo a lo que dijimos tocante a la justicia, al decir que consistía en hacer bien a su amigo y mal a su enemigo y que añadamos siempre que el amigo sea hombre de bien y que el enemigo no lo sea?

–Sí, encuentro eso muy en su lugar.

–Pero ¿es posible que el hombre justo haga mal a otro hombre, cualquiera que él sea?

–Sin duda; debe hacerlo a sus enemigos, que son los malos.

–Cuando se maltrata a los caballos, ¿se hacen peores o mejores?

–Se hacen peores.

–Pero ¿se hacen tales en la virtud que es propia de esta especie de animales, o en la que es propia de los perros?

–En la que es propia de su especie.

–¿No diremos, igualmente, que los hombres a quienes se causa mal, se hacen peores en la virtud, que es propia del hombre?

–Sin duda.

–¿No es la justicia la virtud propia del hombre?

–Sin contradicción.

–Así, pues, mi querido amigo, necesariamente los hombres, a quienes se causa mal, se han de hacer más injustos.

–Así parece.

–Pero ¿un músico puede, en virtud de su arte, hacer a alguno ignorante en la música?

–Eso es imposible.

–¿Un picador, puede, mediante su arte, hacer de alguno un mal jinete?

–No.

–¿El hombre justo puede, mediante la justicia, hacer a un hombre injusto? ¿Y, en general, los buenos pueden por su virtud hacer a otros malos?

–Eso no puede ser.

–Porque el enfriamiento no es efecto de lo caliente, sino de su contrario, así como la humedad no es efecto de lo seco, sino de su contrario.

–Sin duda.

–El efecto de lo bueno no es tampoco el dañar; éste es el efecto de su contrario.

–Sí.

–Pero ¿el hombre justo es bueno?

–Seguramente.

–Luego no es lo propio del hombre justo el dañar ni a su amigo ni a ningún otro, sino que lo es de su contrario, es decir, del hombre injusto.

–Me parece, Sócrates, que tienes razón.

–Por consiguiente, si alguno dice que la justicia consiste en dar a cada uno lo que se le debe, y si por esto entiende que el hombre justo no debe más que mal a sus enemigos así como bien a sus amigos, este lenguaje no es el propio de un sabio, porque no es conforme a la verdad, y nosotros acabamos de ver que nunca es justo hacer daño a otro.

–Estoy de acuerdo.

–Y si alguno se atreve a sostener que semejante máxima es de Simónides, de Bias, de Pitaco o de cualquier otro sabio, tú y yo le desmentiremos.

–Estoy dispuesto a ponerme de tu lado.

–¿Sabes de quién es esta máxima: *que es justo hacer bien a sus amigos y mal a sus enemigos*?

–¿De quién?

–Creo que es de Periandro, de Pérdicas, de Jerjes, de Ismanias el Tebano o de cualquiera otro rico y poderoso.

–Dices verdad.

–Sí, pero puesto que la justicia no consiste en esto, ¿en qué consiste?

Durante nuestra conversación, Trasimaco había abierto muchas veces la boca, para interrumpirnos. Los que estaban sentados cerca de él se lo impedían, porque querían oírnos hasta la conclusión; pero cuando nosotros cesamos de hablar, no pudo contenerse, y volviéndose de repente, se vino a nosotros como una bestia feroz, para devorarnos. Polemarco y yo nos sentimos como aterrados. En seguida tomándola conmigo me dijo:

–Sócrates, ¿a qué viene toda esa palabrería? ¿A qué ese pueril cambio de mutuas concesiones? ¿Quieres saber sencillamente lo que es la justicia? No te limites a interrogar y a procurarte la necia gloria de refutar las respuestas de los demás. No ignoras que es más fácil interrogar que responder. Respóndeme ahora tú. ¿Qué es la justicia? Y no me digas que es lo que conviene, lo que es útil, lo que es ventajoso, lo que es lucrativo, lo que es provechoso; responde neta y precisamente; porque yo no soy hombre que admita necedades como buenas respuestas.

Al oír estas palabras yo quedé como absorto. Le miraba temblando, y creo que hubiera perdido el habla, si él me hubiera mirado primero; pero yo había fijado en él mi vista en el momento en que estalló su cólera. De esta manera me consideré en estado de poderle responder, y le dije, no sin ningún miedo:

–Trasimaco, no te irrites contra nosotros. Si Polemarco y yo hemos errado en nuestra conversación, vive persuadido de que ha sido contra nuestra intención. Si buscáramos oro, no nos cuidaríamos de engañarnos uno a otro, haciendo así imposible el descubrimiento; y ahora que nuestras indagaciones tienen un fin mucho más precioso que el oro, esto es, la justicia, ¿nos crees tan insensatos, que gastemos el tiempo en engañarnos, en lugar de consagrarnos seriamente a descubrirla? Guárdate de pensar así, querido mío. No por eso dejo de conocer que esta indagación es superior a nuestras fuerzas. Y así a vosotros todos, que sois hombres entendidos, debe inspiraros un sentimiento de compasión y no de indignación nuestra flaqueza.

–¡Por Hércules! –replicó Trasimaco con una risa forzada–; he aquí la ironía acostumbrada de Sócrates. Sabía bien que no responderías, y ya había prevenido a todos que apelarías a tus conocidas mañas y que harías cualquier cosa menos responder.

–Eres travieso, Trasimaco –le dije–: sabías muy bien, que si preguntases a uno de qué se compone el número doce, añadiendo: "no me digas que es dos veces seis, tres veces cuatro, seis veces dos, o cuatro veces tres, porque no me contentaré con ninguna de estas respuestas", sabías, digo, que no podría responder a una pregunta hecha de esta manera. Pero si él te decía a su vez: "Trasimaco, ¿cómo explicas la prohibición que me impones de no dar ninguna de las respuestas que tú acabas de decir? Y si la verdadera respuesta es una de ésas, ¿quieres que diga otra cosa que la verdad? ¿Cómo entiendes tú esto?" ¿Qué podrías responderle?

–¿Tiene verdaderamente –dijo Trasimaco–, eso algo que ver con lo que yo dije?

–Quizá. Pero aun cuando la cosa sea diferente, si aquel a quien se dirige la pregunta, juzga que es semejante, ¿crees tú que no responderá según él piense, ya se lo prohibamos nosotros o ya dejemos de prohibírselo?

–¿Es esto lo que tú intentas hacer? ¿Vas a darme por respuesta una de las que te prohibí desde luego que me dieras?

–Bien examinado todo, no tendré por qué sorprenderme si hago así.

–Y bien; si te hago ver que hay una respuesta, tocante a la justicia, mejor que ninguna de las precedentes, ¿a qué te condenas?

–A la pena que merecen los ignorantes, es decir, a aprender de los que son más hábiles que ellos. Me someto con gusto a esta pena.

–En verdad que eres complaciente. Pero además de la pena de aprender, me darás dinero.

–Sí, cuando lo tenga.

–Nosotros lo tenemos –dijo Glaucón–. Si es esto lo que te detiene, habla, Trasimaco; todos nosotros pagaremos por Sócrates.

–Conozco vuestra intención. Queréis que Sócrates, según su costumbre, en lugar de responder, me interrogue, y me haga caer en contradicciones.

–Pero de buena fe, ¿qué respuesta quieres que yo te dé? En primer lugar, no sé ninguna, ni la oculto. En segundo, tú, que todo lo sabes, me has prohibido todas las respuestas que podía darte. A ti te toca más bien decir lo que es la justicia, puesto que te alabas de saberlo. Y así, no te hagas de rogar. Responde por amor a mí, y no hagas desear a Glaucón y a todos los que están aquí la instrucción que de ti esperan.

En el momento Glaucón y todos los presentes le conjuraron para que se explicara. Sin embargo, Trasimaco se hacía el desdeñoso, aunque se conocía bien que ardía en deseos de hablar para conquistarse aplausos; porque estaba persuadido de que diría cosas maravillosas. Al fin accedió.

–Tal es –dijo–, el gran secreto de Sócrates; no quiere enseñar nada a los demás, mientras que va por todas partes mendigando la ciencia, sin tener que agradecerlo a nadie.

–Tienes razón, Trasimaco, en decir que yo aprendo de los demás, pero no la tienes en añadir que no les esté agradecido. Les manifiesto mi reconocimiento en cuanto de mí depende, y les aplaudo, que es todo lo que puedo hacer, careciendo como carezco de dinero. Verás cómo te aplaudo con gusto en el momento que respondas, si lo que dices me parece bien dicho, porque estoy convencido de que tu respuesta será excelente.

–Pues bien, escucha. Digo que la justicia no es otra cosa que lo que es provechoso al más fuerte. ¡Y bien! ¿por qué no aplaudes? Ya sabía yo que no lo habías de hacer.

–Espera, por lo menos, a que haya comprendido tu pensamiento, porque aún no lo entiendo. La justicia, dices, que es lo que es útil al más fuerte. ¿Qué entiendes por esto, Trasimaco? ¿Quieres decir que, porque el atleta Polidamos es más fuerte que nosotros, y es ventajoso para el sostenimiento de sus fuerzas comer carne de buey, sea igualmente provechoso para nosotros comer la misma carne?

–Eres un burlón, Sócrates, y sólo te propones dar un giro torcido a lo que se dice.

–¡Yo!, nada de eso; pero, por favor, explícate más claramente.

–¿No sabes que los diferentes estados son monárquicos o aristocráticos o populares?

–Lo sé.

–El que gobierna en cada estado, ¿no es el más fuerte?

–Seguramente.

–¿No hace leyes cada uno de ellos en ventaja suya, el pueblo leyes populares, el monarca leyes monárquicas, y así los demás? Una vez hechas estas leyes, ¿no declaran que la justicia para los gobernados consiste en la observancia de las mismas? ¿No se castiga a los que las traspasan, como culpables de una acción injusta? Aquí tienes mi pensamiento. En cada estado, la justicia no es más que la utilidad del que tiene la autoridad en sus manos, y, por consiguiente, del más fuerte. De donde se sigue para todo hombre que sabe discurrir, que la justicia y lo que es ventajoso al más fuerte en todas partes y siempre es una misma cosa.

–Comprendo ahora lo que quieres decir; pero ¿eso es cierto? Examinémoslo. Defines la justicia como lo que es ventajoso, a pesar de que me habías a mí prohibido definirla de esa manera. Es cierto que añades: al más fuerte.

–¿Eso es nada?

–Yo no sé aún si es una gran cosa; lo que sé es que es preciso ver si lo que dices es verdad. Convengo contigo en que la justicia es una cosa ventajosa; pero añades que lo es sólo para el más fuerte. He aquí lo que yo ignoro, y lo que es preciso examinar.

–Examínalo, pues.

–Desde luego. Respóndeme: ¿no dices que la justicia consiste en obedecer a los que gobiernan?

–Sí.

–Pero los que gobiernan en los diferentes estados ¿pueden engañarse o no?

–Pueden engañarse.

–Luego cuando hacen las leyes, unas estarán bien hechas y otras mal hechas.

–Así lo creo.

–Es decir, que para ellos serán unas ventajosas y otras perjudiciales.

–Sí.

–Sin embargo, los súbditos deben observarlas, y en esto consiste la justicia; ¿no es así?

–Sin duda.

–Luego es justo, en tu opinión, hacer, no sólo lo que es una ventaja, sino también lo que es una desventaja para el más fuerte.

–¿Qué es lo que dices?

–Lo mismo que tú. Pero pongamos la cosa más en claro. ¿No estás conforme en que los que gobiernan se engañan algunas veces sobre sus intereses al dar las leyes que imponen a sus súbditos, y que es justo que éstos hagan sin distinción todo lo que se les ordena y manda?

–Estoy conforme.

–Confiesa, por consiguiente, que sosteniendo tú que es justo que los súbditos hagan todo lo que se les manda, tienes que convenir en que la justicia consiste en hacer lo que es desventajoso para los que gobiernan, es decir, para los más fuertes, en el caso en que, aunque sin quererlo, manden cosas contrarias a sus intereses. De aquí debe concluirse, sapientísimo Trasimaco que es justo hacer todo lo contrario de lo que decías al principio, puesto que en este caso lo que se ordena y manda al más débil es desventajoso para el más fuerte.

–Sí, Sócrates, eso es evidente –dijo Polemarco.

–Sin duda –repuso Clitofón–, puesto que tiene tu apoyo.

–¡Ah! ¿Qué necesidad tiene de mi apoyo –continuó Polemarco–, puesto que Trasimaco conviene en que los que gobiernan mandan algunas veces cosas contrarias a sus intereses, y que es justo, hasta en este caso, que los súbditos obedezcan?

–Trasimaco –repuso Clitofón–, ha dicho sólo que era justo que los súbditos hiciesen lo que se les ordenaba.

–Pero además –añadió–, que la justicia es lo que es ventajoso para el más fuerte. Habiendo sentado estos dos principios, convino en seguida en que los más fuertes hacen algunas veces leyes contrarias a sus intereses. Y hechas estas concesiones, se sigue que la justicia es lo mismo en lo que es una ventaja, que en lo que es una desventaja para el más fuerte.

–Pero por ventaja del más fuerte Trasimaco ha entendido lo que el más fuerte cree serle ventajoso, y esto es, en su opinión, lo que el más débil debe practicar, y en lo que consiste la justicia.

–Trasimaco no se ha explicado de ese modo.

–No importa, Polemarco –repliqué yo–, si Trasimaco hace suya esta explicación, nosotros la admitiremos. Dime, pues, Trasimaco, ¿entiendes así la definición que has dado de la justicia? ¿Quieres decir que la justicia es lo que el más fuerte estima su provecho, engáñese o no se engañe?

–¡Yo!; nada de eso. ¿Crees que llame yo más fuerte al que se engaña en tanto que se engaña?

–Yo creía que esto era lo que decías cuando confesabas que los que gobiernan no son infalibles, y que se engañan algunas veces.

–Eres un sicofanta,[8] que quieres dar a mis palabras un sentido que no tienen. ¿Llamas médico al que se equivoca respecto a los enfermos en tanto que se equivoca; o calculador al que se equivoca en un cálculo en tanto que se equivoca? Es cierto que se dice: el médico, el

8. Calumniador.

calculador, el gramático se han engañado, pero ninguno de ellos se engaña en tanto que él es lo que dice ser. Y hablando rigurosamente, puesto que es preciso hacerlo contigo: ningún artista se engaña, porque no se engaña sino en tanto que su arte le abandona, y entonces ya no es artista. Así sucede con el sabio y con el hombre que gobierna, aunque en el lenguaje ordinario se diga: el médico se ha engañado, el gobernante se ha engañado. Aquí tienes mi respuesta precisa. El que gobierna, considerado como tal, no puede engañarse; lo que ordena es siempre lo más ventajoso para él, y eso mismo es lo que debe ejecutar el que a él está sometido. Por tanto, es una verdad, como dije al principio, que la justicia consiste en lo que es ventajoso para el más fuerte.

–¿Soy un sicofanta en tu opinión?

–Sí, lo eres.

–¿Crees que he intentado tenderte lazos, valiéndome de preguntas capciosas?

–Lo he visto claramente, pero no por eso adelantarás nada. Conozco tu astucia, y por lo mismo no podrás sobreponerte en la disputa.

–No quiero tenderte ningún lazo; mas para que en lo sucesivo no ocurra cosa semejante, dime si deben entenderse según el uso ordinario o con la más refinada precisión estas expresiones: el que gobierna, el más fuerte, aquel cuyo provecho es, como decías, la regla de lo justo respecto del más débil.

–Es preciso tomarlas en sentido riguroso. Ahora pon en obra todos tus artificios para refutarme; no quiero que me des cuartel; pero perderás el tiempo.

–¿Me crees tan insensato, que intente esquilar un león, y calumniar a Trasimaco?

–Has ensayado hacerlo, pero te ha salido mal.

–Dejemos esto, y respóndeme. El médico, tomado en sentido riguroso, tal como acabas de definirlo, ¿es el hombre que intenta enriquecerse, o se propone otro fin que curar los enfermos?

–No se propone otro fin.

–Y el piloto, hablo del verdadero piloto, ¿es marinero o jefe de los marineros?

–Es su jefe.

–Poco importa que esté como ellos en la misma nave; no por esto es marinero, porque no es piloto por ir embarcado, sino a causa de su arte y de la autoridad que tiene sobre los marineros.

–Es cierto.

–¿No tienen ambos un interés, que les es propio?

–Sí.

–Y el objeto de su arte, ¿no es el buscar y el procurarse este interés?

–Sin duda.

–Pero un arte cualquiera ¿tiene otro interés que su propia perfección?

–¿Qué dices?

–Si me preguntases si bastaba al cuerpo ser cuerpo, o si le falta aún alguna cosa, te respondería que sí, y que por faltarle, se ha inventado la medicina, porque el cuerpo está enfermo algunas veces, y este estado no le conviene, y la medicina ha sido inventada para procurar al cuerpo lo que le es provechoso. ¿Tengo razón o no la tengo?

–La tienes.

–Te pregunto en igual forma, si la medicina o cualquier otro arte está sometido a alguna imperfección y si tiene necesidad de alguna otra facultad, como los ojos necesitan de la facultad de ver, y los oídos de la de oír. Y así como estas partes del cuerpo tienen necesidad de un arte que provea a lo que les es útil, ¿está cada arte igualmente sujeto a algún defecto, y tiene necesidad de otro arte que vigile por su interés, éste por el de otro, y así hasta el infinito? ¿O bien cada arte provee por sí mismo a su propio interés? O más bien, ¿no necesita para esto ni de sí mismo ni del auxilio de ningún otro, estando por su naturaleza exento de todo defecto y de toda imperfección, de suerte que no tiene otra mira que la ventaja del objeto a que está consagrado, mientras que él subsiste siempre entero, sano y perfecto durante todo el tiempo que conserve su esencia? ¿Cuál de estas opiniones es la más verdadera?

–Lo es la última.

–La medicina no piensa, pues, en su interés, sino en el del cuerpo.

–Sí.

–Sucede lo mismo con la equitación, que no se interesa por sí misma sino por los caballos; e igualmente otras artes, que no teniendo necesidad de nada para ellas mismas, se ocupan únicamente de la ventaja del objeto sobre que se ejercitan.

–Así es.

–Pero, Trasimaco, las artes gobiernan aquello sobre que se ejercen.

Dificultad tuvo para concederme este punto.

–No hay arte ni ciencia que se proponga ni ordene lo que es ventajoso para el más fuerte. Todas tienen por fin el interés del objeto sobre que se ejercitan o de lo más débil.

Al pronto quiso negarlo, pero al fin se vio obligado a admitir este punto como el anterior.

–Por tanto –le dije–, el médico como médico no se propone ni ordena lo que es una ventaja para él sino lo que es ventajoso para el enfermo, porque estamos conformes en que el médico como médico gobierna al cuerpo, y no es mercenario; ¿no es cierto?

Convino en ello.

–Y que el verdadero piloto no es marinero sino jefe de los marineros.

Lo concedió también.

–Semejante piloto no ordenará ni se propondrá como fin su propia ventaja, sino la de sus súbditos, es decir, la de los marineros.

Lo confesó, aunque con dificultad.

–Por consiguiente, Trasimaco, todo hombre que gobierna, considerado como tal, y cualquiera que sea la naturaleza de su autoridad, jamás se propone, en lo que ordena, su interés personal, sino el de sus súbditos. A este punto es al que se dirige, y para procurarles lo que les es conveniente y ventajoso, dice todo lo que dice y hace todo lo que hace.

Llegábamos aquí, y todos los presentes veían claramente que la definición de la justicia era diametralmente opuesta a la Trasimaco, cuando éste, en lugar de responder, me preguntó si yo tenía una nodriza.

–¿No sería mejor que respondieras en vez de hacer semejantes preguntas?

–Ha hecho muy mal la nodriza en dejarte tan mocoso, y en no haberte sonado. Tienes verdaderamente necesidad de ello, cuando no sabes siquiera lo que son ganados y lo que es un pastor.

–¿Dime, si gustas, por qué razón?

–Porque crees que los pastores piensan en el bien de sus ganados, y que los engordan y los cuidan, teniendo en cuenta otra cosa que su interés o el de sus amos. También te imaginas que los que gobiernan, entiendo siempre los que gobiernan verdaderamente, tienen respecto de sus súbditos otra idea que la que tienen los pastores respecto a sus ganados, y que día y noche se ocupan de otra cosa que de su provecho personal. Estás tan distante de conocer la naturaleza de lo justo y de lo injusto, que ignoras que la justicia es un bien para todos, menos para el justo; que es útil al más fuerte, que manda, y dañosa al más débil, que obedece; que la injusticia, por el contrario, ejerce su imperio sobre las personas justas, que por sencillez ceden en todo ante el interés del más fuerte, y sólo se ocupan en cuidar los intereses de éste abandonando los suyos. He aquí, hombre inocente, cómo es preciso tomar las cosas. El hombre justo siempre lleva la peor parte cuando se encuentra con el hombre injusto. Por lo pronto, en las transacciones y negocios particulares hallarás siempre que el injusto gana en el trato, y que el hombre justo pierde. En los negocios públicos, si las necesidades del estado exigen algunas contribuciones, el justo con fortuna igual suministrará más que el injusto. Si, por el contrario, hay algo en que se gane, el provecho todo es para el hombre injusto. En la administración del estado, el primero, porque es justo, en lugar de enriquecerse a expensas del estado, dejará que se pierdan sus negocios domésticos a causa del abandono en que los tendrá. Y aun se dará por contento, si no le sucede algo peor. Además, se hará odioso a sus amigos y parientes, porque no querrá hacer por ellos nada que no sea justo. El injusto alcanzará una suerte enteramente contraria, porque teniendo, como se ha dicho, un gran poder, se vale de él para dominar constantemente a los demás. Es preciso fijarse en un hombre de estas condiciones, para comprender cuánto más ventajosa es la injusticia que la justicia. Conocerás mejor esto, si consideras la injusticia en su más alto grado, cuando tiene por resultado hacer muy dichoso al que la comete y muy desgraciados a los que son sus víctimas, que no quieren volver injusticia por injusticia. Hablo de la tiranía, que se vale del fraude y de la violencia con ánimo de apoderarse, no poco a poco y como en detalle de los bienes de otro, sino echándose de un sólo golpe y sin respetar lo sagrado ni lo profano sobre las fortunas particulares y las del estado. Los ladrones comunes, cuando son cogidos in fraganti, son castigados con el último suplicio, y se los denuesta con las calificaciones más odiosas. Según la naturaleza de la injusticia que han cometido, se los llama sacrílegos, bandidos, pícaros, salteadores; pero si se trata de un tirano que se ha hecho dueño de los bienes y de las personas de sus conciudadanos, en lugar de darle estos epítetos detestables, se le mira como el hombre más feliz, lo mismo por los que él ha reducido a la esclavitud, que por los que tienen conocimiento de su crimen; porque si se habla mal de la injusticia, no es porque se tema cometerla, sino porque se teme ser víctima de ella. Tan cierto es, Sócrates, que la injusticia, cuando se la lleva hasta cierto punto, es más fuerte, más libre, más poderosa que la justicia; y que, como dije al principio, la injusticia es el interés del más fuerte, y la injusticia es por sí misma útil y provechosa.

Trasimaco, después de habernos, a manera de bañador, inundado los oídos con este largo y terrible discurso, se levantó como en ademán de marcharse; pero los demás le contuvieron y le comprometieron a que diera razón de lo que acababa de decir. Yo también se lo supliqué con instancia.

–¡Pues qué!, divino Trasimaco –le dije–; ¿puedes imaginarte salir de aquí después de un discurso semejante? ¿No es indispensable que antes aprendamos nosotros de ti, o que tú mismo veas, si las cosas pasan como tú dices? ¿Crees que es de tan poca importancia el punto que nos ocupa? ¿No se trata de decidir la regla de conducta que cada uno debe seguir para gozar durante la vida la mayor felicidad posible?

–¿Quién os ha dicho que yo piense de otra manera? –dijo Trasimaco.

–Me parece que te merecemos poca consideración, y que te importa poco que vivamos dichosos o no; todo por ignorar lo que tú pretendes saber. Instrúyenos por favor, y vive seguro que no tratas con ingratos. En cuanto a mí, declaro que no pienso como tú, y que no podré persuadirme jamás de que sea mas ventajoso ser malo que hombre de bien, aunque tenga todo el poder del mundo para obrar impunemente. Sí, Trasimaco, aunque el malo tenga el poder de hacer el mal, sea por fuerza o sea por astucia, nunca creeré que su condición sea preferible a la del hombre justo. No soy el único de los presentes que piensa así. Pruébanos, por lo tanto, de una manera decisiva que estamos en un error al preferir la justicia a la injusticia.

–¿Y cómo quieres que yo lo pruebe? Si lo que he dicho no te ha convencido, ¿qué más puedo decir en tu obsequio? ¿Es preciso que yo haga que mis razones entren por fuerza en tu espíritu?

–¡No, por Zeus! Pero, por lo pronto, sostente en lo que has dicho, o si mudas algo, hazlo con franqueza y no trates de sorprenderme; porque, volviendo a lo que se dijo antes, ya ves, Trasimaco, que después de haber definido al médico con la mayor precisión, tú no te has creído en el deber de definir con la misma exactitud al verdadero pastor. Nos has dicho que el pastor, como pastor, no tiene cuidado de su ganado por el ganado mismo, sino como un cocinero que le engorda para un festín, o como un mercenario que quiere sacar un salario. Pero esto es contrario a su profesión de pastor, cuyo único fin es procurar el bien del ganado que le ha sido confiado; porque en tanto que esta profesión conserve su esencia, es perfecta en su género, y para esto tiene todo lo que necesita. Por la misma razón creía yo que no podíamos menos de convenir en que toda administración, sea pública o privada, debe ocuparse únicamente del bien de la cosa que ha tomado a su cargo. ¿Crees, en efecto, que los que gobiernan los estados, entiendo los que merecen este título y cumplen los deberes consiguientes, estén muy contentos mandando?

–¿Si lo creo? Estoy seguro de ello.

–¿No has observado, Trasimaco, respecto a los cargos públicos, que nadie quiere ejercerlos por lo que ellos son, sino que se exige un salario por la persuasión en que se está de que por su naturaleza sólo son útiles a aquellos sobre los que se ejercen? Y dime, te lo suplico, ¿no se distinguen unas de otras artes por sus diferentes efectos? Respóndeme según lo que pienses, si quieres que convengamos en algo.

–Sí, se distinguen por sus efectos.

–Cada una de ellas procura a los hombres una utilidad que le es propia; la medicina, la salud; el pilotaje, la seguridad en la navegación, y así todas las demás.

–Sin duda.

–Y la ventaja, que procura el arte del mercenario, ¿no es el salario? Este es el efecto propio de este arte. ¿Confundes la medicina con el pilotaje? O si quieres continuar hablando en términos precisos, como hiciste al principio, ¿dirás que el pilotaje y la medicina son la misma cosa, porque un piloto recobre la salud, ejerciendo su arte, a causa de lo saludable que es el navegar?

–No.

–Tampoco dirás que el arte del mercenario y el del médico son la misma cosa, porque ocurra que el mercenario goce de salud ejerciendo su arte.

–No.

–Ni que la profesión del médico sea la misma que la del mercenario, porque el médico exija alguna recompensa por la cura de los enfermos.

–No.

–¿No hemos reconocido que cada arte tiene su utilidad particular?

–Sí.

–Si existe una utilidad común a todos los artistas, es evidente que sólo puede proceder de un arte que todos ellos añaden al que ejercen.

–Quizás es así.

–Digamos, pues, que el salario que reciben los artistas, lo adquieren en calidad de mercenarios.

–En buena hora.

–Por consiguiente, no es su arte el que da origen a este salario, sino que, hablando con exactitud, es preciso decir que el objeto de la medicina es dar la salud, y el de la arquitectura construir una casa; y que si el médico y el arquitecto reciben un salario, es porque son además mercenarios. Lo mismo sucede en las demás artes. Cada una de ellas produce su efecto propio, siempre en ventaja del objeto a que se aplica. En efecto, ¿qué provecho sacaría un artista de su arte, si lo ejerciese gratuitamente?

–Ninguno.

–¿Su arte dejaría por esto de ser útil?

–No lo creo.

–Repito que es evidente que ningún arte, ninguna autoridad consulta su propio interés, sino como ya hemos dicho, el interés de su objeto; es decir, del más débil y no del más fuerte. Esta es la razón que he tenido, Trasimaco, para decir que nadie quiere gobernar ni curar los males de otro gratuitamente, sino que exige una recompensa; porque si alguno quiere ejercer su arte como es debido, no trabaja para sí mismo, sino en provecho de la cosa sobre que ejerce su arte. Por esto, para comprometer los hombres a que ejerzan el mando, ha sido preciso proponerles alguna recompensa, como dinero, honores, o un castigo si rehusan aceptarlo.

–¿Cómo entiendes eso, Sócrates? –dijo Glaucón–. Yo conozco bien las dos especies primeras de recompensas, pero no ese castigo, cuya exención propones como una tercera clase de recompensa.

–No conoces entonces la propia de los sabios, la que los decide a tomar parte en los negocios públicos. ¿No sabes que ser interesado o ambicioso es cosa vergonzosa, y que por tal se tiene?

–Lo sé.

–Los sabios no quieren tomar parte en los negocios con ánimo de enriquecerse, porque temerían que se los mirara como mercenarios, si exigían manifiestamente algún salario por el mando, o como ladrones si convertían los fondos públicos en su provecho. Tampoco tienen en cuenta los honores, porque no son ambiciosos. Es preciso, pues, que algún motivo muy poderoso los obligue a tomar parte en el gobierno, como el temor de algún castigo. Y por esta razón se mira como cosa poco delicada el encargarse voluntariamente de la administración pública, sin verse comprometido a ello. Porque el mayor castigo para el hombre de bien, cuando rehusa gobernar a los demás, es el verse gobernado por otro menos digno; y este temor es el que obliga a los sabios a encargarse del gobierno, no por su interés ni por su gusto, sino por verse precisados a ello a falta de otros, tanto o más dignos de gobernar; de suerte que, si se encontrase un estado compuesto únicamente de hombres de bien, se solicitaría el alejamiento de los cargos públicos con el mismo calor con que hoy se solicitan éstos; se vería claramente en un estado de este género que el verdadero magistrado no mira su propio interés sino el de sus administrados; y cada ciudadano convencido de esta verdad, preferiría ser feliz mediante los cuidados de otro, que trabajar por la felicidad de los demás. No concedo, pues, a Trasimaco que la justicia sea el interés del más fuerte; pero ya examinaremos este punto en otra ocasión. Lo que ha añadido tocante a la condición del hombre malo, la cual, según él, es más dichosa que la del hombre justo, es punto de mayor importancia aún. Tú, Glaucón, ¿tienes esta misma opinión? Entre estas dos condiciones ¿cuál escogerías?

–La condición del hombre justo, como más ventajosa –dijo Glaucón.

–¿Has oído la enumeración, que Trasimaco acaba de hacer, de los bienes afectos a la condición del hombre malo?

–Sí, pero yo no los creo.

–¿Quieres que busquemos algún medio de probarle que se engaña?

–¿Cómo no he de quererlo?

–Si oponemos al largo discurso que acaba de pronunciar, otro discurso también largo en favor de la justicia, y luego otro él y otro nosotros, será preciso contar y pesar las ventajas de una y otra parte, y además serían necesarios jueces para pronunciar el fallo; mientras que, tratando el punto amistosamente hasta convenir en lo que nos parezca verdadero o falso, como antes hicimos, seremos a la vez jueces y abogados.

–Es cierto.

–¿Cuál de estos dos métodos te agrada más?

–El segundo.

–Pues bien, respóndeme, Trasimaco. Pretendes que la completa injusticia es más ventajosa que la justicia perfecta.

–Sí –dijo Trasimaco–, y ya he dado mis razones.

–Muy bien, pero ¿qué piensas de estas dos cosas? ¿No das a la una el nombre de virtud y a la otra el de vicio?

–Sin duda.

–¿Das probablemente el nombre de virtud a la justicia, y el de vicio a la injusticia?

–Se supone, puesto que yo pretendo que la injusticia es útil, y que la justicia no lo es.

–¿Qué es lo que dices?

–Todo lo contrario.

–¡Qué! ¿La justicia es un vicio?

–No; es una insensatez generosa.

–¿Luego la injusticia es una maldad?

–No; es sabiduría.

–¿Luego los hombres injustos son buenos y sabios a tu parecer?

–Sí, los que lo son en sumo grado, y que son bastante fuertes para apoderarse de las ciudades y de los imperios. Quizá crees que quiero hablar de los rateros. No es porque este oficio no tenga también sus ventajas, mientras cuenta con la impunidad; pero estas ventajas no son nada cotejadas con las que acabo de mencionar.

–Concibo muy bien tu pensamiento; pero lo que me sorprende es que das a la injusticia los nombres de virtud y de sabiduría, y a la justicia nombres contrarios.

–Pues eso es lo que pretendo.

–Eso es bien duro, y ya no sé qué camino tomar para refutarte. Si dijeses sencillamente, *como* otros, que la injusticia, aunque útil, es una cosa vergonzosa y mala en sí, podría responderte lo que de ordinario se responde. Pero, toda vez que llegas hasta el punto de llamarla virtud y sabiduría, no dudarás en atribuirle la fuerza, la belleza y todos los demás títulos que se atribuyen comúnmente a la justicia.

–No es posible adivinar mejor.

–Mientras tenga motivo para creer que hablas seriamente, no me es dado entrar otra vez en este examen; porque se me figura, Trasimaco, que esto no es una burla tuya, sino que piensas lo que dices.

–Piense o no piense como digo, ¿qué te importa? Cuídate sólo de refutarme.

–Poco me importa, en efecto; pero permíteme hacerte aún otra pregunta. ¿El hombre justo querría tener en algo ventaja sobre otro hombre justo?

–No, verdaderamente; de otra manera no sería ni tan complaciente ni tan simple como yo le supongo.

–Pero qué, ¿ni siquiera con respecto a una acción justa?

–Ni con respecto a ella.

–¿No querría, por lo menos, sobrepujar al hombre injusto, y no creería poderlo hacer justamente?

–Lo creería y lo querría, pero sus esfuerzos serían inútiles.

–No es eso lo que quiero saber. Yo te pregunto solamente esto: si el justo no tendrá la pretensión y la voluntad de tener ventaja sobre otro justo, sino solamente sobre el hombre injusto.

–Sí, tiene esta última pretensión.

–¿Y el injusto querría aventajar al justo en la injusticia?

–Sí, sin duda; puesto que quiere prevalecer sobre todo el mundo.

–¿Querrá, por consiguiente tener ventaja sobre el injusto por la injusticia, y se esforzará para tenerla sobre todos?

–Seguramente.

–Por consiguiente, decimos que el justo no quiere tener ventaja sobre su semejante, sino sobre su contrario, mientras que el hombre injusto quiere tenerla sobre uno y sobre otro.

–Eso está muy bien dicho.

–El injusto es inteligente y hábil, y el justo no es, ni lo uno, ni lo otro.

–También es exacto.

–El hombre injusto se parece, por consiguiente, al hombre inteligente y hábil, y el justo no se parece a éste.

–Sin duda, porque el que es de tal o de cual manera, se parece a los que son lo que él es; y el que no es tal, no se parece a ellos.

–Muy bien, ¿cada uno de ellos es, por lo tanto tal como aquellos a quienes se parece?

–¿Cómo podría ser de otra manera?

–Trasimaco, ¿no dices de un hombre que es músico y de otro que no lo es?

–Sí.

–¿Cuál de los dos es inteligente y cuál no?

–El músico es inteligente; el otro no lo es.

–El uno, como inteligente, es hábil; el otro es inhábil por la razón contraria.

–Sí.

–¿No sucede lo mismo respecto del médico?

–Sí.

–Crees tú que un músico, que arregla su lira, querrá al aflojar o estirar las cuerdas de su instrumento sobrepujar a otro músico.

–No.

–¿Y a uno que sea ignorante en la música?

–Sin contradicción.

–Y el médico, en la prescripción de la comida y de la bebida, ¿querría llevar ventaja a otro médico o al arte mismo que profesa?

–No.

–¿Y al que no es médico?

–Sí.

–Mira, pues, con respecto a cualquiera ciencia, si te parece que el sabio querrá aventajar en lo que dice y en lo que hace a otro versado en la misma ciencia, o si sólo aspira a hacer lo mismo en las mismas ocasiones.

–Podrá suceder que así sea.

–¿El ignorante no quiere, por el contrario, tener ventaja sobre el docto y sobre el ignorante?

–Probablemente.

–¿Pero el docto es sabio?

–Sí.

–¿El sabio es hábil?

–Sí.

–Por lo tanto, el que es hábil y sabio no quiere tener ventaja sobre su semejante, sino sobre su contrario.

–Así parece.

–Mientras que el que es inhábil e ignorante quiere tener ventaja sobre el uno y sobre el otro.

–Es cierto.

–¿No has confesado, Trasimaco, que el injusto quiere tener ventaja sobre su semejante y sobre su contrario?

–Lo he confesado.

–¿Y que el justo no quiere tener ventaja sobre su semejante, y sí sólo sobre su contrario?

–Sí.

–Se parecen, pues, el justo al hombre sabio y hábil y el injusto al que es inhábil e ignorante.

–Puede suceder.

–Pero hemos convenido en que ambos son como aquellos a quienes se parecen.

–Sí, hemos convenido en eso.

–Luego es evidente que el justo es hábil y sabio, y el injusto ignorante e inhábil.

Trasimaco convino en todo esto, aunque no con tanta facilidad como yo lo refiero, pues le arranqué estas confesiones con un trabajo infinito. Sudaba en grande, con tanto más motivo cuanto que hacía un gran calor, y entonces vi que por primera vez se ruborizaba. Cuando estuvimos de acuerdo en que la justicia es habilidad y virtud, y la injusticia vicio e ignorancia, le dije: demos este punto por decidido. Pero, además, hemos dicho que la injusticia participa también de la fuerza; ¿te acuerdas, Trasimaco?

–Me acuerdo, pero no estoy satisfecho de lo que acabas de decir, y se me ocurre algo con qué responderte. Sé muy bien que sólo con que abra la boca, ya dirás que hago una arenga. Déjame, por lo tanto, la libertad de hablar, o si quieres interrogar algo, hazlo; te responderé con signos de cabeza, como se hace en los cuentos de viejas.

–Te conjuro a que no digas nada contrario a lo que piensas.

–Puesto que no quieres que hable como es de mi gusto, diré lo que sea del tuyo; ¿quieres más?

–Nada, sino que respondas en la forma que acabo de suplicarte, si lo tienes a bien. Voy a interrogarte.

–Interroga.

–Te pregunto, pues, tomando el hilo de nuestra discusión, qué es la justicia comparada con la injusticia. Me parece que has dicho que ésta era más fuerte y más poderosa; pero si la justicia es habilidad y virtud, me será fácil demostrar, que es más fuerte que la injusticia, y no puede haber nadie que no convenga en ello, puesto que la injusticia es ignorancia. Pero sin detenerme en esta prueba, he aquí otra. ¿No hay estados que llevan la injusticia hasta atentar a la libertad de otros estados y someter muchos a la esclavitud?

–Sin duda los hay. Pero eso sucede en el estado muy bien gobernado, y que sabe ser injusto hasta el más alto grado.

–Sé que eso es lo que piensas. Lo que quería saber yo es si un estado que se hace dueño de otro estado, puede llevar a cabo esta empresa sin emplear la justicia, o si se verá precisado a valerse de ella.

–Si la justicia es habilidad, como decías antes, será preciso que este estado acuda a ella; pero si las cosas pasan como yo he dicho, empleará la injusticia.

–Te agradezco, Trasimaco, que me respondas explícitamente y no por signos de cabeza.

–Lo hago para complacerte.

–Lo agradezco, pero hazme el favor de decir si un estado, un ejército, o una cuadrilla de bandidos y ladrones, o cualquiera otra sociedad de este género podrían triunfar en sus empresas injustas, si los miembros que la componen violasen, los unos respecto de los otros, todas las reglas de la justicia.

–No podrían.

–¿Y si las observasen?

–Podrían.

–¿No sería porque la injusticia daría origen a sediciones, odios y combates entre ellos, al paso que la justicia mantendría entre los mismos la paz y la concordia?

–Lo concedo, para no disputar contigo.

–Haces bien; pero si es propio de la injusticia el engendrar odios y disensiones en todas partes donde se encuentra, ¿no produciría indudablemente el mismo efecto entre los hombres, sean libres o esclavos y no les hará impotentes para emprender cosa alguna en común?

–Sí.

–Y si se encuentra en dos hombres, ¿no estarán éstos siempre en discusión y en guerra? ¿No se aborrecerán mutuamente tanto cuanto aborrecen ¿a los justos?

–Sin duda.

–Y que cuando se encuentre en un solo hombre ¿perderá la injusticia su propiedad, o bien la conservará?

–En buen hora; que la conserve.

–Es tal, pues, la naturaleza de la injusticia, ya se encuentre en un estado, ya en un ejército o en cualquiera otra sociedad, que, en primer lugar, la hace absolutamente impotente para emprender nada a causa de las querellas y sediciones que provoca; y, en segundo lugar, se hace enemiga de sí misma y de todos los que son a ella contrarios, es decir, de los hombres de bien; ¿no es esto verdad?

–Sí.

–Aun cuando se encuentre más que en un hombre solo, producirá los mismos efectos; le pondrá, por lo pronto, en la imposibilidad de obrar a causa de las sediciones, que excitará en su alma, y por la oposición continua, en que se pondrá consigo mismo; y será después su propio enemigo y el de todos los justos; ¿no es así?

–Sí.

–Pero los dioses ¿no son también justos?

–En buen hora.

–¿Luego el injusto será enemigo de los dioses, y el justo será su amigo?

–Puedes decididamente deducir las consecuencias que te parezcan; no me opondré a ello, a trueque de no tener que enredarme con los que nos escuchan.

–Lleva tu complacencia hasta el fin y continúa respondiéndome. Acabamos de ver que los hombres de bien son mejores, más hábiles y más fuertes que los malos; que éstos no pueden emprender nada en unión de otros, y cuando hemos supuesto que la injusticia no les impedía ejecutar en común algún designio, esta suposición no descansaba en la verdad, porque si de hecho eran injustos, emplearían mutuamente la injusticia los unos contra los otros. Es evidente que conservan entre ellos un resto de justicia, que les impide dañarse unos a otros al mismo tiempo que causan daño a los demás, y que mediante la justicia es como llevan a cabo sus empresas. A la verdad, la injusticia es la que les hace idear empresas criminales; pero sólo son malos a medias, porque los que son injustos a toda prueba están también en una imposibilidad absoluta de obrar. Así pasan las cosas y no *como* dijiste tú al principio. Nos resta examinar si la condición del justo es mejor y más dichosa que la del injusto. Tengo motivos para creerlo, conforme a lo que queda dicho. Pero examinemos esta cuestión más a fondo, tanto más cuanto que no se trata de una bagatela, sino de lo que ha de ser la regla de nuestra vida.

–Examínala, pues.

–Es lo que voy a hacer. Respóndeme. El caballo, ¿no tiene una función que le es propia?

–Sí.

–¿No llamas función de un caballo o de cualquier otro animal a aquello que no se puede hacer, o por lo menos hacer bien, sino por su medio?

–No entiendo.

–Tomemos otro camino. ¿Puedes ver de otra manera que por los ojos?

–No.

–¿Oír de otra manera que por los oídos?

–No.

–¿Podremos decir con razón que éstas son sus funciones?

–Sí.

–¿No podría podarse una viña con un cuchillo, un tranchete o con cualquiera otro instrumento?

–Sin duda.

–¿Pero no será más cómodo hacerlo con una podadera hecha expresamente para esto?

–Sin duda.

–¿No diremos que ésta es su función propia?

–Sí.

–¿Comprendes ahora cómo la función de una cosa es aquello que sólo ella puede hacer o hacerlo mejor que ninguna otra?

–Comprendo, y me parece cierto lo que dices.

–Muy bien. Todo lo que tiene una función particular, ¿no tiene igualmente una virtud que le es propia? Y volviendo a los ejemplos de que ya me he servido, ¿no dijimos que los ojos tienen su función?

–Sí.

–¿Luego tienen también una virtud que les es propia?

–Sí.

–¿No sucede lo mismo con los oídos y con cualquiera otra cosa?

–Sí.

–Detente un momento. ¿Podrían los ojos desempeñar sus funciones si no tuviesen la virtud que les es propia, o si, en lugar de esta virtud, tuviesen el vicio contrario?

–¿Cómo habían de poder? Porque tú hablas sin duda del caso en que la ceguera hubiera sustituido a la facultad de ver.

–Cualquiera que sea la virtud de los ojos, poco importa; no es eso lo que yo quiero saber. Pregunto solo, en general, si cada cosa desempeña bien su función a causa de la virtud que le es propia, y mal a causa del vicio contrario.

–Así es.

–De esa manera, los oídos, privados de su virtud propia, desempeñarán mal su función.

–Sí.

–¿No puede decirse otro tanto de cualquiera otra cosa?

–Yo lo pienso así.

–Apliquémoslo al caso presente. ¿No tiene el alma su función, que ninguna otra cosa, que no sea ella, puede realizar, como pensar, gobernar, deliberar, y así de lo demás? ¿Pueden atribuirse estas funciones a otra cosa que al alma? ¿No tenemos derecho para decir que le son propias?

–Es verdad.

–Vivir ¿no es una de las funciones del alma?

–Ciertamente.

–El alma ¿no tiene también su virtud particular?

–Sin duda.

–El alma, privada de esta virtud, ¿podrá desempeñar alguna vez bien sus funciones?

–Es imposible.

–¿Luego es una necesidad que el alma mala piense y gobierne mal; por el contrario, que la que es buena, piense y gobierne bien?

–Es necesario.

–Pero ¿no estamos de acuerdo en que la justicia es una virtud y la injusticia un vicio de alma?

–Sí, nos pusimos de acuerdo en eso.

–Por consiguiente, el alma justa y el hombre justo vivirán bien, y el hombre injusto vivirá mal.

–Así debe suceder, conforme tú dices.

–Pero el que vive bien es dichoso; el que vive mal desgraciado.

–¿Quién lo duda?

–Luego el justo es dichoso y el injusto desgraciado.

–Ciertamente.

–Pero no es ventajoso ser desgraciado; lo es, por el contrario, el ser dichoso.

–¿Quién te dice que no?

–Luego es falso, divino Trasimaco, que la injusticia sea más provechosa que la justicia.

–Regálate con estos discursos, Sócrates, y que éste sea tu festín de las bendidias.

–Te estoy sumamente reconocido al ver que tanto te has suavizado, y que has desechado esa cólera que tenías contra mí. Sin embargo, no he sido tan agasajado como yo hubiera querido; pero la falta no es tuya sino mía. Me ha sucedido lo que a los glotones, que se arrojan sobre las viandas que se les presentan y no saborean ninguna. Antes de haber resuelto perfectamente la primera cuestión que se ha propuesto sobre la naturaleza de la justicia, he procurado indagar detenidamente si era vicio o virtud, habilidad o ignorancia. Otra cuestión nos ha salido al encuentro, a saber: si la injusticia en más ventajosa que la justicia, y no he podido menos de abandonar la primera y pasar a la segunda. De manera que nada he aprendido de toda esta conversación; porque no sabiendo lo que es la justicia. ¿cómo podría yo saber si es una virtud o no, y si el que la posee es dichoso o desgraciado?

Libro segundo

Después de haber hablado de esta manera, creí que se daría por terminada la conversación; pero, al parecer, todo lo dicho no fue más que el preludio. Glaucón dio en esta ocasión una prueba de su valor acostumbrado, y lejos de rendirse como Trasimaco, tomó la palabra y dijo:

–Sócrates, ¿te contentas con figurarte que nos has convencido de que la justicia es de todas maneras preferible a la injusticia, o quieres realmente convencernos?

–Yo querría –le contesté–, convenceros realmente, si esto estuviera en mi mano.

–Entonces tú no haces lo que quieres, Sócrates, porque dime: ¿no hay una clase de bienes, que deseamos y que buscamos por lo que ellos son, sin cuidarnos para nada de sus resultados, como la alegría y otros placeres puros y sin mezcla, aunque no nos proporcionen otra ventaja que el placer de gozar de ellos?

–Sí, hay, a mi parecer, bienes de esta naturaleza.

–¿No hay otros que llamamos a la vez por sí mismos y por sus resultados, como, por ejemplo, el buen sentido, la vista, la salud? Aquellos dos motivos nos mueven igualmente a procurárnoslos.

–Es cierto.

–¿No encuentras una tercera clase de bienes, como el entregarse a los ejercicios del cuerpo, el restablecer su salud, el ejercer la medicina o cualquiera otra profesión lucrativa? Estos bienes diremos que son penosos pero útiles, y los buscaremos no por sí mismos, sino por el salario y demás ventajas que nos proporcionan.

–Reconozco esta tercera clase de bienes. ¿Pero adónde quieres ir a parar?

–¿En cuál de estas tres clases incluyes la justicia?

–En la mejor de las tres, en la de los bienes que deben amar por ellos mismos y por sus resultados los que quieran ser verdaderamente dichosos.

–No es ésa la opinión común de las gentes, que ponen la justicia en el rango de aquellos bienes penosos, que no merecen nuestros cuidados sino por la gloria y las recompensas que producen, y de los que debe huirse, porque cuestan demasiado a la naturaleza.

–Sé que se piensa así ordinariamente, y en esto se fundó Trasimaco para rechazar la justicia y hacer tantos elogios de la injusticia. Pero eso yo no puedo entenderlo, y precisamente debe ser muy torpe mi inteligencia a lo que parece.

–Pues bien, quiero ver si te adhieres a mi opinión. Escúchame. Me parece que Trasimaco, a manera de la serpiente que se deja fascinar, se ha rendido demasiado pronto al encanto de tus discursos. Yo no he podido darme por satisfecho con lo que se ha dicho por una y otra parte en pro y en contra de la justicia y de la injusticia. Quiero saber cuál es su naturaleza, y qué efecto producen ambas inmediatamente en el alma, sin tener en cuenta ni las recompensas que llevan consigo, ni tampoco ninguno de sus resultados buenos o malos. He aquí, pues, lo que me propongo hacer, si no lo llevas a mal. Tomaré de nuevo la objeción de Trasimaco. Diré, por lo pronto, lo que es la justicia, según la opinión común, y en dónde tiene su origen. En seguida, haré ver que todos los que la practican, no la miran como un bien, sino que se someten a ella como a una necesidad. Y por último, demostraré que tienen razón en obrar así, porque la condición del malo es infinitamente más ventajosa que la del justo, a lo que se dice; porque yo, Sócrates, aún estoy indeciso sobre este punto, pues tan atronados tengo los oídos con discursos semejantes al de Trasimaco, que no sé a qué atenerme Por otra parte, no he encontrado a ninguno que me pruebe, como desearía, que la justicia es preferible a la injusticia. Deseo oír a alguien que la alabe en sí misma y por sí misma, y es de ti de quien principalmente espero este elogio; y por esta razón voy a extenderme sobre las ventajas de la condición del hombre malo. Así verás el punto de vista en que yo deseo te coloques para alabar la justicia. Dime si son de tu agrado estas condiciones.

–Seguramente; ¿y de qué otro objeto puede un hombre sensato ocuparse por más tiempo y con más gusto que del que propones?

–Muy bien dicho. Escucha ahora cuáles son, según la común opinión, la naturaleza y el origen de la justicia. Se dice que es un bien en sí cometer la injusticia y un mal el padecerla. Pero resulta mayor mal en padecerla que bien en cometerla. Los hombres cometieron y sufrieron la injusticia alternativamente, experimentaron ambas cosas; y habiéndose dañado por mucho tiempo los unos a los otros, no pudiendo los más débiles evitar los ataques de los más fuertes, ni atacarlos a su vez, creyeron que era un interés común impedir que se hiciese y que se recibiese daño alguno. De aquí nacieron las leyes y las convenciones. Se llamó justo y legítimo lo que fue ordenado por la ley. Tal es el origen y tal es la esencia de la justicia, la cual ocupa un término medio entre el más grande bien que consiste en poder ser injusto impunemente, y el más grande mal, que es el no poder vengarse de la injuria que se ha recibido. Y se ha llegado a amar la justicia, no porque sea un bien en sí misma, sino en razón de la imposibilidad en que nos coloca de dañar a los demás. Porque el que puede ser injusto y es verdaderamente hombre, no se cuida de someterse a semejante convención, y sería de su parte una locura. He aquí, Sócrates, cuál es la naturaleza de la justicia, y he aquí en dónde se pretende que tiene su origen. Y para probarte aún más que sólo a pesar suyo y en la impotencia de violarla abraza uno la justicia, hagamos una suposición. Demos al hombre de bien y al hombre malo un poder igual para hacer todo lo que quieran; sigámoslos, y veamos adónde conduce la pasión al uno y al otro. No tardaremos en sorprender al hombre de bien, siguiendo los pasos del hombre malo, arrastrado como él por el deseo de adquirir sin cesar más y más, deseo a cuyo cumplimiento aspira toda la naturaleza, como a una cosa buena en sí, pero que la ley reprime y limita por fuerza por respeto a la igualdad. En cuanto al poder de hacerlo todo, yo les concedo que sea tan extenso como el de Gijes, uno de los antepasados del lidio. Gijes era pastor del rey de Lidia. Después de una borrasca seguida de violentas sacudidas, la tierra se abrió en el paraje mismo donde pacían sus ganados, lleno de asombro a la vista de este suceso, bajó por aquella hendidura, y, entre otras cosas sorprendentes que se cuentan, vio un caballo de bronce, en cuyo vientre había abiertas unas pequeñas puertas, por las que asomó la cabeza para ver lo que había en las entrañas de este animal, y se encontró con un cadáver de talla superior a la humana.

Este cadáver estaba desnudo, y sólo tenía en un dedo un anillo de oro Gijes lo cogió y se retiró. Posteriormente, habiéndose reunido los pastores en la forma acostumbrada al cabo de un mes, para dar razón al rey del estado de sus ganados, Gijes concurrió a esta asamblea llevando en el dedo su anillo, y se sentó entre los pastores. Sucedió, que habiéndose vuelto por casualidad la piedra preciosa de la sortija hacia el lado interior de la mano, en el momento Gijes se hizo invisible, de suerte que se habló de él como si estuviera ausente. Sorprendido de este prodigio, volvió la piedra hacia fuera, y en el acto se hizo visible. Habiendo observado esta virtud del anillo, quiso asegurarse con repetidas experiencias, y vio siempre que se hacía invisible cuando ponía la piedra por el lado interior, y visible cuando la colocaba por la parte de fuera. Seguro de su descubrimiento, se hizo incluir entre los pastores que habían de ir a dar cuenta al rey. Llega a palacio, corrompe a la reina, y con su auxilio se deshace del rey y se apodera del trono. Ahora bien; si existiesen dos anillos de esta especie, y se diesen uno a un hombre de bien y otro a uno malo, no se encontraría probablemente un hombre de un carácter bastante firme para perseverar en la justicia y para abstenerse de tocar a los bienes ajenos, cuando impunemente podría arrancar de la plaza pública todo lo que quisiera, entrar en las casas, abusar de toda clase de personas, matar a unos, libertar de las cadenas a otros, y hacer todo lo que quisiera con un poder igual al de los dioses. No haría más que seguir en esto el ejemplo del hombre malo; ambos tenderían al mismo fin, y nada probaría mejor que ninguno es justo por voluntad, sino por necesidad, y que el serlo no es un bien en sí, puesto que el hombre se hace injusto tan pronto como cree poderlo ser sin temor. Y así los partidarios de la injusticia concluirán de aquí, que todo hombre cree en el fondo de su alma, y con razón, que es más ventajosa que la justicia; de suerte que, si alguno, habiendo recibido un poder semejante, no quisiese hacer daño a nadie, ni tocara los bienes de otro, se le miraría como el más desgraciado y el más insensato de todos los hombres. Sin embargo, todos harían en público el elogio de su virtud, pero con intención de engañarse mutuamente y por el temor de experimentar ellos mismos alguna injusticia.

Sentado esto, sólo veo un medio de decidir con seguridad acerca de la condición de los dos hombres de que hablamos, y es el considerarles aparte el uno del otro en el más alto grado de justicia y de injusticia. Para esto no rebajemos al hombre malo ninguna parte de la injusticia; ni al hombre de bien ninguna parte de la justicia, y supongamos a ambos perfectos en el género de vida que han abrazado. Que el hombre malo semejante a esos pilotos hábiles o a esos grandes médicos, que ven inmediatamente todo lo que puede su arte, que en el acto conocen lo que es posible y lo que es imposible, y que cuando han cometido una falta, saben diestramente repararla, que el hombre malo, digo, conduzca sus empresas injustas con tanta destreza, que no se ponga en evidencia, porque si se deja sorprender y coger en falta, ya no es un hombre hábil. El gran mérito de la injusticia consiste en parecer justo sin serlo. Supongamos, como he dicho, que es capaz de una injusticia perfecta, y que cometiendo los más grandes crímenes, sepa crearse una reputación de hombre de bien; que si llega a dar un paso en falso, se rehaga inmediatamente; que sea tan elocuente que convenza de su inocencia a los mismos ante quienes sus crímenes habrán de acusarle; bastante atrevido y bastante poderoso, va por sí mismo, ya por sus amigos, para conseguir por la fuerza lo que no podría obtener de otra manera; he aquí el hombre injusto.

Pongamos ahora frente a frente al hombre de bien, cuyo carácter es franco y sencillo, el hombre, como dice Esquilo:

Más ansioso de ser bueno que de parecerlo.

Quitémosle hasta la reputación de hombre de bien; porque si pasa por tal, se vería como consecuencia colmado de honores y de bienes, y de esta manera no podremos juzgar si ama la justicia por sí misma o a causa de los honores y bienes que ella le proporciona. En una palabra, despojémosle de todo, menos de la justicia, y para que haya entre él y el injusto una completa oposición, que pase por el más malvado de los hombres, sin haber cometido jamás la más pequeña injusticia; de suerte que su virtud se vea sometida a las más duras pruebas, sin que se conmueva ni por la infamia ni por los malos tratamientos; sino que marche con paso firme por el sendero de la justicia hasta la muerte, pasando toda su vida por un malvado, aunque sea un hombre justo. Teniendo a la vista estos dos modelos, el uno de justicia, el otro de injusticia consumada, quiero yo que decidamos acerca de la felicidad del hombre justo y del injusto.

–¡Con qué precisión y con qué rigor, mi querido Glaucón, nos has presentado estos dos hombres, para someterlos al juicio que acerca de ellos debemos formar!

–He procurado ser todo lo más exacto que he podido Después de haberlos supuesto tales, como acabo de decir, no será malo, a mi parecer, consignar mi juicio sobre la suerte que espera al uno y al otro. Digámoslo, por tanto, y si lo que yo acabo de decir te parece muy fuerte, acuérdate, Sócrates, de que no hablo por mi cuenta, sino en nombre de los que prefieren la injusticia a la justicia. El justo, dicen, el que es tal como yo le he pintado, será azotado, atormentado, encadenado; se le quemarán los ojos, y en fin después de haberle hecho sufrir toda clase de males se le crucificará, y por este medio se le hará comprender que no hay que cuidarse de ser justo, y sí sólo de parecerlo. Al hombre malo es más bien a quien deben aplicarse las palabras de Esquilo, porque, al no arreglar su conducta según la opinión de los hombres y al dedicarse a algo real y sólido, no quiere parecer malo, sino serlo en efecto:

Su habilidad fecunda
crea en abundancia los más bellos proyectos.

Con la reputación de hombre de bien tiene grande autoridad en el estado, se enlazan él y sus hijos con las mejores familias, y lleva a cabo todas las uniones que le agradan. Además de esto, saca ventaja de todo porque el crimen no le asusta. Cualquier cosa que pretenda, sea en público o en particular, la consigue sobreponiéndose a todos los concurrentes; se enriquece, hace bien a sus amigos, mal a sus enemigos, ofrece a los dioses sacrificios y presentes magníficos, y se atrae la benevolencia de los dioses y de los hombres con más facilidad y seguridad que el justo; de donde puede deducirse, como cosa probable, que es también más querido de los dioses. De esta suerte, Sócrates, los partidarios de la injusticia pretenden que la condición del hombre injusto es más dichosa que la del justo, lo mismo respecto de los dioses que de los hombres.

Luego que Glaucón acabó de hablar, me preparaba a contestarle, pero su hermano Adimanto, tomando la palabra, me dijo:

–¿Sócrates, crees que la tesis esté suficientemente desenvuelta?

–¿Y por qué no? –le dije.

–Mi hermano ha olvidado lo esencial.

–Pues bien; ya conoces el proverbio: "Venga el hermano en auxilio de su hermano". Suple tú lo que él ha omitido. Sin embargo, ha dicho lo bastante para ponerme fuera de combate y dejarme sin medios para defender la justicia.

–Todos tus efugios son inútiles; es preciso que me escuches a mí también. Voy a exponerte una tesis contraria a la suya, la tesis de los que toman el partido de la justicia contra la injusticia. Esta oposición hará más patente lo que Glaucón, a mi parecer, se ha propuesto mostrar. Los padres recomiendan la justicia a sus hijos y los maestros a sus discípulos. ¿Y lo hacen en vista de la justicia misma? No, sino a causa de las ventajas que van unidas a ella, a fin de que la reputación de hombre de bien les proporcione dignidades, uniones honrosas y todos los demás bienes de que Glaucón ha hecho mención. Van aún más lejos, y les hablan de los favores que los dioses derraman a manos llenas sobre los justos, y jamás agotan este punto. Citan al buen Hesíodo y a Homero; el primero dice que los dioses han hecho las encinas para los hombres justos, y que para ellos

Su vuelo tiene bellotas y su tronco abejas,
sus corderos sucumben bajo el peso de su vellón.[9]

y otras mil cosas semejantes. Y el segundo dice: que

9. Hesíodo, *Las obras y los días*, v. 232.

Cuando un buen rey, imagen de los dioses,
hace justicia a sus súbditos, para él la tierra fértil da trigo y cebada, y los árboles se cargan de frutos, sus ganados se multiplican, y el mar le suministra pesca.[10]

Museo y su hijo van más allá, y prometen a los justos recompensas mayores aún. Los conducen después de la muerte a los campos elíseos; los sientan a la mesa coronados de flores, y pasan su vida en medio de festines, como si una embriaguez eterna fuese la más bella recompensa para la virtud. Según otros, estas recompensas no se limitan a sus personas. El hombre santo y fiel a sus juramentos revive en su posteridad, que se perpetúa de edad en edad.[11] Tales son los motivos que tienen para elogiar la justicia. Con respecto a los malos y a los impíos, los sumen en el cieno de los infiernos y los condenan a sacar agua con una criba. Añaden que, durante su vida, no hay afrentas y suplicios a que sus crímenes no les expongan, y todo lo que Glaucón ha dicho de los justos que pasan por malos, lo dicen de los malos mismos y nada más. He aquí lo que aducen en favor del justo y contra el injusto. Escucha ahora, Sócrates, un lenguaje muy diferente sobre la justicia y la injusticia, lenguaje que el pueblo y los poetas tienen sin cesar en boca. Dicen todos a una que nada es más bello, ni al mismo tiempo más difícil y más penoso, que la templanza y la justicia; que, por el contrario, nada hay más dulce que la injusticia y el libertinaje; ni nada que cueste menos a la naturaleza; que estas cosas sólo son vergonzosas en la opinión de los hombres, y porque la ley lo ha querido así, pero que no es lo mismo en la práctica; que las acciones injustas son más útiles que las justas; que la mayor parte de los hombres se inclinan a honrar y mirar como dichoso al hombre malo, que tiene riquezas y crédito; a menospreciar y vilipendiar al hombre justo, si es débil e indigente; aunque convengan en que el justo es mejor que el malvado. Pero de todos estos razonamientos los más extraños son los que se relacionan con los dioses y con la virtud.

10. Homero, *Odisea*, XIX, v. 109.
11. Hesíodo, *Las obras y los días*, v. 282.

Los dioses, dicen, no tienen muchas veces para los hombres virtuosos más que males y desgracias, mientras que colman a los perversos de prosperidades. Por su parte, los sacrificadores y adivinos, asediando las casas de los ricos, los persuaden que si ellos o sus antepasados han cometido alguna falta pueden expiarla por medio de sacrificios y encantamientos, de fiestas y de juegos, en virtud del poder que los dioses les han conferido. Si alguno tiene un enemigo, al que quiere hacer daño, sea bueno o malo, lo cual importa poco, puede a poca costa hacerle mal, porque los tales sacrificadores y adivinos tienen ciertos secretos para atraerse el poder de los dioses y disponer de él a su gusto. Y todo esto lo comprueban valiéndose de la autoridad de los poetas. Para probar cuán fácil es ser malo:

Se marcha fácilmente por el camino del vicio;
el camino llano y cerca de cada uno de nosotros.
Por el contrario, los dioses han puesto el sudor como condición de la virtud.[12]

y el camino en este caso es largo y escarpado. Y si quieren hacer ver que es fácil aplacar a los dioses, citan estos versos de Homero:

Los dioses mismos se dejan aplacar
por sacrificios y oraciones aduladoras,
y cuando se los ha ofendido,
se los aquieta con libaciones y con víctimas.[13]

En cuanto a los ritos de los sacrificios, producen una multitud de libros compuestos por Museo y Orfeo, que hacen descender, éste de las musas, y aquél de la Luna, y hacen creer falsamente, no sólo a los particulares, sino a ciudades enteras, que, por medio de víctimas y de juegos, se pueden expiar las faltas de los vivos y de los muertos. Llaman *teletes* a los sacrificios instituidos para librarnos de los males de la otra vida; y sostienen que los que desprecian los sacrificios, deben

12. Hesíodo, *Las obras y los días*, v. 285-290.
13. *Ilíada*, IX, v. 493.

sufrir los más terribles tormentos en los infiernos. ¿Qué impresión, mi querido Sócrates, deberán causar semejantes razonamientos, acerca de la naturaleza del vicio y de la virtud y acerca de la idea que de ellos tienen los dioses y los hombres, en el alma de un joven de felices condiciones y cuyo espíritu sea capaz de sacar consecuencias de todo lo que oye; tanto con relación a lo que él mismo debe ser, como al género de vida que debe abrazar para ser dichoso? ¿No es probable que se diga a sí mismo con Píndaro:

> *Subiré con trabajo al palacio, que habita la justicia,*
> *o marcharé por el torcido sendero del fraude,*
> *para asegurar la felicidad de mi vida?*[14]

Todo lo que oigo me hace creer que de nada me servirá ser justo, si no adquiero la reputación de tal, y que la virtud no tiene más que trabajos y penalidades que ofrecerme. Se me asegura, por el contrario, que alcanzaré la suerte más dichosa, si sé conciliar la justicia con la reputación de hombre de bien. Yo debo atenerme a lo que dicen los sabios, y puesto que afirman que la apariencia de la virtud puede contribuir más a mi bienestar que la realidad de la misma, acepto resueltamente este camino; vestiré formas exteriores de virtud, y llevaré detrás de mí el zorro astuto y engañador del sabio Arquíloco. Si se me dice que es difícil al hombre malo ocultarse por mucho tiempo, responderé que todas las grandes empresas tienen sus dificultades, y que suceda lo que quiera, si deseo ser dichoso, no tengo otro camino que seguir que el trazado por los discursos que oigo. Por lo demás, para escapar de las pesquisas, no me faltarán amigos y cómplices. Hay maestros, que me enseñarán el arte de seducir con discursos artificiosos al pueblo y a los jueces. Emplearé la elocuencia, y a falta de ella, la fuerza, para escapar al castigo de mis crímenes. Pero ¿la fuerza y el artificio pueden algo contra los dioses? Si no hay dioses o si no se mezclan en las cosas de este mundo, poco me importa que conozcan o no lo que yo soy. Si los hay y si toman parte en los

14. *Pindari fragmenta,* Boeckh, 232, pág. 671.

negocios humanos, yo sólo lo sé de oídas y por los poetas que han escrito su genealogía; y precisamente estos mismos poetas me dicen que es posible aquietarles y aplacar su cólera por medio de sacrificios, de votos y de ofrendas. Es preciso creerles por entero o no creerles en nada; y si es cosa de que se les ha de creer, seré criminal y con el fruto de mis crímenes haré sacrificios a los dioses. Es cierto que siendo justo, nada tendría que temer de su parte, pero también perdería las ventajas que ofrece la injusticia, mientras que gano indudablemente en ser injusto; sin que por otra parte pueda temer nada de parte de los dioses, si procuro acompañar mis crímenes con votos y súplicas. Pero ¿seré castigado en los infiernos en mi persona y en las de mis descendientes por el mal que hubiera hecho sobre la tierra? A esto se responde que también hay dioses que se invocan en favor de los muertos, y sacrificios particulares que tienen un gran poder, al decir de ciudades enteras y de los poetas, hijos de los dioses y profetas inspirados. ¿Por qué, pues, he de inclinarme más a la justicia que a la injusticia, cuando, según la opinión de los sabios y del pueblo, todo me saldrá bien siendo injusto, durante la vida y después de la muerte, así respecto de los dioses como de los hombres con tal que dé a mis crímenes la apariencia de la virtud? Después de todo lo que acabo de decir, ¿cómo es posible, Sócrates, que un hombre, que es noble y tiene talento y riquezas, se declare partidario de la justicia, y que no se burle de los elogios que puedan prodigarse a la misma en su presencia? Digo más: aun cuando un hombre estuviera persuadido de que lo que yo he dicho es falso, y que la justicia es el más grande de todos los bienes, lejos de enfadarse contra los que viese comprometidos en el partido contrario, no podría menos de disculparlos; porque sabe que, a excepción de aquellos cuya excelencia de carácter hace que el vicio les inspire horror natural, o que se abstienen de él porque conocen su fealdad nadie ama la virtud por sí misma; y que si alguno combate la injusticia, es porque la cobardía, la vejez o cualquiera otra debilidad le hacen impotente para obrar mal. Y la prueba de esto es que de todos cuantos se encuentran en este caso, el primero que consigue el poder de hacer mal, es el primero también en servirse de él hasta donde le es posible. La causa de todo esto es precisamente lo que nos ha comprometido a Glaucón y a mí en la presente discusión; quiero decir que, comenzando por los antiguos héroes, cuyos discursos se han conservado hasta nosotros en la memoria de los hombres, todos los que se han proclamado, como tú, defensores de la justicia, no han alabado la virtud sino en vista de los honores y recompensas que proporciona; y no han reprobado el vicio, sino por los castigos que son su consecuencia. Nadie ha considerado la justicia y la injusticia tales como son en sí mismas, en el alma del justo y del injusto, ignoradas de los dioses y de los hombres; y nadie ha probado aún, ni en prosa, ni en verso, que la injusticia sea el mayor mal del alma y la justicia su mayor bien. Porque si os hubierais puesto de acuerdo para usar de este lenguaje desde el principio, y desde la infancia nos hubierais inculcado esta verdad, en lugar de prevenirnos contra la injusticia de otro, cada uno de nosotros se pondría en guardia contra su misma injusticia, y temería darle entrada en su alma, considerándola como el mayor de los males. Trasimaco o cualquier otro ha podido decir sin duda tanto o más que yo sobre este objeto, confundiendo ciegamente, a mi parecer, la naturaleza de la justicia y de la injusticia. Respecto a mí no te ocultaré que lo que me ha movido a extenderme en estas objeciones, es el deseo de oír lo que me vas a responder. No te limites a probarnos que la justicia es preferible a la injusticia; explícanos los efectos que ambas producen por sí mismas en el alma, y que hacen que la una sea un bien y la otra un mal. No tengas ningún miramiento ni con las apariencias ni con la opinión, como Glaucón te ha recomendado; porque si no llegas hasta desentenderte absolutamente de la opinión verdadera, y si se quiere, hasta admitir la falsa, diremos que no alabas la justicia sino lo que se opina de la justicia; que tampoco combates en el vicio más que las apariencias; que nos aconsejas que seamos malos con tal que sea en secreto, y que convienes con Trasimaco en que la justicia sólo es útil al más fuerte y no al que la posee, y que, por el contrario, la injusticia, útil y ventajosa en sí misma, sólo es dañosa al más débil. Puesto que convienes en que la justicia es uno de estos bienes excelentes, que se deben buscar por sus ventajas y aún más por sí mismos, como la salud, el oído, la razón y los demás que son fecundos por su naturaleza, prescinde de la opinión de los hombres, y alaba la justicia por lo que tiene en sí de ventajosa, y vitupera la injusticia por lo que tiene en sí de perjudicial. Deja que los demás hagan esos elogios que se fundan en las recompensas y en la opinión. Podría quizá sufrir en boca de cualquier otro esta manera de alabar la virtud y de reprender el vicio por sus efectos exteriores; pero no podría perdonártelo a ti, a menos que así me lo mandases, teniendo en cuenta que la justicia ha sido hasta ahora el único objeto de tus reflexiones. Y así no te contentes con demostrarnos que es mejor que la injusticia. Haznos ver en virtud de qué son por sí mismas la una un bien y la otra un mal, tengan o no tengan conocimiento de ello los dioses y los hombres.

Quedé sorprendido al oír los discursos de Glaucón y de Adimanto.

Nunca como en esta ocasión admiré tanto sus bellas condiciones, y les dije:

–Hijos de un padre ilustre, con razón el amigo de Glaucón comenzó la elegía que compuso para vosotros, cuando os distinguisteis en la jornada de Megara, diciendo: "Hijos de Aristón, descendientes de una raza divina"; porque es preciso que haya en vosotros algo de divino, si después de lo que acabáis de decir en favor de la injusticia, no estuvierais persuadidos de que vale infinitamente más que la justicia. Pero no; no estáis persuadidos de tal cosa, porque vuestras costumbres y vuestra conducta me lo prueban bastante, aun cuando vuestros discursos me hicieran dudar; y cuanto más profunda es mi convicción en este sentido, tanto más embarazado me veo sobre el partido que debo tomar. Por una parte, no sé cómo defender los intereses de la justicia. Esto es superior a mis fuerzas. Y si lo creo así, es porque pensaba que había probado suficientemente contra Trasimaco que aquella es preferible a la injusticia; y sin embargo, mis pruebas no os han satisfecho. Por otra parte, hacer traición a la causa de la justicia y sufrir que se la ataque delante de mí sin defenderla, mientras me quede un soplo de vida y bastante fuerza para hablar, es lo que yo no puedo consentir sin incurrir en un crimen; y así lo mejor será defenderla hasta donde pueda.

En el momento Glaucón y los demás me conjuraron a que emplease todas mis fuerzas en su defensa, y para que en vez de dejar la discusión, indagara con ellos la naturaleza de la justicia y de la injusticia, y lo que hay de real en las ventajas que se les atribuye. Les dije que me parecía que la indagación, en que querían empeñarme, era muy espinosa y exigía un entendimiento muy claro; pero añadí:

–Puesto que ni vosotros ni yo nos preciamos de tener luces suficientes para conseguir nuestro objeto, he aquí de qué manera pienso proceder en esta indagación. Si se diese a leer a personas de vista corta letras en pequeños caracteres, y ellos supiesen que estas mismas letras se encontraban escritas en otro punto en caracteres gruesos, indudablemente sería para ellos una ventaja ir a leer las grandes letras y confrontarlas en seguida con las pequeñas, para ver si eran las mismas.

–Es cierto –dijo Adimanto–. Pero ¿qué relación tiene esto con la cuestión presente?

–Voy a decírtelo. ¿No se encuentra la justicia en un hombre y en una sociedad de hombres?

–Sí.

–Pero la sociedad es más grande que el simple particular.

–Sin duda.

–Por consiguiente, la justicia se mostrará en ella con caracteres mayores y más fáciles de discernir. Y así indagaremos primero, si te parece, cuál es la naturaleza de la justicia en las sociedades; en seguida, la estudiaremos en cada particular; y comparando estas dos especies de justicia, veremos la semejanza de la pequeña con la grande.

–Muy bien dicho.

–Pero si examináramos con el pensamiento la manera de formarse un estado, quizá descubriríamos cómo la justicia y la injusticia nacen en él.

–Eso podrá suceder.

–Entonces tendremos la esperanza de descubrir más fácilmente lo que buscamos.

–Seguramente.

–Pues bien, ¿quieres que comencemos? No es pequeña empresa la que emprendemos. Piénsalo.

–Estamos resueltos. Haz lo que acabas de decir.

–Lo que da origen a la sociedad, ¿no es la impotencia en que cada hombre se encuentra de bastarse a sí mismo y la necesidad de muchas cosas que experimenta? ¿Hay otra causa?

–No.

–Así es que habiendo la necesidad de una cosa obligado a un hombre a unirse a otro hombre y otra necesidad a otro hombre, la aglomeración de estas necesidades reunió en una misma habitación a muchos hombres con la mira de auxiliarse mutuamente, y a esta sociedad hemos dado el nombre de estado; ¿no es ?

–Pero no se hace partícipe a otro de lo que uno tiene para recibir de él lo que no se tiene, sino porque se cree que de ello ha de resultarle ventaja.

–Sin duda.

–Construyamos, pues, un estado con el pensamiento. Nuestras necesidades serán evidentemente su base. Ahora bien, la primera y la mayor de nuestras necesidades ¿no es el alimento, del cual depende la conservación de nuestro ser y de nuestra vida?

–Sí.

–La segunda necesidad es la de la habitación; la tercera, la del vestido.

–Es cierto.

–¿Y cómo podrá nuestro estado proveer a sus necesidades? Será necesario para esto que uno sea labrador, otro arquitecto y otro tejedor. ¿Añadiremos también un zapatero o cualquier otro artesano semejante?

–En buena hora.

–Todo estado se compone esencialmente de cuatro o cinco personas.

–Así parece.

–Pero ¿será preciso que cada uno ejerza en provecho de los demás el oficio que le es propio? ¿Que el labrador, por ejemplo, prepare el alimento para cuatro, y destine para ello cuatro veces más de tiempo y de trabajo? ¿O sería mejor que, sin cuidarse de los demás, emplease la cuarta parte del tiempo en preparar su alimento y las otras tres partes en construir su casa y hacerse trajes y calzado?

–Me parece, Sócrates, que el primer medio será más cómodo para él.

–No extraño lo que dices, porque en el mismo momento de explicarte así, se ha fijado mi pensamiento en que no todos nacemos con el mismo talento, y que uno tiene más disposición para hacer una cosa y otro la tiene para otra. ¿Qué dices a esto?

–Que soy de tu dictamen.

–¿Cómo irán mejor las cosas, haciendo uno solo muchos oficios, o limitándose cada uno al suyo propio?

–Irán mejor si se limita cada uno al suyo propio.

–Es también evidente, a mi parecer, que una cosa se frustra cuando no está hecha oportunamente.

–Eso es evidente.

–Porque la comodidad de la obra no depende del obrero, sino que es el obrero el que debe acomodarse a las exigencias de su obra.

–Sin contradicción.

–De donde se sigue que se hacen más cosas, mejor y con más facilidad, cuando cada uno hace la que le es propia en el tiempo debido y sin cuidarse de todas las demás.

–Seguramente.

–Pero necesitamos más de cuatro ciudadanos para las necesidades de que acabamos de hablar. Si queremos, en efecto, que todo marche bien, el labrador no debe hacer por sí mismo su arado, su azadón, ni las demás herramientas aratorias. Lo mismo sucede con el arquitecto, el cual necesita muchos instrumentos; y lo mismo con el zapatero y con el tejedor; ¿no es así?

–Sí

–He aquí que tenemos ya necesidad de carpinteros, herreros y otros obreros de esta clase, que tienen que entrar en nuestro pequeño estado, que de este modo se agranda.

–Sin duda.

–No aumentaremos mucho el estado si le añadimos zagales y pastores de toda especie, a fin de que el labrador tenga bueyes para la labor; el arquitecto, bestias de carga para el transporte de materiales; el zapatero y el tejedor, pieles y lanas.

–Un estado en que se encuentran tantas gentes, no es ya un estado pequeño.

–No es esto todo. Es casi imposible que un estado encuentre un punto de la tierra en el que pueda sacar todo lo necesario para su subsistencia.

–Es imposible, en efecto.

–También tendrá necesidad nuestro estado, por consiguiente, de que vayan algunas personas a los estados vecinos a buscar lo que le falta.

–Sí.

–Pero estas personas darán la vuelta sin haber recibido nada, si no llevan para cambiar cosas que allí se necesiten.

–Así parece.

–Por tanto, no basta que cada uno trabaje para el estado, porque tendrá que trabajar también para las necesidades de los extranjeros.

–Es cierto.

–Por consiguiente, nuestro estado tendrá necesidad de un número mayor de labradores y de otros obreros.

–Sin duda.

–Habrá necesidad de gentes que se encarguen de la importación y exportación de los diversos objetos que se cambian. Los que tal hacen se llaman comerciantes; ¿no es así?

–Sí.

–¿Necesitamos, pues, comerciantes?

–Sí.

–Y si este comercio se hace por mar, se necesitará una infinidad de personas para la navegación.

–Es cierto.

–Pero en el estado mismo, ¿cómo se comunicarán unos ciudadanos a otros el fruto de su trabajo? Porque ésta es la primera razón que tuvieron para vivir en sociedad.

–Es evidente que será por medio de la compra y de la venta.

–Luego se necesitará un mercado y una moneda, signo del valor de los objetos cambiados.

–Sin duda.

–Pero si el labrador o cualquiera otro artesano, al llevar al mercado lo que pretende vender, no acude precisamente en el momento en que los demás tienen necesidad de su mercancía, su trabajo quedará interrumpido durante este tiempo, y permanecerá ocioso en el mercado esperando compradores.

–Nada de eso. Hay gentes que se encargan de salvar este inconveniente, y en las ciudades bien administradas son de ordinario las personas débiles de cuerpo y que no pueden dedicarse a otros oficios. El suyo consiste en permanecer en el mercado y comprar a unos lo que llevan a vender, para volverlo a vender a los otros.

–Es decir, que nuestra ciudad no puede pasar sin mercaderes. ¿No es éste el nombre que se da a los que, permaneciendo en la plaza pública, no hacen más que comprar y vender, reservando el nombre de comerciantes para los que viajan y van de un estado a otro'?

–Sí.

–Hay también, a mi parecer, algunos que no prestan un gran servicio a la sociedad por su inteligencia, pero que son robustos de cuerpo y capaces de los mayores trabajos. Trafican con las fuerzas de su cuerpo y tienen opción a un salario en dinero por este tráfico, de donde les viene, yo creo, el nombre de mercenarios. ¿No es así?

–Sí.

–¿Sirven también para hacer al estado completo?

–Sin duda.

–Adimanto, ¿tenemos ya un estado bastante grande y puede mirársele como perfecto?

–Quizá.

–¿Cómo podremos encontrar en él la justicia y la injusticia? ¿Y dónde crees que tienen su origen en medio de todos estos diversos elementos?

–Yo no lo veo, Sócrates, a menos que no sea en las relaciones mutuas, que nacen de las diversas necesidades de los ciudadanos.

–Quizás has dado precisamente en ello; veámoslo y no nos desanimemos. Comencemos por echar una mirada sobre la vida que harán los habitantes de este estado. Su primer cuidado será procurarse alimentos, vino, vestidos, calzado y habitación; trabajarán, durante el estío, medio vestidos y sin calzado; y, durante el invierno, bien vestidos y bien calzados. Su alimento será de harina de cebada y de trigo, con la que harán panes y tortas, que se les servirán sobre el bálago o sobre hojas muy limpias; comerán acostados ellos y sus hijos en lechos de verdura, de tejo y de mirto; beberán vino, coronados con flores, cantando las alabanzas de los dioses; juntos pasarán la vida agradablemente; y, en fin, procurarán tener el número de hijos proporcionado al estado de su fortuna, para evitar las incomodidades de la pobreza o de la guerra.

–Me parece –dijo Glaucón–, que no les das nada para comer con el pan.

–Tienes razón –le dije yo–, se me olvidó decir que, además de pan, tendrán sal, aceitunas, queso, cebollas y otras legumbres que produce la tierra. No quiero privarles ni aun de postres. Tendrán higos, guisantes, habas, y después bayas de mirto, fabucos de haya, que harán asar al fuego y que comerán bebiendo con moderación. De esta manera, llenos de gozo y de salud, llegarán a una avanzada vejez, y dejarán a sus hijos herederos de su fortuna.

–Si formases un estado de cerdos, ¿los alimentarías de otra manera? –exclamó Glaucón.

–Pues entonces, ¿qué es lo que debe hacerse, mi querido Glaucón?

–Lo que se hace de ordinario. Si quieres que vivan con comodidad, haz que coman en la mesa, acostados en lechos, y que se sirvan las viandas que están hoy en uso.

–Muy bien, ya te entiendo. No es solamente el origen de un estado el que buscamos, sino el de un estado que rebose en placeres. Quizá no obraremos mal en esto, porque podremos de esta manera descubrir por dónde la justicia y la injusticia se han introducido en la sociedad. Sea de esto lo que quiera, el verdadero estado, el estado sano, es el que acabamos de describir. Si quieres ahora que echemos una mirada sobre el estado enfermo y lleno de humores, nada hay que nos lo impida. Es probable que muchos no se den por contentos con el género de vida sencilla que hemos prescrito. Añadirán camas, mesas, muebles de todas especies, viandas bien condimentadas, perfumes, olores, libertinas y golosinas de todas clases y con profusión. No será preciso incluir sencillamente en el rango de las cosas necesarias ésas de que hemos hablado antes, habitación, ropa y calzado, sino que, yendo más adelante, se contará con la pintura y con todas las artes, hijas del lujo. Habrá necesidad del oro, del marfil y de otras materias preciosas de todas clases; ¿no es así?

–Sin duda.

–El estado sano, de que hablé al principio, va a resultar demasiado pequeño. Será preciso agrandarlo y hacer entrar en él una multitud de gentes, que el lujo, no la necesidad, ha introducido en los estados, como los cazadores de todos géneros y aquellos cuyo arte consiste en la imitación mediante figuras, colores o sonidos; además, los poetas con todo su cortejo, los rapsodas, los actores, los danzantes, los empresarios de teatros, los obreros de todos géneros, sobre todo los que trabajan para las mujeres. También introduciremos en ella ayos y ayas, nodrizas, peinadoras, bañadores, tratantes, cocineros y hasta porquerizos. En el primer estado no había que pensar en todas estas cosas; pero en éste ¿cómo era posible pasar sin ellas, lo mismo que sin toda esa clase de animales destinados a regalar el gusto de los gastrónomos?

–En efecto, ¿cómo era posible pasar sin ellos?

–Pero con este género de vida, los médicos, de los que no tuvimos necesidad de hablar antes, ¿no se hacen necesarios?

–Convengo en ello.

–Y el país que bastaba antes para el sostenimiento de sus habitantes, ¿no será desde este momento demasiado pequeño?

–Es cierto.

–Luego si queremos tener bastantes pastos y tierra de labor, nos será preciso robarla a nuestros vecinos y nuestros vecinos harán otro tanto respecto a nosotros si, traspasando los límites de lo necesario, se entregan también al deseo insaciable de tener.

–No puede suceder otra cosa, Sócrates.

–Después de esto ¿haremos la guerra, Glaucón? Porque ¿qué otro partido puede tomarse?

–Pues haremos la guerra.

–No hablemos aún de los bienes y de los males que la guerra lleva consigo. Digamos solamente que hemos descubierto el origen de este azote tan funesto para los estados y para los particulares. Ahora es preciso dar cabida en nuestro estado a un numeroso ejército, que pueda ir al encuentro del enemigo y defender de las invasiones del mismo el estado y todo lo que posee.

–¡Pues qué!, ¿no podrán los ciudadanos mismos atacar y defenderse?

–No, si el principio en que hemos convenido, cuando formamos el plan de un estado, es verdadero. Convinimos, si te acuerdas, en que era imposible que un mismo hombre tuviese muchos oficios a la vez.

–Así es.

–¿No es a juicio tuyo un oficio el de la guerra?

–Sí, ciertamente.

–¿Crees que el estado tiene más necesidad de un buen zapatero que de un buen guerrero?

–No, seguramente.

–No hemos querido que el zapatero fuese al mismo tiempo labrador, tejedor o arquitecto, sino sólo zapatero, para que desempeñe mejor su oficio. Al mismo tiempo hemos aplicado a los demás lo que es propio de cada uno, sin permitirle mezclarse en el oficio de otro, ni tener, durante su vida, otra ocupación que la perfección del suyo. ¿Crees que el oficio de las armas no es de la mayor importancia, o que es tan fácil de aprender, que un labrador, un zapatero o cualquier otro artesano pueda al mismo tiempo ser guerrero? ¡Qué!, no es posible ser buen jugador de dados o de tabas, si uno no se ejercita desde joven, aun cuando se juegue a intervalos, y se quiere que con coger un broquel o cualquiera otra arma se haga uno de repente buen soldado, siendo así que en vano se cogerían en la mano instrumentos de cualquier otro arte, creyendo con esto hacerse artesano o atleta, puesto que de nada serviría no teniendo un conocimiento exacto de cada arte y no habiéndose ejercitado en ellos por mucho tiempo.

–Si así fuese, todo el mérito de un artesano estaría en los instrumentos de su arte.

–Y así cuanto más importante es el cargo de estos guardianes del estado, tanto mayores deben de ser el cuidado, el estudio y el tiempo que a ellos se consagre.

–Lo creo así

–¿Y no se necesita disposición natural para desempeñar semejante cargo?

–Sin duda.

–A nosotros nos corresponde escoger, si podemos, entre los diferentes caracteres, los que son más propios para la guarda del estado.

–Esta elección es de nuestra incumbencia.

–Difícil cosa es; sin embargo, no hay que desanimarse; caminemos hasta donde nuestras fuerzas lo permitan.

–Es preciso no desalentarse.

–¿No encuentras que hay semejanza entre las cualidades de un joven guerrero y las de un perro valiente?

–¿Qué quieres decir?

–Quiero decir que ambos deben tener un sentido fino para descubrir al enemigo, actividad para perseguirle y fuerza para pelear después de haberle alcanzado.

–Es cierto.

–Y arranque también, para combatirle valientemente.

–Sin duda.

–Pero un caballo, un perro o cualquiera otro animal, ¿puede ser valiente si no se despierta en él la cólera? ¿No has observado que la cólera es algo indomable, que hace al alma intrépida e incapaz de retroceder ante el peligro?

–Sí, lo he observado.

–Tales son las cualidades corporales que debe tener un guardián del estado, así como también cierta tendencia a la cólera respecto al alma.

–Sí.

–Pero, mi querido Glaucón, si ellos son tales como acabas de decir, ¿no serán feroces los unos para con los otros así como respecto a los demás ciudadanos?

–Es muy difícil que no lo sean.

–Sin embargo, es preciso que sean suaves para con sus amigos, y que guarden toda su ferocidad para los enemigos; de no obrar así, no habrá necesidad de atacarlos, porque no tardarán en destruirse los unos a los otros.

–Es cierto.

–Entonces ¿qué partido deberá tomarse? ¿Dónde encontraremos un carácter que sea a la vez dulce e inclinado a la cólera? Al parecer, una de estas cualidades destruye la otra, y como no puede ser buen guardián del estado si le falta una de ellas, y como tenerlas ambas es cosa imposible, se infiere de aquí que en ninguna parte se encuentra un buen guardián del estado.

–Me parece muy bien.

Después de haber dudado por algún tiempo y reflexionado sobre lo que antes dijimos:

–Mi querido amigo –dije a Glaucón–, si nos vemos en este conflicto, nos está bien merecido por habernos separado del ejemplo que pusimos antes.

–¿Cómo?

–No hemos reflexionado que, efectivamente, se encuentran esos caracteres que hemos tenido por quiméricos, y que reúnen estas dos cualidades opuestas.

–¿Dónde están?

–Se observan en diferentes animales y, sobre todo, en el que tomamos por ejemplo. Sabes que el carácter de los perros de buena raza consiste en ser dulces con los que conocen y agresivos respecto de los que no conocen.

–Lo sé.

–La cosa es, por tanto, posible; y cuando queremos un guardián de este carácter, no exigimos nada que sea contra naturaleza.

–No.

–¿No te parece que le falta aún algo más a nuestro guardián, y que además de valiente conviene que sea naturalmente filósofo?

–¿Cómo? No te entiendo.

–Es fácil observar este instinto en el perro, y en este concepto es muy digno de nuestra admiración.

–¿Qué instinto?

–Que ladra a los que no conoce, aunque no haya recibido de ellos ningún mal, y halaga a los que conoce, aunque no le hayan hecho ningún bien; ¿no has admirado este instinto en el perro?

–No he fijado hasta ahora mi atención en ese punto, pero lo que dices es exacto.

–Sin embargo, esto prueba en el perro un natural feliz y verdaderamente filosófico.

–¿En qué? Dímelo, si gustas.

–En que no distingue al amigo del enemigo, sino porque conoce al uno y no conoce al otro; y no teniendo otra regla para discernir el amigo del enemigo, ¿cómo no ha de estar ansioso de aprender?

–No puede ser de otra manera.

–Pero estar ansioso de aprender y ser filósofo ¿no es una misma cosa?

–Sí.

–Digamos pues, con confianza del hombre que, para ser suave con los que conoce y que son sus amigos, es preciso que tenga un carácter filosófico y ansioso de conocimiento.

–Sea así.

–Y por consiguiente, que un buen guardián del estado debe tener, además de valor, fuerza y actividad, filosofía.

–Convengo en ello.

–Tal será el carácter de nuestros guerreros. Pero ¿de qué manera formaremos su espíritu y su cuerpo? Examinemos antes si esta indagación puede conducirnos al fin de nuestra polémica, que es el conocer cómo la justicia y la injusticia nacen en la sociedad, para no despreciar este dato, si puede servir, o para omitirle, si es inútil.

–Creo –replicó el hermano de Glaucón–, que esta indagación contribuirá mucho al descubrimiento de lo que buscamos.

–Entremos en este examen, mi querido Adimanto, aunque sea operación larga.

–Seguramente.

–Formemos nuestros guerreros a nuestro gusto y en forma de conversación.

–Así me place.

–¿Qué educación conviene darles? Es difícil a mi juicio darles otra mejor que la que está en práctica entre nosotros, y que consiste en formar el cuerpo mediante la gimnasia y el alma mediante la música.

–En efecto, es difícil otra mejor.

–¿Comenzaremos su educación por la música más bien que por la gimnasia?

–Sin duda.

–Los discursos, al parecer, ¿son una parte de la música?

–Sí.

–Y los hay de dos clases, unos verdaderos, otros falsos.

–Sí.

–Entrarán unos y otros igualmente en nuestro plan de educación, comenzando por los discursos falsos.

–No comprendo tu pensamiento.

–¡Qué! ¿No sabes que lo primero que se hace con los niños es contarles fábulas, y que aun cuando se encuentre en ellas a veces algo de verdadero, no son ordinariamente más que un tejido de mentiras? Con ellas se entretiene a los niños hasta que se los envía al gimnasio.

–Es cierto.

–Esta es la razón que tuve para decir que era preciso comenzar su educación por la música.

–Tienes razón.

–Tampoco ignoras que todo depende del comienzo, sobre todo tratándose de los niños, porque en esta edad su alma, aún tierna, recibe fácilmente todas las impresiones que se quieran.

–Nada más cierto.

–¿Llevaremos, por tanto, con paciencia que esté en manos de cualquiera contar indiferentemente toda clase de fábulas a los niños, y que su alma reciba impresiones contrarias en su mayor parte a las ideas que queremos que tengan en una edad más avanzada?

–Eso no debe consentirse.

–Comencemos, pues, ante todo, por vigilar a los forjadores de fábulas Escojamos las convenientes y desechemos las demás. En seguida comprometeremos a las nodrizas y a las madres a que entretengan a sus niños con las que se escojan, y formen así sus almas con más cuidado aún que el que ponen para formar sus cuerpos. En cuanto a las fábulas que les cuentan hoy, deben desecharse en su mayor parte.

–¿Qué fábulas?

–Juzgaremos de las pequeñas por las grandes, porque todas están hechas por el mismo modelo y caminan al mismo fin. ¿No es cierto?

–Sí, pero no veo cuáles son esas grandes fábulas de que hablas.

–Las que Hesíodo, Homero y demás poetas han divulgado; porque los poetas, lo mismo los de ahora que los de los tiempos pasados, no hacen otra cosa que divertir al género humano con fábulas.

–Pero ¿qué fábulas? ¿Y qué tienes que reprender en ellas?

–Lo que merece serlo y mucho en esta especie de invenciones corruptoras.

–¿Qué quieres decir?

–Quiero decir que nos representan a los dioses y a los héroes distintos de como son, como cuando un pintor hace retratos sin parecido.

–Convengo que eso es reprensible, pero ¿en qué sentido puede decirse de los poetas?

–¿No es una falsedad de las más enormes y de las más graves la de Hesíodo relativa a los actos que refiere de Urano, a la venganza que provocaron en Saturno, y a los malos tratamientos que infirió éste a Zeus y recibió de él a su vez?[15] Aun cuando todo esto fuera cierto, no son cosas que deban contarse delante de niños desprovistos de razón; es preciso condenarlas al silencio; o si se ha de hablar de ellas, sólo debe hacerse en secreto delante de un corto número de oyentes, con prohibición expresa de revelar nada, y después de haberles hecho inmolar, no un puerco, sino una víctima preciosa y rara a fin de limitar el número de los iniciados.

–Sin duda, porque semejantes historias son peligrosas.

–Por lo mismo no deben oírse nunca en nuestro estado. No quiero que se diga en presencia de un tirano joven que, cometiendo los más grandes crímenes y hasta vengándose cruelmente de su mismo padre por las injurias que de él hubiera recibido, no hace nada de extraordinario, ni nada de que los primeros y más grandes dioses no hayan dado el ejemplo.

15. Hesíodo, *Teogonía*, v. 154 y ss; 178 y ss.

–¡Por Zeus!, no me parece tampoco que tales cosas puedan decirse.

–Y si queremos que los defensores de nuestra República tengan horror a las disensiones y discordias, tampoco les hablaremos de los combates de los dioses, ni de los lazos que se tendían unos a otros; además de que no es cierto todo esto. Menos aún les daremos a conocer ni por medio de narraciones, ni de pinturas o de tapicerías, las guerras de los gigantes y todas las querellas que han tenido los dioses y los héroes con sus parientes y sus amigos. Si nuestro propósito es persuadirlos de que nunca la discordia ha reinado entre los ciudadanos de una misma república, ni puede reinar sin cometer un crimen, obliguemos a los poetas a no componer nada, y a los ancianos de uno y otro sexo a no referir a tales jóvenes nada que no tienda a este fin. Que jamás se oiga decir entre nosotros que Juno fue aherrojada por su hijo, y Vulcano precipitado del cielo por su padre, por haber querido socorrer a su madre cuando éste la maltrataba,[16] ni contar todos estos combates de los dioses inventados por Homero, haya o no alegorías ocultas en el fondo de estos relatos, porque un niño no es capaz de discernir lo que es alegórico de lo que no lo es, y todo lo que se imprime en el espíritu en esta edad deja rastros que el tiempo no puede borrar. Por esto es importantísimo que los primeros discursos que oiga, sean a propósito para conducirle a la virtud.

–Lo que dices es muy sensato; pero si se nos preguntase cuáles son esas fábulas admisibles, ¿qué responderíamos?

–Adimanto, ni tú ni yo somos poetas. Nosotros fundamos una República, y en este concepto nos toca conocer según qué modelo deben los poetas componer sus fábulas, y además prohibir que se separen nunca de él; pero no nos corresponde a nosotros componerlas.

–Tienes razón; pero ¿qué deberán enseñarnos esas fábulas en orden a la divinidad?

–Por lo pronto, es preciso que los poetas nos representen por todas partes al dios tal cual es, sea en la epopeya, sea en la oda, sea en la tragedia.

16. *Ilíada*, I, v. 388

–Sin duda.

–Pero ¿el dios no es esencialmente bueno? ¿Debe hablarse de él nunca en otro sentido?

–¿Quién lo duda?

–Lo que es bueno, ¿es inclinado a hacer daño?

–No.

–Lo que no es inclinado a dañar, ¿no podrá dañar en efecto?

–Nunca.

–¿Ni hacer mal?

–No.

–¿Ni ser causa de ningún mal?

–No.

–Lo que es bueno ¿no es benéfico?

–Sí.

–¿Es causa, pues, del bien que se hace?

–Sí.

–Lo que es bueno no es, por tanto, causa de todas las cosas: es causa del bien, pero no es causa del mal.

–Es cierto.

–Por consiguiente, el dios, siendo esencialmente bueno no es causa de todas las cosas, como se dice comúnmente. Y si los bienes y los males están de tal manera repartidos entre los hombres que el mal domine, el dios no es causa más que de una pequeña parte de lo que sucede a los hombres y no lo es de todo lo demás. A él sólo deben atribuirse los bienes; en cuanto a los males es preciso buscar otra causa que no sea el dios.

–Nada más cierto que lo que dices.

–No hay, pues, que dar fe a Homero ni a ningún otro poeta, bastante insensato para blasfemar de los dioses y para decir que

Sobre el umbral del palacio de Zeus hay dos toneles, uno lleno de destinos dichosos y otro de destinos desgraciados;[17]

17. *Ilíada*, XXIV, v. 527.

que si Zeus toma de uno y otro para un mortal,

Su vida será una mezcla de buenos y malos días;[18] pero que si toma sólo del último,

El hambre devoradora le perseguirá sobre la tierra fecunda.[19]

No hay que creer tampoco que

Zeus sea el distribuidor de los bienes y de los males.[20]

–Si alguno dice también que por instigación de Zeus y de Minerva violó Pandaro sus juramentos y rompió la tregua, nosotros nos guardaremos bien de aprobarlo. Lo mismo digo de la querella de los dioses apaciguada por Temis y por Zeus,[21] y de estos versos de Esquilo, que no consentiríamos que se dijeran delante de nuestra juventud:

El dios, cuando quiere arruinar una familia totalmente, hace que nazca la ocasión de castigarla.[22]

Y si alguno hace una tragedia sobre las desgracias de Niobe, de los Pelópidas o de Troya, no le dejaremos decir que estas desgracias no son obras de el dios, sino, como antes dijimos, que si el dios es el autor, no ha hecho nada que no sea justo y bueno, y que este castigo se ha convertido en provecho de los mismos que le han recibido. Lo que no debe permitirse decir a ningún poeta, es que aquellos a quienes el dios castiga son desgraciados; digan en buena hora que los malos son dignos de compasión por la necesidad que han tenido del castigo, y que las penas, que el dios les envía, son un bien para ellos. Y cuando alguno diga delante de nosotros que el dios, que es bueno, ha causado mal a alguno, nos opondremos con todas nuestras fuerzas, si queremos que nuestra República esté bien gobernada; y no permitiremos ni a los viejos ni a los jóvenes decir ni escuchar seme-

18. *Ilíada*, XXIV, v. 530.
19. *Ilíada*, XXIV, vs. 527, 530 y 532.
20. *Ilíada*, IV, v. 84.
21. *Ilíada*, V, v. 55 y XX, v. 5, 1-30.
22. Véase Wyttembach sobre Plutarco; t. I, págs. 134 y ss.

jantes discursos, estén en verso o en prosa, porque son injuriosos al dios, perjudiciales al estado, y se destruyen por sí mismos.

–Me agrada esta ley, y suscribo con gusto a su establecimiento.

–Por lo tanto, nuestra primera ley y nuestra primera regla tocante a los dioses será obligar a nuestros ciudadanos a reconocer, lo mismo cuando hablen que cuando escriban, que el dios no es el autor de todas las cosas, sino sólo de las buenas.

–Con eso basta.

–¿Qué dices ahora de esta segunda ley? ¿Debe mirarse al dios como un encantador, que se complace en tomar mil formas diferentes, y que tan pronto aparece bajo una figura extraña, como nos engaña afectando nuestros sentidos como si realmente estuviera presente? ¿No es más bien un ser simple, y, entre todos los seres, el menos capaz de mudar de forma?

–En este momento no sé qué responderte.

–Al menos responde a lo siguiente. Cuando alguno abandona su forma natural, ¿no es necesario que este cambio venga de él mismo y no de ningún otro?

–Sí.

–Pero las cosas mejor constituidas son las que están menos expuestas a cambios procedentes de causas extrañas. Por ejemplo, los cuerpos más sanos y más robustos son los menos afectados por el alimento y el trabajo. Lo mismo sucede con las plantas con relación a los vientos, al ardor del sol y a los demás trastornos de las estaciones.

–Es cierto.

–¿Y el alma no es tanto menos alterada y turbada por los accidentes exteriores, cuanto es más sabia y más enérgica?

–Sí.

–Por la misma razón las obras, que son producto de la mano del hombre, los edificios, los vestidos, resisten al tiempo y a todo lo que puede destruirlos a condición de que estén bien trabajados y formados de buenos materiales.

–Sin duda.

–En general todo lo que es perfecto, ya nazca su perfección de la naturaleza, ya del arte o de ambos, está muy poco expuesto a cambios por efecto de una causa extraña.

–Así debe de ser.

–Pero el dios, así como todo lo que pertenece a su naturaleza, es perfecto.

–Sí.

–Luego considerado al dios bajo este punto de vista, de ninguna manera es susceptible de adoptar muchas formas.

–No.

–¿Recibirá el cambio de sí mismo?

–Es evidente que si tuviera lugar algún cambio en el dios, no podría venir de otra parte.

–Pero ¿este cambio se verificaría para mejorar o para empeorar?

–Necesariamente para empeorar, porque no hemos supuesto que al dios falte ningún grado de belleza ni de virtud.

–Dices bien.

–Sentado esto, ¿crees, Adimanto, que nadie, sea hombre o dios, tome de suyo una forma menos bella que la suya?

–Eso es imposible.

–Luego es imposible que el dios quiera cambiar. Y cada uno de los dioses, muy bueno y muy bello por naturaleza, conserva siempre la forma que le es propia.

–Me parece que las cosas no pueden suceder de otra manera.

–Por consiguiente, que ningún poeta venga diciéndonos que:

Los dioses disfrazados bajo formas extrañas
andan por todas partes, de ciudad en ciudad.[23]

Ni divulgando falsedades con motivo de la metamorfosis de Proteo y de Tetis. Que no se nos represente en la tragedia o en cualquier otro poema a Juno bajo la figura de una sacerdotisa,

23. *Odisea*, XVII, v. 4885.

Mendigando para los hijos benéficos del río Inaco;[24]

y que no se nos cuenten mentiras de esta naturaleza. Que las madres, ilusionadas con estas ficciones poéticas, no amedrenten a sus hijos haciéndoles creer falsamente que los dioses van a todas partes, durante la noche, disfrazados de viandantes y pasajeros, porque eso es a la vez blasfemar contra los dioses y hacer a sus hijos cobardes y tímidos.

–Es preciso que se abstengan de hacer cosas semejantes.

–Pero quizá los dioses, no pudiendo mudar de figura, pueden por lo menos influir sobre nuestros sentidos y hacernos creer en estos cambios por medio de vestigios y encantamientos.

–Eso podría suceder.

–¿Un dios puede querer mentir de hecho o de palabra, presentándonos un fantasma en lugar de su personalidad?

–Yo no lo sé.

–¡Qué! ¿No sabes que la verdadera mentira, si puede decirse así, es igualmente detestada por los hombres que por los dioses?

–¿Qué entiendes por eso?

–Entiendo que nadie quiere acoger la mentira en la parte más noble de sí mismo, sobre todo con relación a las cosas de la mayor importancia; por el contrario, no hay cosa que más se tema.

–Aún no te comprendo.

–Crees que digo algo demasiado sublime. Lo que digo es, que nadie quiere ser ni haber sido engañado en su alma tocante a la naturaleza de las cosas, y que no hay nada que más temamos y más detestemos que abrigar en este concepto la mentira en nosotros mismos.

–Te creo.

–La mentira, hablando con propiedad, es la ignorancia, que afecta el alma del que es engañado; porque la mentira en las palabras no es más que una expresión del sentimiento, que el alma experimenta; no es una mentira pura, sino un fantasma hijo del error. ¿No es cierto?

–Sí.

---

24. *Odisea*, IV, v. 364.

–¿La verdadera mentira es, por lo tanto, igualmente detestada por los hombres que por los dioses?

–Así lo creo.

–Pero ¿no hay circunstancias en que la mentira de palabra pierde lo que tiene de odioso, porque se hace útil? ¿No tiene su utilidad cuando, por ejemplo, se sirve uno de ella, para engañar a su enemigo, y lo mismo a su amigo, a quien el furor y la demencia arrastran a cometer una acción mala en sí? ¿No es en este caso la mentira un remedio que se emplea para separarle de su designio? Y aun en la poesía, la ignorancia en que estamos en punto a los hechos antiguos, ¿no nos autoriza para acudir a la mentira, que hacemos útil dándole el colorido que la aproxime más a la verdad?

–Es cierto.

–¿Pero por cuál de estas razones puede ser la mentira útil al dios? ¿La ignorancia de lo que ha pasado en tiempos lejanos le obligaría a disfrazar la mentira o a mentir bajo las apariencias de lo verosímil?

–Esto sería ridículo decirlo.

–¿Luego el dios no es un poeta embustero?

–No.

–¿Mentiría por temor a sus enemigos?

–Nada de eso.

–¿O a causa de sus amigos furiosos e insensatos?

–Pero los furiosos y los insensatos no son amados por los dioses.

–Luego, ninguna razón obliga al dios a mentir.

–No.

–¿Luego el dios, y lo mismo todo lo que es divino, es enemigo de la mentira?

–Sí.

–El dios, esencialmente recto y veraz en sus palabras y en sus acciones, no muda de forma, ni puede engañar a los demás, ni mediante fantasmas, ni mediante discursos, ni valiéndose de signos, sea durante el día y la vigilia, sea durante la noche y en sueños.

–Me parece que tienes razón.

–¿Apruebas, por consiguiente, nuestra segunda ley, que prohibe hablar y escribir, respecto a los dioses, como si fueran encantadores, que toman diferentes formas y que intentan engañarnos con sus discursos y sus acciones?

–La apruebo.

–Por tanto, aunque haya en Homero muchas cosas dignas de alabanza, nunca aprobaremos el pasaje en que refiere que Zeus envió un sueño a Agamenón, ni el pasaje de Esquilo, donde hace decir a Tetis cantando en sus bodas:

Apolo había predicho, que yo sería una madre dichosa,
que mis hijos libres de enfermedades, tendrían larga vida.
Me había anunciado una suerte protegida por los dioses,
y había aplaudido mi felicidad, llenándome de alegría.
Que la mentira pudiera salir de la boca divina de Apolo,
que pronuncia tantos oráculos, yo no lo temía.
Pero este Dios, que cantó y asistió a mis bodas,
que me había prometido tanto, es, él mismo, el asesino de mi hijo.[25]

Siempre que alguno hable de los dioses de esta manera le rechazaremos con indignación. No consentiremos tampoco tales discursos en boca de los maestros encargados de la educación de los jóvenes a quienes queremos inspirar el respeto a los dioses, hasta hacerlos semejantes a ellos en cuanto lo consiente la debilidad humana.

–Apruebo todas estas reglas, y soy de opinión que todas ellas deben convertirse en leyes.

25. *Ilíada*, II, v. 6.

Libro tercero

Tales son, en orden a la naturaleza de los dioses, los discursos que conviene, a mi parecer, que oigan y que no oigan desde la infancia hombres, cuyo principal fin debe ser el honrar a los dioses y a sus padres, y mantener entre sí la concordia, como un bien para la sociedad.

–Lo que hemos dispuesto sobre este punto –dijo Adimanto–, me parece muy razonable.

–Ahora, si queremos hacerlos valientes, ¿no es preciso que lo que se les diga tienda a hacerles despreciar la muerte? ¿Crees que se pueda temer la muerte y tener valor?

–No; ¡por Zeus!, no lo creo.

–Un hombre que está persuadido de que el otro mundo es horrible, ¿podrá dejar de temer la muerte? ¿Podrá preferirla en los combates a una derrota y a la esclavitud?

–Eso es imposible.

–Luego nuestro deber es estar muy en guardia respecto a los discursos que tengan esta tendencia, y recomendar a los poetas que conviertan en elogios todo lo malo que dicen ordinariamente de los infiernos, con tanto más motivo cuanto que lo que refieren ni es verdadero, ni propio para inspirar confianza a los guerreros.

–Sin duda.

–Borremos, pues, de sus obras todos los versos que siguen, comenzando por los siguientes:

Yo preferiría la condición de labrador
al servicio de un hombre pobre, que viva del trabajo de sus manos,
a reinar sobre la multitud toda de los muertos.[26]

Y éstos:

26. *Odisea*, XI, v. 488.

No descubrió a las miradas de los mortales y de los inmortales
esta estancia de tinieblas y de horrores, temida por los dioses mismos.[27]

Y después:

¡Ay de mí! En las estancias de Hades aún nos queda
un alma y una imagen, pero privada de todo sentimiento.[28]

Y también:

El solo piensa; los demás son sombras errantes.[29]

Y éstos:

Su alma, al salir del cuerpo, desciende a los infiernos,
llorando su destino y echando de menos su fuerza y su juventud.[30]

Y también:

Su alma, como el humo, se sume bajo la tierra dando gemidos.[31]

Y en fin:

Como los murciélagos, que en el fondo de un antro sagrado
revolotean dando chillidos, cuando uno de ellos ha caído
de la roca, y se enganchan los unos a los otros,
así las almas se ligan y enlazan dando gemidos.[32]

Conjuremos a Homero y a los demás poetas a que no tengan a mal que borremos de sus obras estos pasajes y otros semejantes. No

27. *Ilíada*, XX, v. 64.
28. *Ilíada*, XIII, v. 103.
29. *Odisea*, X, v. 495.
30. *Ilíada*, XVI, v. 856.
31. *Ilíada*, XXIII, v. 100.
32. *Odisea*, XXIV, v. 6.

es porque no sean muy poéticos y que no halaguen agradablemente el oído del público; pero cuanto más bellos son, son más peligrosos para los niños y para los hombres, que, destinados a vivir libres, deben preferir la muerte a la servidumbre.

–Tienes razón.

–Borremos también estos nombres odiosos y formidables de Cocito, Estigia, Manes, Infiernos y otros semejantes, que hacen temblar a los que los oyen. Quizá tienen su utilidad para otro objeto; pero es de temer que el terror, que ellos inspiran, enfríe y debilite el valor de nuestros guerreros.

–Este temor es muy fundado.

–Pues es preciso quitarlo.

–Sí.

–Y servirnos lo mismo en la conversación que en poesía de expresiones enteramente contrarias.

–Sin contradicción.

–Quitemos igualmente esas lamentaciones y quejas, que se ponen en boca de los hombres grandes.

–Es una consecuencia necesaria de lo que acabamos de decir.

–Veamos antes, si la razón autoriza o no esta supresión. ¿No es cierto que el sabio no mirará como un mal la muerte de otro sabio, su amigo?

–Es cierto.

–¿Que no llorará por consiguiente por él, como si le hubiere sucedido una desgracia?

–No.

–Digamos igualmente que el sabio se basta a sí mismo, y que tiene sobre los demás hombres la ventaja de no necesitar de nadie para ser dichoso.

–Nada más cierto.

–¿Luego no será para él una desgracia perder un hijo, un hermano, riquezas, o cualquiera otro bien de esta naturaleza?

–Cuando esto le suceda, no se lamentará, sino que lo soportará con toda la paciencia posible.

–Sin duda.

–Luego con razón suprimimos en los hombres ilustres las lágrimas y los gemidos, y los reservamos a las mujeres, y aun a las más débiles entre ellas, así como a los hombres de carácter afeminado; puesto que queremos que los que destinamos para guardar nuestro estado, se avergüencen de semejantes debilidades

–En esto obramos perfectamente.

–Conjuremos una vez más a Homero y a los demás poetas, para que no nos representen a Aquiles el hijo de una diosa,

Tan pronto echado sobre el costado, tan pronto
boca arriba o boca abajo sobre la tierra,
tan pronto errante, presa del dolor, sobre la ribera del mar inmenso,[33]
tomando el polvo abrasador con dos manos, y cubriéndose con él la cabeza,[34]

o llorando y gimiendo; ni a Príamo, rey casi igual a los dioses, suplicando y

Arrastrándose en el polvo,
y llamando uno tras otro a cada uno por su nombre.[35]

También les suplicaremos que no nos representen a los dioses llorando y exclamando:

¡Ay de mí! ¡Cuán lamentable es mi suerte! ¡Soy una madre desgraciada![36]

Y si éste es un mal respecto de los demás dioses, lo es mucho más aún después de haber puesto en boca del más grande dc ellos estas palabras:

---

33. *Ilíada*, XXIV, v. 10 y ss.
34. *Ilíada*, XVIII, v. 23-24.
35. *Ilíada*, XXII, v. 414.
36. *Ilíada*, XVIII, v. 54.

¡Ay de mí! Veo con sentimiento a un mortal,
que me es querido, huyendo alrededor de las murallas;
mi corazón está turbado.[37]

Y en otro pasaje:

¡Desgraciado de mí! He aquí el momento en que Sarpedon, el mortal que más quiero,
va por la voluntad del destino a perecer a manos de Patroclo, hijo de Menucio.[38]

Ya ves, mi querido Adimanto, que si nuestros jóvenes toman en serio esta clase de historias, y si no se burlan de todas estas debilidades, como indignas de los dioses, les será difícil creerlas indignas de sí mismos; puesto que de todas maneras no son más que hombres, no se avergonzarán de tales acciones y discursos, y a la menor desgracia que les suceda, se abandonarán cobardemente a los gemidos y a las lágrimas.

–Nada más cierto que lo que dices.

–Acabamos de ver que no debe ser así, y debemos atenernos a las razones expuestas mientras no se nos presenten otras mejores.

–Sin duda.

–¿Será más conveniente que se sientan inclinados a la hilaridad? ¿Una risa excesiva no es señal de una gran alteración en el alma?

–Lo creo así.

–Luego no debemos consentir que se nos representen a los hombres grandes, y menos a los dioses, dominados por una risa que no puedan contener.

–No, seguramente.

–Y si hemos de creerte, reprenderemos a Homero por haber dicho:

37. *Ilíada*, XXII, v. 168.
38. *Ilíada*, XVI, v. 433.

Una risa inextinguible estalló entre los dioses,
cuando vieron a Vulcano agitarse cojeando.[39]

–Sí, si quieres creerme, debe reprendérsele.

–Sin embargo, la verdad tiene derechos, que es preciso respetar. Porque, si no nos engañamos cuando dijimos que la mentira nunca es útil a los dioses, pero que lo es algunas veces a los hombres, cuando se sirven de ella como de un remedio, es evidente que su uso sólo puede confiarse a los médicos y no a todo el mundo indiferentemente.

–Es evidente.

–Sólo a los magistrados supremos pertenece el poder mentir, a fin de engañar al enemigo o a los ciudadanos para bien de la república. La mentira no debe nunca permitirse a los demás hombres, y así diremos que un particular, que engaña al magistrado, es más culpable que un enfermo que engaña a su médico, que un discípulo que oculta al maestro encargado de su formación las disposiciones de su cuerpo, y que un marinero que disimula al piloto el estado de la nave y de la tripulación.

–Es muy cierto.

–Por consiguiente, si el magistrado coge en mentira a algún ciudadano, «sea de la condición de los artesanos»,

Sea adivino, sea médico, sea carpintero,[40]

le castigará severamente, como a quien introduce en el estado, lo mismo que en la nave, un mal capaz de trastornarle y perderle.

–Este mal indudablemente perdería al estado, si los actos correspondiesen a las palabras.

–¿No deberemos también desarrollar en nuestros jóvenes la templanza?

–Seguramente.

–¿No son los principales efectos de la templanza hacernos sumisos

39. *Ilíada*, I, v. 599.
40. *Odisea*, XVII, v. 383.

para con los que mandan, y dueños de nosotros mismos en todo lo relativo a comer y beber y en los placeres de los sentidos?

–Sí, así me lo parece.

–Por lo mismo aprobaremos el pasaje de Homero en que Diómedes dice:

Amigo, siéntate, guarda silencio y sigue mis consejos.[41]

Y este otro:

Los griegos marchaban llenos de ardor y *de valor, en silencio, mostrando su respeto a los jefes.*[42]

y todos los demás pasajes semejantes.

–Los aprobaremos.

–¿Diremos lo mismo de estas palabras:

Borracho, que tienes los ojos de un perro y el corazón de un ciervo,[43]

y lo quc sigue, así como todas las injurias que los poetas y los demás escritores ponen en boca de los inferiores en contra de los superiores?

–No, sin duda.

–Semejantes discursos no son a propósito para inspirar moderación a nuestros jóvenes, y si les inspiraran otros sentimientos, no debe sorprendernos. ¿Qué piensas de esto?

–Pienso como tú.

–¡Pero qué! Cuando Homero hace decir al sabio Odiseo que nada le parecía más bello

Que mesas cubiertas
de manjares deliciosos, y un escanciador sacando

41. *Ilíada*, IV, v. 412.
42. *Ilíada*, IV, v. 431.
43. *Ilíada*, I, v. 225.

el vino de la crátera
para llevarlo y derramarlo a la redonda en las copas;[44]

y en otra parte,

Que la muerte más triste es perecer de hambre;[45]

o cuando nos presenta a Zeus, olvidando, por el exceso de la pasión, los proyectos que había formado, cuando sólo él vigilaba durante el sueño de los dioses y de los hombres; y de tal manera impresionado a la vista de Juno, que no quiere retirarse a su palacio, sino satisfacer sus deseos en aquel mismo sitio, protestándole que jamás había sentido tanto cariño por ella; ni cuando por primera vez se vieron "sin saberlo sus padres"[46] o cuando refiere la aventura de Marte y de Venus, sorprendidos en las redes de Vulcano:[47] ¿crees tú, que todo esto sea a propósito para hacer templados a nuestros jóvenes?

–De ninguna manera.

–En cambio cuando nos pinta sus héroes hablando y obrando con espíritu invencible, entonces sí que es preciso admirarle y escucharle; como por ejemplo, cuando dice:

Odiseo, golpeándose el pecho, dijo a su alma estas palabras:
Mantente firme, alma mía, tú has soportado los más terribles males.[48]

–Sí, ciertamente.

–Tampoco debe consentirse que nuestros guerreros sean ansiosos de riqueza, ni que se dejen corromper por presentes.

–No, sin duda.

–Que no se cante delante de ellos que

44. *Odisea*, IX, v. 8.
45. *Odisea*, II, v. 342.
46. *Ilíada*, XIV, v. 201.
47. *Odisea*, VIII, v. 266.
48. *Odisea*, XX, v. 17.

Los presentes ganan a los dioses, ganan a los reyes venerables.[49]

Y que no se tenga por sabio el consejo que Fénix, ayo de Aquiles, dio a éste, diciéndole que socorriera a los griegos, si le hacían presentes, y que les guardara resentimiento, si no se los hacían.[50] También nos negaremos a creer y confesar que Aquiles haya sido codicioso hasta el punto de recibir presentes de Agamenón,[51] y de no entregar un cadáver hasta no haber recibido el rescate.[52]

–Tales hechos no son dignos de alabanza.

–Aunque con sentimiento, debo decir que Homero no ha tenido razón al atribuir tales hechos a Aquiles y al haber dado crédito a lo que otros antes que él habían publicado. Otro tanto digo de las amenazas que este héroe dirige a Apolo:

Tú me has engañado, tú, el más funesto de los dioses:
yo te castigaría si tuviera poder para ello,[53]

y de su resistencia enfrente de un dios, al río Janto, contra el que estaba dispuesto a batirse;[54] y de lo que dijo con ocasión de su cabellera, que estaba consagrada al río Sperquio:

Al héroe Patroclo quiero dar mi cabellera.[55]

No es creíble que haya hecho eso cuando murió Patroclo, ni que haya arrastrado el cadáver de Héctor alrededor de la hoguera de aquél,[56] ni que haya inmolado y hecho quemar en la misma hoguera

49. Eurípides, *Medea*, v. 934.
50. *Ilíada*, IX. v. 435 y ss.
51. *Ilíada* XIX, v. 278 y ss.
52. *Ilíada*, XXIV, v. 175 y ss.
53. *Ilíada*, XXII, v. 15 y ss.
54. *Ilíada*, XXI.
55. *Ilíada*, XXIII, v. 151.
56. *Ilíada*, XXII, v. 394 y ss.

troyanos cautivos.[57] Sostendremos que nada de esto es cierto, y no consentiremos que se haga creer a nuestros guerreros que Aquiles, el hijo de Tetis y del sabio Peleo, y por éste bisnieto de Zeus,[58] el discípulo del virtuoso Quirón, haya tenido un alma tan desarreglada, que se dejara dominar por dos pasiones tan contrarias, como lo son una miserable avaricia y un orgullo, que le llevaba a insultar a los dioses y a los hombres.

–Tienes razón.

Guardémonos también de creer y de permitir que se diga, que Teseo, hijo de Neptuno, y Piritoo, hijo de Zeus, hayan intentado el robo sacrílego que se les atribuye,[59] ni que ningún otro hijo de los dioses, ningún héroe se haya hecho culpable de las crueldades y de las impiedades de que les acusan falsamente los poetas. Obliguemos a éstos a reconocer que los héroes nunca han cometido semejantes acciones; o que, si las han cometido, ya no son descendientes de los dioses. Pero no les permitamos decir que son a la vez hijos de los dioses y culpables de semejantes crímenes, ni que persuadan a nuestros jóvenes que los dioses han producido algo malo y que los héroes no valen más que los hombres. Porque, como dijimos antes, esta clase de discursos ofenden a la verdad y a la religión, y ya hemos demostrado lo repugnante que es suponer que los dioses sean autores de mal alguno.

–Es cierto.

–Añadamos que tales discursos son muy peligrosos para los que los escuchan. En efecto; ¿qué hombre no justificará a sus ojos su propia maldad, cuando esté persuadido de que no hace más que lo que han hecho "los hijos de los dioses, los descendientes del gran Zeus, que tienen a la cima del Ida, en medio del puro éter, un altar en que hacen sacrificios a su padre, y que llevan aún en sus venas la sangre de los inmortales?".[60] Por todas estas razones desterremos de nuestra ciudad

57. *Ilíada* III, v. 175 y ss.

58. *Ilíada* XXI, v. 188.

59. El robo de Proserpina. Véase Ovidio: *Tristes*, 1, V.

60. Versos que Luciano (*Elogio a Demóstenes*, t. III, cap. XIII) atribuye a un poeta que no nombra.

esta clase de ficciones, por temor de que engendren en la juventud una lamentable facilidad para cometer los mayores crímenes.

–Desterrémoslos.

–Puesto que hemos comenzado a fijar los discursos que deben respetarse y los que no deben respetarse, ¿hay todavía algunos de otra especie de que tengamos que hablar? Ya hemos tratado todo lo que hace relación a los dioses, a los genios, a los héroes y a los infiernos.

–Sí.

–Aquí correspondería arreglar lo relativo a los discursos que se refieren a los hombres.

–Sin duda.

–Pero, mi querido amigo, en este momento esto es imposible.

–¿Por qué?

–Porque yo creo que diríamos que los poetas y los autores de fábulas se engañan gravemente con relación a los hombres, cuando dicen que los malos son dichosos en su mayor parte y los hombres de bien desgraciados; que la injusticia es útil en tanto que permanece oculta; y, por el contrario, que la justicia es dañosa al que la practica y útil a los demás. Les prohibiríamos semejantes discursos y les prescribiríamos que en lo sucesivo dijeran lo contrario, lo mismo en verso que en prosa: ¿no es verdad?

–Estoy persuadido de ello.

–Pero si confiesas que en esto tengo razón, deberé concluir que convienes en lo que se cuestiona desde el principio de esta conversación.

–Es justa tu reflexión.

–Por consiguiente, reservemos el tratar de cuáles son los discursos que deben admitirse respecto de los hombres, para cuando hayamos descubierto lo que es la justicia y si es ventajoso en sí ser justo, sea uno tenido o no por tal.

–Haremos bien obrando así.

–Basta lo dicho sobre los discursos y pasemos a la dicción. De esta manera habremos tratado a fondo lo que debe ser materia de los discursos y la forma que conviene darles.

–No te entiendo.

–No es eso lo que deseo. Veamos si me entenderás mejor de otra manera. Todo lo que dicen los poetas y los autores de fábulas, ¿es otra cosa que una narración de las cosas pasadas, presentes o futuras?

–No.

–Para ello, ¿no emplean o una narración simple, o una imitativa, o una compuesta de una y otra?

–Te suplico que te expliques más claramente.

–Soy un maestro singular, a lo que parece, porque no puedo hacerme entender. Voy a ver, siguiendo el ejemplo de los que no tienen facilidad en explicarse, si puedo hacerte comprender mi pensamiento presentándotelo, no en general, sino en ejemplos sucesivos. Respóndeme. ¿Sabes los primeros versos de la *Ilíada,* donde Homero refiere que Crises fue en busca de Agamenón para suplicarle que le entregara su hija, y que como Agamenón se negara con aspereza, él se retiró y conjuró a Apolo para que vengara esta repulsa en el ejército griego?

–Lo sé.

–Sabes también, que hasta en estos versos:

> *Imploraba a todos los griegos,*
> *y sobre todo* a *los dos hijos de Atreo, jefes de los pueblos,*

el poeta habla en su nombre, y no trata de hacernos creer que sea otro el que habla y no él. Pero después de estos versos habla en nombre de Crises y emplea todo su arte para persuadirnos de que no es Homero el que habla, sino el anciano sacerdote de Apolo. La mayor parte de las relaciones de la *Ilíada* y de la *Odisea* son de este género.

–Es cierto.

–¿No es siempre una relación, ya hable el poeta por sí o ya lo haga por boca de otros?

–Sin duda.

–Y cuando habla por boca de otros, ¿no trata de conformarse todo lo posible con el lenguaje de aquel en cuyo nombre habla?

–Sí.

–Conformarse con otro por el gesto o por la palabra, ¿no es imitarle?

–Sin duda.

–Por tanto, en estos casos las narraciones, tanto de Homero como de los demás poetas, son narraciones imitativas.

–Muy bien.

–Por el contrario, si el poeta no se ocultase nunca bajo la persona de otro, todo su poema y su narración serían simples y sin imitación; y para que no me digas que no comprendes cómo puede hacerse esto, voy a explicártelo. Si Homero, después de haber dicho que Crises había venido al campo con el rescate de su hija y que había suplicado a los griegos, sobre todo a los dos reyes, hubiera continuado la relación en su nombre, y no en el de Crises, no sería ya una imitación, sino una narración sencilla. He aquí, por ejemplo, cómo se hubiera explicado; y me serviré de la prosa, porque no soy poeta.

–"El sacerdote, al llegar al campamento, suplicó a los dioses que permitieran a los griegos tomar a Troya, y que les concedieran una vuelta feliz. Al mismo tiempo conjuró a los griegos, por respeto a Apolo, a que le devolvieran a su hija y aceptaran su rescate. Todos los griegos, llenos de respeto por este anciano, consintieron en su demanda; pero Agamenón se levantó contra él, le mandó que se retirara y que no se presentara jamás en su presencia, no fuese que ni el cetro ni las cintillas del dios le librasen de su cólera; que antes que entregar la hija, ella envejecería con él en Argos; que se marchase y no le irritase más, si quería volver sano y salvo a su casa. El anciano se retiró temblando y sin decir nada. Luego que se alejó del campamento, dirigió una súplica a Apolo, invocándole con todos sus nombres, recordándole todo lo que había hecho por agradarle, ya construyendo templos, ya inmolándole víctimas escogidas; y en recompensa de su piedad le suplicó que lanzara sus flechas sobre los griegos, para vengar las lágrimas que le habían hecho derramar."

A esto llamo yo una narración simple y sin imitación.

–Lo entiendo.

–Comprendes igualmente que hay una especie de narración que es opuesta a ésta. Es aquélla en la que el poeta, suprimiendo todo lo que intercala por su cuenta en los discursos de aquellos a quienes hace hablar, sólo deja el diálogo.

–Comprendo. Esta narración es la propia de la tragedia.

–Justamente. Creo ahora haberte hecho entender lo que no comprendías al principio, a saber, que en la poesía y en toda ficción hay tres clases de narraciones. La primera es imitativa, y, como acabas de decir, pertenece a la tragedia y a la comedia. La segunda se hace en nombre del poeta; y la verás empleada en los ditirambos. La tercera es una mezcla de una y otra; y nos servimos de ella en la epopeya y en otras cosas; ¿me entiendes?

–Sí, entiendo lo que querías decir.

–Recuerda también lo que dijimos antes: que después de haber arreglado lo concerniente al fondo del discurso, nos faltaba examinar la forma.

–Lo recuerdo.

–Quería decirte, que necesitábamos discutir juntos si hemos de dejar a los poetas la libertad de servirse de narraciones puramente imitativas o de unas y otras a la vez, y qué reglas les prescribiremos para esta clase de narraciones, o si les prohibiremos toda imitación.

–Adivino tu intención; quieres ver si admitiremos o no la tragedia y la comedia en nuestro estado.

–Quizá, y acaso algo más, porque en este momento no sé nada. Pero iré a donde el soplo de la razón me lleve.

–Bien dicho.

–Examina ahora, mi querido Adimanto, si será conveniente que nuestros guerreros sean imitadores o no. ¿No resulta de lo que antes dijimos, que cada uno sólo puede hacer bien una sola cosa, y que si se aplica a muchas, no conseguirá hacerse superior en ninguna?

–Es cierto.

–Lo mismo sucede con respecto a la imitación. Un hombre solo no puede imitar muchas cosas lo mismo que una sola.

–No.

–Menos podría aplicarse a una función importante y al mismo tiempo imitar muchas cosas y sobresalir en la imitación, cuando se ve que en dos cosas, que tanto se dan la mano como la comedia y la tragedia, es difícil que un mismo hombre sobresalga en ambas. ¿No las llamaban antes imitaciones?

–Sí, y tienes razón en decir que no se puede sobresalir a la vez en estos dos géneros.

–Tampoco se ve que un mismo hombre pueda ser a la vez rapsoda y actor.

–Es cierto.

–Los mismos actores no son igualmente buenos para lo trágico que para lo cómico. Y sin embargo, estos dos géneros no son más que imitaciones.

–No son otra cosa.

–Me parece que las facultades del hombre se dividen con relación a aplicaciones más limitadas aún; de suerte que le es imposible imitar bien muchas cosas, o hacer seriamente las cosas que reproduce por la imitación.

–Nada más cierto.

–Si nos atenemos, pues, al primer reglamento, según el cual nuestros guerreros, libres de toda otra ocupación, deben consagrarse únicamente a conservar y defender la libertad del estado por todos los medios propios a este efecto, no les conviene hacer ni imitar ninguna otra cosa; o si imitan algo, que sea en buen hora lo que puede conducirles a su fin, es decir, el valor la templanza, la santidad, la grandeza de alma y las demás virtudes; pero que no imiten nada que sea bajo y vergonzoso, no sea que se hagan tales como lo que imitan ¿No has observado que la imitación, cuando se contrae el hábito desde la juventud, trasciende a las costumbres, se convierte en una segunda naturaleza y poco a poco se toma el tono, el gesto y el carácter de aquellos a quienes se imita?

–Eso sucede comúnmente.

–No consintamos, pues, que los que son objeto de nuestro cuidado y para quienes la virtud es un deber, se complazcan en imitar a una mujer, sea joven o vieja, querellosa para con su marido o llena de orgullo, que pretenda igualarse a los dioses, o que se abandone en la desgracia a quejas y lamentaciones. Menos imitarán a la enferma, a la enamorada, o a la que está con los dolores de parto.

–Sin duda.

–Que tampoco imiten a los esclavos, hombres o mujeres, en las acciones propias de su condición.

–No.

–Ni a los hombres malos y cobardes, que se querellan, se insultan y se dicen obscenidades unos a otros ya cuando están embriagados, ya a sangre fría; ni las demás acciones o discursos, en que tales gentes faltan a lo que se deben a sí mismos y a los demás. No creo tampoco que deban acostumbrarse a remedar lo que dicen o hacen los dementes. Debe conocerse a los dementes y a los malos, hombres y mujeres, pero no se les debe imitar ni parecérseles.

–Es cierto.

–¿Deben imitar a los herreros o a cualquiera otro obrero, a los remeros, a los patrones de galera, en fin, a personas semejantes?

–¿Cómo han de poder hacerlo, cuando no les es permitido ni aun dedicarse a ninguna de estas profesiones?

–Y el relincho de los caballos, el mugido de los toros, el murmullo de los ríos, del mar, del rayo y todo lo demás; ¿les conviene imitar todo esto?

–No, puesto que no queremos que sean locos, ni que imiten a los que lo son.

–Si comprendo bien tu pensamiento, hay un modo de hablar y de cantar, de que se sirve el hombre de bien, cuando tiene algo que decir; y hay otro modo muy diferente de éste, del cual se sirven los hombres mal nacidos o mal educados.

–¿Cuáles son esos modos?

–El hombre de bien, cuando su discurso le lleva a referir lo que ha dicho o hecho un hombre semejante a él, se esforzará por representarle en su persona, y no se avergonzará de semejante imitación, sobre todo cuando tenga por objeto pintarle en una situación en que haya mostrado sabiduría y firmeza, y no cuando se haya visto abatido por la enfermedad, vencido por el amor, embriagado o en cualquiera otra ocasión análoga. Pero cuando se le presente la oportunidad de tener que imitar a una persona que esté por bajo de él, nunca se rebajará hasta el punto de imitarla seriamente, y sólo lo hará como de paso y cuando haya hecho una buena acción; y aun en este caso no dejará de ruborizarse, porque no está acostumbrado a imitar a esta clase de personas, y se querría muy mal si se amoldase y formase según un modelo inferior a sí mismo; y sólo por ser cosa momentánea, no rechazará esta imitación con desprecio.

–Así debe suceder.

–Su narración será, pues, como la que referimos antes de Homero, en parte simple y en parte imitativa, si bien haciendo que aparezca pocas veces la imitación en todo el desarrollo del discurso; ¿tengo razón?

–Sí, así es como debe hablar un hombre de ese carácter.

–Con respecto al que tiene un carácter opuesto, cuanto más malo sea, mayor será su tendencia a imitarlo todo; creerá que no hay nada que sea inferior a él, y así hará estudio en imitar en público todas las cosas que antes enumeramos: el ruido del trueno, de los vientos, del granizo, de los ejes de los carros, de las ruedas, el sonido de las trompetas, de las flautas de los caramillos y de todos los demás instrumentos, el ladrido de los perros, el balido de los corderos y el canto de las aves; todo su discurso se reducirá a imitar el tono y las expresiones de otro, sin que apenas entre en él la narración simple.

–No puede ser de otra manera.

–Tales son las dos clases de narraciones de que quería hablarte.

–Muy bien.

–La primera, como ves, admite pocos cambios, y tan pronto como se ha encontrado la armonía y el número que le convienen, casi ya no hay necesidad de emplear otros, porque el mismo tono y el mismo número bastan por lo ordinario.

–Así es.

–La segunda clase, por el contrario, ¿no te parece que necesita de todas las armonías y de todos los ritmos para expresar bien lo que quiere decir, puesto que abraza todos los cambios imaginables?

–Es cierto.

–Pero todos los poetas, y en general los que refieren alguna cosa, emplean ya una, ya otra de estas narraciones, o las mezclan.

–Es cierto.

–¿Qué haremos en este caso? ¿Daremos cabida en nuestro estado a estas tres clases de narraciones o sólo admitiremos una?

–Si se me cree, nos atendremos a la narración simple hecha para representar al hombre de bien.

–Sí; pero, mi querido Adimanto, la narración mixta tiene mucho mérito; y la narración, opuesta a la que tú escoges, agrada infinitamente a los niños, a los que gobiernan a la juventud y al pueblo.

–Convengo en ello.

–Quizás alegarás que no se conforma esto con nuestro plan de gobierno, porque entre nosotros no hay un hombre que reúna en sí los talentos de dos o más hombres, y cada uno sólo puede hacer una cosa.

–Precisamente ésa es mi opinión.

–Por este mismo motivo en nuestro estado el zapatero es simplemente zapatero y no piloto; el labrador, labrador y no juez; el guerrero, guerrero y no comerciante; y así de los demás.

–Es cierto.

–Luego si uno de estos hombres, hábiles en el arte de imitarlo todo y de adoptar mil formas diferentes, viniese a nuestra ciudad, para obligarnos a admirar su arte y sus obras, nosotros le rendiríamos homenaje, como a un hombre divino, maravilloso y arrebatador; pero le diríamos que nuestro estado no puede poseer un hombre de su condición y que no nos era posible admitir personas semejantes. Le despediríamos después de haber derramado perfumes sobre su cabeza y de haberla adornado con las cintillas de los sacrificios; y nos daríamos por contentos con tener un poeta y recitador más austero y menos agradable, si bien más útil, que imitara el tono del discurso que conviene al hombre de bien, y siguiera escrupulosamente las fórmulas que hemos prescrito al trazar el plan de la educación de nuestros guerreros.

–Si se nos dejara la elección, preferiríamos al último sin dudar.

–Me parece, mi querido amigo, que hemos tratado a fondo esta parte de la música, que corresponde a los discursos y a las fábulas, puesto que hemos hablado de la materia y de la forma del discurso.

–Soy de tu parecer.

–Nos resta hablar de esta otra parte de la música, que corresponde al canto y a la melodía.

–Sí.

–¿Quién no ve desde luego lo que deberemos decir sobre este punto y qué reglas habremos de prescribir, si seguimos nuestros principios?

–Yo –replicó Glaucón sonriéndose–, no soy de este número, porque no podría decir con exactitud a qué debemos atenernos sobre esta materia, aunque lo entrevea confusamente.

–Por lo menos, puedes decirnos que la melodía se compone de tres elementos: las palabras, la armonía y el número.

–¡Ah!, eso sí.

–En cuanto a las palabras cantadas, ¿no deben, como las demás, componerse según las leyes que hemos ya prescrito?

–Sin duda.

–Es preciso que la armonía y el número correspondan a las palabras.

–Sí.

–Hemos dicho ya que era preciso desterrar del discurso las quejas y las lamentaciones.

–Es cierto.

–¿Cuáles son las armonías lastimeras? Dímelo ya que eres músico.

–Es la lidia mixta y aguda y otras semejantes.

–Es preciso, por consiguiente, suprimirlas como malas, no sólo para los hombres, sino también para aquellas mujeres que se precian de ser sabias y moderadas.

–Sí.

–Nada más indigno de los guerreros que la embriaguez, la molicie y la indolencia.

–Sin contradicción.

–¿Cuáles son pues, las armonías muelles y usadas en los festines?

–La jónica y la lidia, denominadas armonías tímidas.

–¿Pueden ser de algún uso para los guerreros?

–De ninguno, y por tanto no quedan otras que la dórica y la frigia.

–Yo no conozco todas las especies de armonías; escoge sólo dos: una fuerte, que traduce el tono y las expresiones de un hombre de corazón, sea en la pelea, sea en cualquiera otra acción violenta; como cuando, sin que le detengan las heridas ni la muerte o estando sumido en la desgracia, espera en tales ocasiones, con firmeza y sin abatirse, los azares de la fortuna; otra más tranquila, propia de las acciones pacíficas y completamente voluntarias, acomodada al estado de un hombre que invoca los dioses, que suplica, instruye, aconseja a los demás, se rinde a sus súplicas, escucha sus lecciones y sus dictámenes, y que por lo mismo nunca experimenta el menor contratiempo, y que, en fin, lejos de enorgullecerse con sus triunfos, se conduce con sabiduría y moderación y está siempre contento con su suerte. Reservemos estas dos armonías, que expresarán el carácter de un hombre sabio y valiente en las acciones voluntarias o involuntarias, en la buena como en la mala fortuna.

–Las que pides son precisamente las dos últimas que yo he nombrado.

–¿Tampoco tendremos necesidad de instrumentos de numerosas cuerdas y de otras armonías en nuestros cantos y en nuestra melodía?

–No, sin duda.

–¿Ni sostendremos fabricantes de triángulos, de plectros y otros instrumentos de cuerdas numerosas y de muchas armonías?

–No.

–¿Consentirás en nuestra República a los constructores y tocadores de flauta? ¿No equivale este instrumento a los que tienen el mayor número de cuerdas?

Y los que reproducen todos los tonos, ¿son otra cosa que imitaciones de la flauta?

–No

–Así no nos quedan más que la lira y el laúd para la ciudad, y para los campos el caramillo, que usarán los pastores.

–Es evidente después de lo que acabamos de decir.

–Por lo demás, mi querido amigo, no nos hemos equivocado al dar la preferencia a Apolo sobre Marsias, y a los instrumentos inventados por este dios a los del sátiro.

–No, ciertamente.

–¡Por el can!,[61] ya tenemos reformado, sin advertirlo, este estado, que decíamos que rebosaba en delicias.

–Y lo hemos hecho sabiamente.

–Reformémosle, pues, por entero, y digamos del ritmo como dijimos de la armonía, que es preciso desterrar la variedad y mul-

---

61. Juramento típico de Sócrates. Se ignora su sentido, que sin duda es burlón.

tiplicidad de medidas; indagar qué ritmos expresan el carácter del hombre sabio y valiente, y, después de haberle encontrado, someter el número y la medida a las palabras, y no las palabras al número y a la medida. A ti te toca decir cuáles son estos ritmos, como lo has hecho respecto a las armonías.

–No me es fácil satisfacerte. Sólo te diré que todas las medidas se reducen a tres tiempos, así como todas las armonías resultan de cuatro tonos principales; pero no podré decirte qué medidas convienen a los diferentes caracteres que se quieran expresar.

–Examinaremos más adelante con Damon[62] qué medidas expresan la bajeza, la insolencia, el furor y los demás vicios, así como los que convienen a las virtudes opuestas. Creo haberle oído hablar algo confusamente de ciertos metros que llamaba énople, dactilo, heroico, y que componía, no sé cómo, por medio de sílabas largas y breves; además formaba otro que se componía de una breve y una larga que llamaba yámbico, a lo que creo, y yo no sé qué otro que llamaba tróqueo, y que se componía de una larga y una breve. Observé también que en algunas ocasiones aprobaba o condenaba tanto el metro como el ritmo mismo, o un no sé qué que resultaba del uno y del otro, porque no puedo decir con claridad lo que es; pero dejemos este punto, como te dije antes, para discutirlo con Damon. Me parece que esta discusión exige mucho tiempo: ¿qué dices a esto?

–Lo creo así.

–Por lo menos podrás decirme que se experimenta placer allí donde se encuentra la belleza del ritmo, y lo contrario del placer allí donde esta belleza falta.

–Sin duda.

–Pero a la belleza del número, lo mismo que a la armonía, sigue de ordinario la belleza de las palabras porque, como dijimos antes, el número y la armonía están hechas para las palabras, y no las palabras para el número y la armonía.

–Es cierto que uno y otro deben acomodarse al discurso.

62. Músico célebre, maestro de Pericles.

–Pero el género de la dicción y el discurso mismo ¿no expresan el carácter del alma?

–Sí.

–¿Y todo lo demás no se confunde en la misma expresión con el discurso?

–Sí.

–Por consiguiente, la belleza, la armonía, la gracia y la medida del discurso son la expresión de la bondad del alma. Y no entiendo por esta palabra la estupidez, que con el fin de suavizar la expresión se llama inocentada, sino que entiendo el carácter de un alma, cuyas costumbres son verdaderamente bellas y buenas.

–Es cierto.

–Nuestros guerreros jóvenes, ¿no deben proponerse adquirir todas estas cualidades, si quieren cumplir sus deberes?

–Sin duda.

–Por lo menos, este es el objeto de todas las artes, de la pintura, de la escultura, del grabado, de la arquitectura y de la naturaleza misma en la producción de las plantas y de los cuerpos. La gracia o la falta de gracia se encuentra en sus obras; y así como la falta de gracia, de medida y de armonía es la señal ordinaria de un mal espíritu y de un mal corazón, así las cualidades opuestas son la imagen y la expresión de un espíritu y de un corazón bien formados.

–Así es.

–¿Bastará, pues, que vigilemos a los poetas, precisándoles a que nos presenten en sus versos un modelo de buenas costumbres, o no deberemos hacer nada de eso? ¿Será preciso que fijemos nuestras miradas sobre todos los demás artistas, para impedir que nos ofrezcan en pintura, en arquitectura o en cualquier otro género, obras que no tengan gracia, ni corrección, ni nobleza, ni proporciones? En cuanto a los que no pueden obrar de otra manera, ¿no deberemos prohibirles que trabajen en nuestra República por temor de que los encargados de la guarda de nuestro estado, educados en medio de estas imágenes viciosas, como en malos pastos, y alimentándose, por decirlo así, cada momento con la vista de tales objetos, no contraigan al fin algún mal vicio en el alma, sin apercibirse de ello? ¿Nos interesa, por el contrario, buscar artistas hábiles, capaces de seguir la huella de la naturaleza de lo bello y de lo gracioso, a fin de que nuestros jóvenes, educados en medio de sus obras como en una atmósfera pura y sana, reciban sin cesar saludables impresiones por los ojos y por los oídos, y que desde la infancia se vean insensiblemente conducidos a imitar y amar lo bello, y a establecer entre éste y ellos mismos un perfecto acuerdo?

–Nada puede ser preferible a una educación semejante.

–¿No es por esta misma razón, mi querido Glaucón, la música la parte principal de la educación, porque insinuándose desde muy temprano en el alma, el número y la armonía se apoderan de ella, y consiguen que la gracia y lo bello entren como un resultado necesario en ella, siempre que se dé esta parte de educación como conviene darla, puesto que sucede todo lo contrario, cuando se la desatiende? Y también, porque educado un joven, cual conviene, en la música, advertirá con la mayor exactitud lo que haya de imperfecto y de defectuoso en las obras de la naturaleza y el arte, y experimentará a su vista una impresión justa y penosa; alabará por la misma razón con entusiasmo la belleza que observe, le dará entrada en su alma, se alimentará con ella, y se formará por este medio en la virtud; mientras que en el caso opuesto mirará con desprecio y con una aversión natural lo que encuentre de vicioso; y como esto sucederá desde la edad más tierna, antes de que le ilumine la luz de la razón, apenas haya ésta aparecido, invadirá su alma, y él se unirá con ella mediante la relación secreta que la música habrá creado de antemano entre la razón y él. He aquí, a mi parecer, las ventajas que se buscan al educar a los niños en la música.

–En la misma forma que no podemos suponernos instruidos en la lectura, mientras no conozcamos perfectamente todas las letras elementales en todas sus combinaciones y en todas las palabras largas y breves, sin despreciar ninguna, y no nos dediquemos a reconocer por todas partes estas letras, porque de no hacerlo así nunca llegaríamos a ser gramáticos...

–Es cierto.

–Lo mismo que si no conociésemos las letras en sí mismas, jamás podríamos reconocer su imagen representada en el agua y en los espejos, siendo lo uno y lo otro objeto de la misma ciencia y del mismo estudio…

–Sin contradicción.

–De la misma manera, en nombre de los dioses inmortales, ¿no podré decir que nunca seremos nosotros, ni serán los guerreros que nos proponemos formar, excelentes músicos, si no nos familiarizamos con la idea de la templanza, de la fuerza, de la generosidad, de la grandeza de alma y demás virtudes, hermanas de éstas, que se nos presentan en mil objetos diferentes, si no las distinguimos a primer golpe de vista, así como sus imágenes, dondequiera que estén, en grande o en pequeño, sin despreciar ninguna, persuadidos de que, cualquiera que sea la forma en que se presenten, son el objeto de la misma ciencia y del mismo estudio?

–No puede ser de otra manera.

–¿Y no será el más bello de los espectáculos para el que quiera contemplarle, ver un alma y un cuerpo igualmente bellos, unidos entre sí, y en los que se encuentren todas las virtudes en un perfecto acuerdo?

–Sí, ciertamente.

–Pero lo que es muy bello, es también muy digno de ser amado.

–Sin duda.

–El verdadero músico no puede menos de amar a todos aquellos en quienes encuentre esta armonía; pero no amará a aquellos en quienes no perciba esta cualidad.

–Si esta falta de acuerdo está en el alma, convengo en ello; pero si sólo se encuentra en el cuerpo, el músico por esto no dejará de amarle.

–Veo que tú has amado o que amas en este momento a alguna persona de esas condiciones; pero dime: la templanza y el placer excesivo, ¿pueden estar juntos?

–¿Cómo puede ser esto, cuando el exceso de placer no turba menos el alma que el exceso de dolor?

–¿Se concierta por lo menos con las demás virtudes este abuso de los placeres?

–Tampoco.

–¿Concuerda más bien con la cólera y la licencia?

–Sí.

–¿Conoces un placer más grande y más vivo que el amor sensual?

–No; ni tampoco otro más furioso.

–Por el contrario, el amor ajustado a la razón es un amor sabio y arreglado a lo bello y a lo honesto.

–Es cierto.

–Luego no debe dejarse que se una a este amor razonable nada que sea furioso ni disoluto.

–No.

–Luego el placer sensual no puede admitirse, y los que se aman con un amor racional deben rechazarle absolutamente.

–Sí, Sócrates, deben excluirle por entero.

–Por consiguiente en el estado, cuyo plan estamos formando, ordenarás por una ley expresa que las pruebas de afecto que el amante dé al objeto amado, sean de la misma naturaleza que las que da un padre a su hijo y para un fin honesto; de suerte que, en la comunicación que el amante tenga con el que ama, jamás dé lugar a sospechar que han ido más adelante, porque en otro caso se le habrá de echar en cara su poca delicadeza y su falta de educación.

–Consiento en ello.

–¿Te parece que aún nos resta algo que decir sobre la música? Por lo menos nuestro discurso ha concluido por donde debía concluir, porque toda conversación sobre la música debe venir a parar en el amor a lo bello; ¿no es así?

–Sí.

–Después de la música, formaremos nuestros jóvenes en la gimnasia.

–Sin duda.

–Es preciso que se consagren a ella seriamente desde muy temprano y por toda la vida. He aquí mi pensamiento sobre este punto; mira si es también el tuyo. No es, a mi parecer, el cuerpo, por bien constituido que esté, el que por su propia virtud hace al alma buena; por el contrario, el alma, cuando es buena, es la que da al cuerpo por su propia virtud toda la perfección de que es susceptible; ¿qué te parece?

–Soy de tu dictamen.

–Si después de haber cultivado el alma con el mayor esmero, le encargamos que forme el cuerpo, contentándonos con indicarle de qué manera, para no extendernos demasiado, ¿no obraremos bien?

–Sí.

–Ya hemos prohibido a nuestros guerreros la embriaguez, porque a nadie conviene menos embriagarse y no saber dónde se encuentra que al que está encargado de guardar la República.

–En efecto, sería ridículo que un guarda tuviese necesidad de ser guardado.

–En cuanto al alimento, ¿no son nuestros guerreros atletas destinados al más fuerte de todos los combates?

–Sí

–¿Les convendría el régimen de los atletas ordinarios?

–Quizá.

–Este régimen concede demasiado al sueño y hace depender la salud de los menores accidentes. ¿No ves que los atletas pasan la vida durmiendo, y que, por poco que se separen del régimen que se les prescribe, contraen peligrosas enfermedades?

–Eso se ve todos los días.

–Necesitamos un régimen menos escrupuloso para los atletas guerreros, que deben estar, como los perros, siempre alerta, verlo todo, oírlo todo, mudando sin cesar en campaña el alimento y la bebida, sufrir el frío y el calor, y por consiguiente, tener un cuerpo a prueba de todas las fatigas.

–Pienso como tú.

–La mejor gimnasia ¿no es hermana de esa música sencilla de que hablamos hace un momento?

–¿Cómo?

–Entiendo una gimnasia sencilla, moderada, tal como debe ser para los guerreros.

–¿Y en qué consiste?

–En Homero lo puedes aprender. Sabes que en la mesa de sus héroes nunca se sirvieron bebidas, aunque estuviesen acampados en el Helesponto, ni viandas cocidas, sino sólo asadas, alimento cómodo para las gentes de guerra, a quienes les es más fácil hacer asar inmediatamente al fuego sus viandas, que llevar consigo útiles de cocina.

–Convengo en ello.

–Tampoco creo que Homero haga mención de guisados; los atletas mismos ¿no saben que es preciso abstenerse de ellos, si quieren estar buenos?

–Lo saben, y efectivamente se abstienen de ellos.

–Si este género de vida te agrada, no aprobarás los festines de Siracusa, ni esta variedad de guisados tan de moda en Sicilia.

–No.

–Tampoco creerás que una joven corintia deba agradar a gentes que quieran gozar de una salud robusta.

–No.

–¿Llevarás también a mal las golosinas tan estimadas de la pastelería ática?

–Sí.

–Puede decirse con razón, que la multiplicidad de manjares es respecto a la gimnasia, lo que es para la música una melodía, en que entran todos los tonos y todos los ritmos.

–Esa comparación es muy exacta.

–Aquí la variedad produce el desorden, y allí engendra la enfermedad. En la música, la sencillez hace al alma sabia; en la gimnasia, hace al cuerpo sano.

–Es muy cierto.

–Pero en un estado, donde reinan el desorden y las enfermedades, no tardarán en hacerse necesarios los tribunales y los hospitales. Y la jurisprudencia y la medicina se verán bien pronto honradas, cuando un gran número de ciudadanos bien nacidos las cultiven con ardor.

–Sin duda.

–¿Hay en un estado señal más segura de una mala educación que la necesidad de médicos y de jueces hábiles no sólo para los artesanos y pueblo bajo, sino también para los que se precian de haber sido educados como hombres libres? ¿No es cosa vergonzosa y una prueba insigne de ignorancia el verse forzado a acudir a una justicia extraña por no ser uno mismo justo, y el convertir a los demás en dueños y jueces de su derecho?

–Nada más vergonzoso.

–¿No lo es aún mucho más, no sólo proseguir y sostener toda la vida litigios ante los tribunales, sino también, dando muestras de bajeza de sentimientos, hacer alarde de ser injusto, como si fuera bueno saber todas las trampas curiales y giros tortuosos, acudir a toda clase de subterfugios para eludir las resoluciones legítimas, cuando en muchas ocasiones sólo media un vil interés? Y todo esto se hace porque no se calcula que es infinitamente más conveniente y más bello conducirse de manera que no tener que acudir a un juez somnoliento.

–Sí, eso es aún más vergonzoso.

–¿Y lo será menos el acudir sin cesar al médico, no en caso de heridas o de cualquiera enfermedad producida por la estación, sino por tener el cuerpo lleno de humores y de vapores como los pantanos a causa de esa vida muelle que hemos descrito, obligando a los discípulos de Esculapio a inventar para tales enfermedades las palabras nuevas de fluxiones y catarros?

–Es cierto que estas palabras son nuevas y extraordinarias.

–Y desconocidas, en mi opinión, en tiempo de Esculapio. Lo que me obliga a pensar así es que sus dos hijos,[63] que se encontraron en el sitio de Troya y que se hallaron presentes cuando una mujer dio a Euripilo, que estaba herido,[64] una bebida hecha de vino de Pramnio, de harina y de queso, cosas todas a propósito para engendrar la flema, no reprendieron ni a esta mujer que la presentó, ni a Patroclo que curó la herida.

–Sin embargo, era una bebida bien extraña dado el estado del hombre.

–Juzgarás de otra manera si reflexionas que antes de Herodico los discípulos de Esculapio no conocían este método, tan de moda hoy día, que consiste en conducir como por la mano las enfermedades. Herodico había sido maestro de gimnasia; cuando se encontró enfermo, hizo una mezcla de la medicina y de la gimnasia, de que se sirvió primero para atormentarse a sí mismo, y después para atormentar a muchos más.

63. Macaón y Podalirio, *Ilíada*, II, v. 729.
64. *Ilíada*, XI, v. 623 y 829.

–¿Cómo?

–Procurándose una muerte lenta; como su enfermedad era mortal y no podía curarla enteramente, se obstinó en seguirla paso a paso, despreciando todo lo demás, para consagrar a ella toda su atención, y siempre estaba devorado por la inquietud a poco que se separara de su régimen; de suerte que, a fuerza de arte y de cuidado llegó hasta la vejez, arrastrando una vida moribunda.

–Su arte le prestó un gran servicio.

–Lo merecía bien por no haber sabido que no fue por ignorancia ni por falta de experiencia el no haber trasmitido Esculapio a sus discípulos este método de tratar las enfermedades, sino porque sabía que en todo estado bien ordenado cada cual tiene una ocupación, que es preciso que desempeñe; y que nadie debe pasar la vida como enfermo, haciéndose cuidar como tal. Vemos lo ridículo de este abuso en los menestrales; pero, tratándose de los ricos y de los que se tienen por dichosos, no nos apercibimos de ello.

–¿Cómo? Dímelo, si gustas.

–Que se ponga enfermo un carpintero, y verás cómo pide al médico que le recete un vomitivo o un purgante, o, si es necesario, que le aplique el hierro o el fuego. Pero si le prescribe un largo régimen y le aplica a la cabeza suaves compresas y lo demás que es consiguiente, dirá bien pronto que no tiene tiempo para estar enfermo, y que le tiene más cuenta morir que renunciar a su trabajo, para sólo ocuparse de su mal. En seguida despedirá al médico, y volviendo a su método ordinario de vida, o recobrará la salud, y se entregará a su trabajo; o si el cuerpo no puede resistir al esfuerzo de la enfermedad, y vendrá la muerte en su auxilio y le sacará del conflicto.

–Esta manera de tratar las enfermedades parece convenir en efecto a esa clase de gentes.

–¿Y por qué? ¿No es porque tienen un oficio, que sin trabajar en él no pueden vivir?

–Sin duda.

–Mientras que el rico, según se dice, no tiene ninguna clase de ocupación a que no pueda renunciar sin renunciar a la vida.

–Sí, así se dice.

–¡Y que! ¿No admites lo que dice Focílides:

Que es preciso cultivar la virtud, cuando se tiene con qué vivir?

–Yo creo que así debe hacerse, aun antes de tener con qué vivir.

–No neguemos a Focílides la verdad de esta máxima; pero veamos por nosotros mismos si el rico debe practicar la virtud, y si le es imposible vivir cuando no la practica; o si la manía de alimentar en sí la enfermedad, que impide al carpintero y demás artesanos entregarse a sus oficios, impide igualmente al rico cumplir con el preceptor de Focílides.

–Sí, ¡por Zeus!, se lo impide.

–No hay nada que ponga a este fin más obstáculos que este inmoderado cuidado del cuerpo, que va más allá de las reglas de la gimnasia. Porque este cuidado excesivo es verdaderamente una traba, lo mismo en el manejo de las cosas domésticas que en los negocios públicos, lo mismo en la guerra que en la paz; pero lo peor de todo es que es incompatible con el estudio de cualquiera ciencia con la meditación y con la reflexión. Tememos sin cesar los males de cabeza y los desvanecimientos, que se imputan a la filosofía, de modo que, dondequiera que este cuidado del cuerpo aparece, es un impedimento para ejercitarse en la virtud y distinguirse en ella, porque hace que uno se crea siempre enfermo y que no cese de lamentarse del mal estado de su salud.

–Así tiene que suceder.

–Digámoslo de una vez, éstas son las razones que obligaron a Esculapio a no prescribir tratamiento alguno, como no fuese para los que, dotados de buena complexión y observando una vida frugal, se veían acometidos de alguna enfermedad pasajera, limitando sus remedios a bebidas e incisiones, y sin alterar nada el método ordinario de vida del paciente, para que la República no recibiese ningún daño. Respecto a los cuerpos radicalmente enfermizos, no creyó conveniente alargarles la vida y los sufrimientos por medio de un régimen constante de inyecciones y evacuaciones bien dispuestas, ni ponerles tampoco en el caso de dar al estado súbditos que se le pareciesen.

Creyó, en fin, que no deben curarse aquellos que por su mala constitución no pueden aspirar al término ordinario de la vida marcado por la naturaleza, porque esto no es conveniente ni para ellos ni para el estado.

–Tú conviertes a Esculapio en un hombre político.

–Es claro que lo era, y sus hijos son una prueba de ello. ¿No ves que, además de portarse con bravura en el sitio de Troya, siguieron en el ejercicio de su arte las reglas que acabo de decir? ¿No recuerdas que cuando Menelao fue herido con una flecha por Pandaro, se contentaron

Con exprimir la sangre de la llaga
y aplicar a ella remedios saludables,[65]

sin prescribir, ni a él, ni a Euripilo lo que habían de comer y beber después? Sabían que para curar a guerreros, que antes de sus heridas eran sobrios y de buen temperamento, bastaban remedios sencillos, aun cuando en aquel mismo acto hubiesen tomado el brebaje de que hablamos antes. En cuanto a los que están sujetos a las enfermedades y a la intemperancia, no creyeron que estaba en su interés ni en el interés público el prolongarles la vida, ni que la medicina estuviera hecha para ellos; ni tampoco que se debiera asistirles, aunque fuesen más ricos que lo era Midas.

–Dices cosas maravillosas de los hijos de Esculapio.

–Nada digo que no sea exacto; sin embargo, los poetas trágicos y Píndaro no son de nuestro dictamen. Dicen que Esculapio era hijo de Apolo, y además que se comprometió a precio de oro a curar un hombre rico, atacado de una enfermedad mortal, y que por esta razón fue herido del rayo.[66] Nosotros, según lo que sentamos arriba, no daremos crédito a las dos partes de esta historia. Si Esculapio era hijo de un dios, no pudo cegarle la codicia por una ganancia sórdida; y si le cegó, no era ya hijo de un dios.

---

65. *Ilíada*, IV, v. 218.
66. Píndaro, *Pytht*, III, v. 96, edición de Heyde.

–Tienes razón, Sócrates; pero respóndeme: ¿no es preciso que nuestro estado se halle provisto de buenos médicos? ¿Y pueden hacerse tales de otro modo que tratando toda clase de temperamentos, buenos y malos? En igual forma, ¿puede uno ser buen juez, si no ha tratado con toda clase de caracteres?

–Sin duda; quiero que tengamos buenos médicos y buenos jueces; pero ¿sabes lo que yo entiendo por esto?

–No, si no me lo dices.

–Es lo que voy a hacer; pero tú has complicado en la misma cuestión dos cosas bien diferentes.

–¿Cómo?

–¿Se hará buen médico aquel que, después de haber aprendido a fondo los principios de su arte, haya tratado desde su juventud el mayor número de cuerpos mal constituidos, y que, enfermizo él mismo, haya tenido toda clase de enfermedades? Porque no es mediante el cuerpo como los médicos curan el cuerpo, porque entonces nunca deberían ellos estar natural o accidentalmente enfermos; es mediante el alma, la cual no puede curar, como es preciso, cualquier mal, si ella a su vez está enferma.

–Eso es exacto.

–Mientras que el juez, como tiene que gobernar el alma de otro mediante la suya, no necesita haber frecuentado desde muy temprano el trato de hombres corrompidos y perversos, ni haber cometido él mismo toda clase de crímenes, para poder conocer desde luego la injusticia de los demás por la suya propia, como puede el médico juzgar por sus enfermedades de las de los demás. Es preciso, por el contrario, que su alma sea pura exenta de vicio, para que su bondad le haga discernir más seguramente lo que es justo. Por esta razón los hombres de bien son en su juventud sencillos y están expuestos a ser seducidos por la astucia de los malos, porque no experimentan en sí mismos nada de lo que pasa en el corazón de los malos.

–Es cierto que son muchas veces engañados.

–Así es, que un joven no puede ser un buen juez. Es preciso, que la edad le haya madurado, que haya aprendido tarde lo que es la injusticia, que la haya estudiado por mucho tiempo, no en sí mismo sino en los demás, y que distinga el bien del mal, más bien por la reflexión que por su propia experiencia.

–Sí, ése es realmente un verdadero juez.

–Sin duda, y además sería un buen juez tal como tú reclamabas, porque el que tiene el alma buena, es bueno. Para los hombres astutos y sospechosos, avezados a la práctica de la injusticia, y que se creen hábiles y prudentes, no aparecen tales, sino cuando tienen que habérselas con otros semejantes a ellos, porque su propia conciencia les advierte la necesidad de estar entonces en guardia. Pero cuando se encuentran con hombres de bien, avanzados ya en edad, entonces su incapacidad se muestra en sus desconfianzas y en sus sospechas indebidas; se ve que ignoran lo que son la rectitud y la franqueza por no tener en sí mismos un modelo de estas virtudes, y que si pasan más bien por hábiles que por ignorantes a sus ojos y a los del vulgo, es porque tienen más trato con los malos que con los hombres de bien.

–Eso es exactamente cierto.

–No es, pues, un juez de este carácter el que necesitamos, sino uno que sea tal como yo le he descrito antes; porque la maldad no puede conocerse a fondo a sí misma y conocer la virtud, sino que la virtud, auxiliada por la reflexión y por un largo trato con los hombres se conocerá a sí misma y conocerá al vicio. Y así la verdadera habilidad es patrimonio del hombre virtuoso y no del hombre malo.

–Pienso como tú.

–Por consiguiente, establecerás en nuestra República una medicina y una jurisprudencia que sean como acabamos de decir, y que se limiten al cuidado de los que han recibido de la naturaleza un cuerpo sano y un alma bella. En cuanto a aquellos, cuyo cuerpo está mal constituido, se los dejará morir, y se castigará con la muerte a aquellos cuya alma es naturalmente mala e incorregible.

–Es lo más conveniente para ellos y para el estado.

–Es evidente, que nuestros jóvenes, educados en los principios de esta sencilla música que hace nacer en el alma la templanza, obrarán de manera que no tendrán necesidad de los jueces.

–Sin duda.

–Y que si observan las mismas reglas respecto de la gimnasia, podrán pasarse sin médicos fuera de los casos de necesidad.

–Así me parece.

–En los ejercicios del cuerpo, se propondrán sobre todo aumentar la fuerza moral, más bien que aumentar el vigor físico, a la manera de los otros atletas que, fieles observantes de un régimen, sólo se proponen hacerse más robustos.

–Muy bien.

–¿Crees tú, mi querido Glaucón, como muchos otros se imaginan, que la música y la gimnasia han sido creadas, la una para formar el alma, la otra para formar el cuerpo?

–¿Por qué me haces esa pregunta?

–Porque me parece que ambas han sido creadas para formar el alma principalmente.

–¿Cómo?

–¿Has tenido cuidado de observar las condiciones de carácter de los que durante toda su vida se consagran a la gimnasia y a la música?

–Que los unos son duros e intratables, y los otros blandos y afeminados.

–¿Qué pasa con ellos?

–En efecto, he observado que los que únicamente se dedican a la gimnasia, adquieren por lo ordinario mucha rudeza; y que los que sólo han cultivado la música, tienen una suavidad que no les hace mucho honor.

–Y sin embargo, semejante rudeza no puede darse sino en un carácter ardiente y lleno de fuego, que produciría el valor, si estuviese bien cultivado; pero que cuando se hace demasiado tirante, degenera en dureza y brutalidad.

–Así lo pienso yo.

–¿Y la dulzura no es la señal de un carácter filosófico que, si se relaja demasiado, se convierte en excesiva suavidad, pero que si se le cultiva como es debido, se convierte en cortesía y dignidad?

–Es cierto.

–Pero nosotros queremos que nuestros guerreros reúnan estos dos caracteres.

–Si,

–Es preciso, pues, buscar el medio de ponerlos en armonía.

–Sin duda.

–Porque el acuerdo entre ellos hace al alma a la vez valiente y moderada.

–Sí.

–Y su desacuerdo la hace cobarde y huraña.

–Sin duda.

–Cuando un hombre, dedicándose por entero a la música, sobre todo a las armonías dulces, suaves y lastimeras, la deja insinuarse y deslizarse suavemente en el alma por el canal del oído, y pasa toda su vida cantando y dejándose llevar por la belleza del canto, ¿no es cierto que el primer efecto de la música es dulcificar su valor, lo mismo que se ablanda el hierro, y aflojar esa tirantez que le inutilizaba antes y le hacía de difícil trato? Pero si continúa dedicándose a ella sin contenerse, ese mismo valor desaparece y se hunde poco a poco, y, enervada su alma, no es ya más que un *guerrero sin corazón.*[67]

–Tienes razón.

–Este efecto no tardará en producirse, si ha recibido de la naturaleza un alma floja. Si es naturalmente valiente, bien pronto su valor, al debilitarse, se hace arrebatado; el más pequeño motivo le irrita o le calma, y en lugar de ser valiente, es testarudo, antojadizo y colérico.

–Es cierto.

–Que el mismo hombre se dedique a la gimnasia, que se ejercite, que coma mucho y que desprecie enteramente la música y la filosofía, ¿no adquirirá su cuerpo al pronto fuerzas? ¿No se hará más atrevido, más valiente y más intrépido que antes?

–Sin duda.

–Pero si no sabe más, si no tiene comunicación con las musas; y si su alma, aun cuando tenga algún deseo de aprender, no cultiva ninguna ciencia, ningún estudio, ninguna conversación, ni, en fin, parte alguna de la música, ¿no se hará insensiblemente débil, sorda y

67. *Ilíada*, XVII, v. 588.

ciega, a causa del poco cuidado que ella pone en despertar, alimentar y desenvolver sus facultades?

–Así tiene que suceder.

–Pues ahí le tienes ya enemigo de las letras y de las musas. No seguirá el camino de la convicción para llegar a los fines que se proponga; sino que a manera de una bestia feroz empleará en todas ocasiones la fuerza y la violencia. Vive en la ignorancia y en la rusticidad, y ajeno a la gracia y a la armonía.

–Dices bien.

–Los dioses han hecho a los hombres el presente de la música y de la gimnasia, no con objeto de cultivar el alma y el cuerpo porque si este último saca alguna ventaja, es sólo indirectamente, sino para cultivar el alma sola, y perfeccionar en ella la sabiduría y el valor, concertándolos, ya dándoles expansión, ya conteniéndolos dentro de justos límites.

–Me parece bien.

–El que ha llegado a encontrar el debido acuerdo entre estas dos artes, y las aplica como conviene a su alma, merece mucho más el nombre de músico y posee mejor la ciencia de las armonías que aquel que se limita a templar las cuerdas de un instrumento.

–Sin duda, Sócrates.

–¿Podrá subsistir, mi querido Glaucón, nuestra República, si no tiene a su cabeza un hombre de este carácter que la gobierne?

–No; es de absoluta necesidad una persona de tales condiciones.

–Aquí tienes ya casi terminada la educación que ha de recibir nuestra juventud, porque sería inútil que nos extendiéramos ahora en todo lo relativo a la danza, a la caza y a los combates ecuestres y gimnásticos. Es evidente que en todos estos puntos es preciso seguir los principios que hemos establecido, y que es fácil prescribir las reglas consiguientes.

–No creo que eso sea dificultoso.

–¿Qué es lo que ahora tenemos que arreglar? ¿No es la elección de los que deben mandar u obedecer?

–Sí.

–Es claro que los ancianos deben mandar y los jóvenes obedecer.

–Sin duda.

–Y que entre los ancianos deben escogerse los mejores.

–Sí.

–¿Cuáles son los mejores labradores? Sin duda aquellos que más entienden de agricultura.

–Sí.

–Puesto que es preciso escoger igualmente por jefes a los mejores guardianes del estado, escogeremos los que tienen en más alto grado las cualidades de excelentes guardianes.

–Sí.

–Para esto es preciso que además de la prudencia y de la energía necesaria, tengan mucho celo por el bien público.

–Sin duda.

–Pero de ordinario se consagra uno a aquello que ama.

–Sí.

–Y amamos las cosas cuyos intereses son inseparables de los nuestros, y de cuya desgracia o felicidad estamos persuadidos que depende nuestra felicidad o nuestra desgracia.

–Es cierto.

–Escojamos, pues, entre todos los guardianes, aquellos que, previo un maduro examen, nos parezca que después de haber pasado toda su vida consagrados a procurar el bien público, nunca han perjudicado los intereses del estado.

–En efecto, ésos son los que nos convienen.

–Creo que será oportuno seguirles en sus diferentes edades, observar si han sido constantemente fieles a esta máxima, y si la seducción o la coacción no les ha hecho perder alguna vez de vista la obligación de trabajar por el bien público.

–Pero ¿cómo podían perderla de vista?

–Voy a explicártelo. Las opiniones se producen en el espíritu de dos maneras: o de buen grado o a pesar nuestro. Renunciamos de buen grado a las opiniones falsas, cuando se nos desengaña, y abandonamos a pesar nuestro las que son verdaderas.

–Concibo fácilmente el primer punto; pero no comprendo el segundo.

–Qué, ¿no concibes que los hombres renuncian al bien, a pesar suyo, y renuncian al mal de buen grado? ¿No es un mal separarse de la verdad y un bien el encontrarla? ¿No es encontrarla tener una opinión exacta de cada cosa?

–Tienes razón. Concibo ahora que los hombres renuncian a pesar suyo a las opiniones verdaderas.

–Esta desgracia no puede, pues, sucederles sino por sorpresa, por encantamiento o por violencia.

–No te entiendo.

–Me sirvo, al parecer, de expresiones trágicas.[68] Por sorpresa entiendo la disuasión y el olvido; éste es obra del tiempo, y aquélla obra de la razón. ¿Me entiendes ahora?

–Sí.

–Por violencia entiendo la pena y el dolor, que obligan a mudar de opinión.

–Lo concibo, y tienes razón.

–Creo que comprendes sin dificultad, que el encantamiento obra sobre los que mudan de opinión, seduciéndolos con el atractivo del placer y por el temor de algún mal.

–Sin duda, y puede mirarse como un encantamiento todo lo que produce en nosotros una ilusión.

–A nosotros toca, pues, observar, como dije antes, los que se muestren más fieles a la máxima de que debe hacerse todo lo que se juzgue que exige el bien público; experimentarlos desde la infancia, poniendolos en circunstancias en que más fácilmente puedan olvidar esta máxima y dejarse engañar; y presentar para ejemplo de los demás a aquel que más fácilmente la conserve en la memoria, y que sea por tanto el más difícil de seducir; ¿no es así?

–Sí.

–En seguida los pondremos a prueba de trabajos de combates, de dolor, y veremos cómo los soportan.

–Muy bien.

–En fin, ensayaremos en ellos el prestigio y la seducción; y a se-

68. Expresiones oscuras.

mejanza de lo que se hace con los caballos jóvenes, que se los lleva en medio del ruido y del tumulto, para ver si son espantadizos, los llevaremos, cuando aún son jóvenes, en medio de objetos terribles o seductores; y procuraremos probarlos con más cuidado que se prueba el oro por el fuego; y si en todos estos lances el encanto no puede nada sobre ellos; si, atentos siempre a vigilarse a sí mismos y sin olvidar las lecciones de la música que han recibido hacen ver en toda su conducta que su alma se arregla según las leyes de la medida y de la armonía; en una palabra, que son tales como deben ser para servir eficazmente a su patria y para ser útiles a sí mismos, haremos jefe y guardián de la República al que, en la infancia, en la juventud y en la edad viril, haya pasado por todas estas pruebas y salido de ellas puro; le colmaremos de honores durante su vida y le levantaremos, después de su muerte, un magnífico mausoleo con todos los demás monumentos a propósito para perpetuar su memoria. Los que no reúnan estas condiciones, los desecharemos. He aquí, a mi parecer, mi querido Glaucón, en suma e imperfectamente de qué manera debemos conducirnos en la elección de jefes y guardianes del estado.

–Soy de tu dictamen.

–¿No son éstos los que debemos mirar como los verdaderos y los primeros guardianes del estado, tanto respecto de los enemigos, como de los ciudadanos, para quitar a éstos la voluntad y a aquéllos el poder de dañarle, no siendo los jóvenes, a quienes damos el título de guardianes, realmente más que ministros e instrumentos del pensamiento de los magistrados?

–Lo pienso así.

–¿De qué manera nos gobernaremos ahora para inventar para los magistrados o, por lo menos, para los demás ciudadanos, una mentira del género de aquellas que, según hemos dicho, son de grande utilidad?

–¿Cuál es ese género de mentira?

–No es nuevo; tiene su origen en Fenicia; y, por lo que dicen los poetas, que al parecer hablan con convicciones, es un hecho real que se ha verificado en muchos puntos. Pero en nuestros días no ha tenido lugar, ni sé que pueda tenerle en lo sucesivo. No es poco, si se consigue el hacerlo creer.

–Qué, ¿tienes dificultad en decírnoslo?

–Cuando lo hayas oído, verás que no me falta razón para ello.

–Habla y no temas nada.

–Voy a decirlo; pero en verdad no sé adónde acudir para cobrar ánimo y encontrar las expresiones que necesito para convencer a los magistrados y a los guerreros, y después al resto de los ciudadanos, de que la educación que les hemos dado no es más que un sueño; que donde han sido efectivamente educados y formados ha sido en el seno de la tierra, así ellos como sus almas, como todo lo que les pertenece; que después de haberles formado, la tierra, su madre, les ha dado a luz; y que por lo tanto deben considerar la tierra en que habitan, como su madre y su nodriza, defenderla contra todo el que intente atacarla, y tratar a los demás ciudadanos como hermanos salidos del mismo seno.

–No sin razón dudabas al pronto contarnos esta fábula.

–Convengo en ello. Pero ya que he comenzado, escucha lo demás. Vosotros, que sois todos parte del estado, vosotros, les diré continuando la ficción, sois hermanos; pero el dios, que nos ha formado, ha hecho entrar el oro en la composición de aquellos que están destinados a gobernar a los demás, y así son los más preciosos. Mezcló plata en la formación de los guerreros, y hierro y bronce en la de los labradores y demás artesanos. Como tenéis todos un origen común, tendréis por lo ordinario hijos que se os parezcan; pero podrá suceder que un ciudadano de la raza de oro tenga un hijo de la raza de plata, que otro de la raza de plata dé a luz un hijo de la raza de oro, y que lo mismo suceda respecto a las demás razas. Ahora bien, este dios previene, principalmente a los magistrados, que se fijen sobre todo en el metal de que se compone el alma de cada niño. Y si sus propios hijos tienen alguna mezcla de hierro o bronce, no quiere que se les dispensen ninguna gracia, sino que los releguen al estado que les conviene, sea al de artesano, sea al de labrador. Quiere igualmente que si estos últimos tienen hijos en quienes se muestren el oro o la plata, se los eduque, los de plata en la condición de guerreros, y los de oro, en la dignidad de magistrados, porque hay un oráculo que dice que perecerá la República cuando sea gobernada por el hierro o por el bronce. ¿Sabes de algún medio para hacerles creer esta fábula?

–No veo que sea posible convencer a las personas de que hablamos; pero creo que se podrá conseguir de sus hijos y de todos los que después nazcan.

–Comprendo lo que quieres decir. Eso sería excelente para inspirarles más aún el amor a la patria y a sus conciudadanos. Que esta invención tenga todo el éxito que la fama quiera darle. Respecto a nosotros, armemos desde luego a estos hijos de la tierra y hagámoslos avanzar conducidos por sus jefes. Que se aproximen, y que escojan en nuestro estado un sitio para campamento, desde el que puedan reprimir mejor las sediciones de dentro y rechazar los ataques de fuera, si el enemigo viene como un lobo a echarse sobre el rebaño. Que después de haber designado el sitio para acampar y hecho sacrificios a quien convenga, que armen sus tiendas de campaña, ¿no es así?

–Sin duda.

–Que sean tales que los libren del frío y del calor.

–Sin contradicción, porque supongo que habías de sus habitaciones.

–Sí; habitaciones de guerreros y no de negociantes.

–¿Qué diferencia encuentras?

–Voy a explicártela. No habría cosa más triste ni más vergonzosa para los pastores que el alimentar, para la guarda de sus rebaños, perros, cuya intemperancia, hambre o cualquiera otro apetito desordenado los arrastrase a dañar a los ganados que se les hubiere confiado, y que en lugar de perros, fuesen más bien lobos.

–Sería bien triste, en efecto.

–Procuremos, pues, a todo trance, que nuestros guerreros no hagan lo mismo respecto a sus conciudadanos, tanto más cuanto que tienen en su mano la fuera, y que en lugar de ser sus defensores y protectores, pueden convertirse en sus dueños y tiranos.

–Es preciso prevenir este desorden.

–¿Pero no es el modo más seguro de prevenirle darles una excelente educación?

–Pero ya la han recibido.

–Aún no estoy satisfecho, mi querido Glaucón. Lo que hay de cierto es, como antes dijimos, que una buena educación, cualquiera que ella sea, les es necesaria, especialmente en un punto muy importante, que consiste en que tengan dulzura tanto los unos respecto de los otros como respeto de todos aquellos cuya defensa les está encomendada.

–Es cierto.

–Además de esta educación, todo hombre sensato habrá de convenir en que las habitaciones y la fortuna que se les asigne deben ser tales que no les impida ser excelentes guardianes, ni los induzca a dañar a sus conciudadanos.

–Tendrá razón.

–Mira si el género de vida y la clase de habitación que les propongo son propios para este objeto. Quiero, en primer lugar, que ninguno de ellos tenga nada suyo, a no ser absolutamente necesario, que no tengan ni casa ni despensa donde no pueda entrar todo el mundo. En cuanto al alimento que necesitan guerreros sobrios y valientes, sus conciudadanos se encargarán de suministrárselo en justa remuneración de sus servicios, y en términos que ni sobre ni falte durante el año. Que coman sentados en mesas comunes, y que vivan juntos como deben vivir los guerreros en el campo. Que se les haga entender que los dioses han puesto en su alma oro y plata divina, y, por consiguiente, que no tienen necesidad del oro y de la plata de los hombres; que no les es permitido manchar la posesión de este oro inmortal con la liga del oro terrestre; que el oro, que ellos tienen, es puro, mientras que el de los hombres ha sido en todos tiempos origen de muchos crímenes; que igualmente son ellos los únicos, entre los de más ciudadanos, a quienes está prohibido manejar y hasta tocar el oro y la plata, guardarlo para sí, adornar con ello sus vestidos, beber en copas de estos me tales, y que éste es el único medio de conservación así para ellos como para el estado. Porque desde el momento en que se hicieran propietarios de tierras, de casas y de dinero, de guardianes que eran se convertirían en comerciantes y labradores, y de defensores del estado se convertirían en sus enemigos y sus tiranos; pasarían la vida aborreciéndose mutuamente y armándose lazos unos a otros; entonces, los enemigos que más deben de temerse son los de dentro, y la República y ellos mismos correrán rápidamente hacia su ruina. He aquí las razones que me han obligado a formar este reglamento sobre la habitación y las posesiones de nuestros guerreros. ¿Formaremos de esto una ley?

–Consiento en ello –dijo Glaucón.

Libro cuarto

Tomando entonces la palabra Adimanto, dijo:

–¿Qué responderás, Sócrates, si te objeto que tus guerreros no son muy dichosos, y esto por falta suya, pues son realmente dueños del estado, y sin embargo están privados de todas las ventajas de la sociedad, no poseyendo, como los demás, ni tierras, ni casas grandes bellas y bien amuebladas; no pudiendo ni sacrificar a los dioses en una habitación doméstica, ni tener donde recibir huéspedes, ni poseer oro y plata, y, en fin, nada de lo que, en opinión de los hombres, sirve para hacer una vida cómoda y agradable? En verdad se dirá que los tratas como a extranjeros, que están a sueldo del estado sin otro destino que el de guardarle.

–Añade –le dije yo– que su sueldo sólo consiste en el alimento, y además de esto que no tienen paga como las tropas ordinarias, y por lo tanto que no pueden ni salir de los límites del estado, ni viajar, ni regalar a libertinas, ni disponer de nada a su gusto, como hacen los ricos y los que presumen de dichosos. ¿Por qué pasas en silencio estos capítulos de acusación y otros muchos semejantes?

–Unelo, si quieres, a lo que he dicho.

–Me preguntas ¿qué tengo que responder a todo esto?

–Sí.

–Sin separarnos del camino que hasta aquí hemos seguido, creo que encontraremos en nuestro mismo plan recursos para justificarnos. Por lo pronto, diremos que no sería una cosa sorprendente que la condición de nuestros guerreros fuese muy dichosa a pesar de todos estos inconvenientes. Que de todos modos, al formar un estado, no nos hemos propuesto como fin la felicidad de un cierto orden de ciudadanos, sino la del estado entero, porque hemos creído deber encontrar la justicia en un estado gobernado de esta manera y la injusticia en un estado mal constituido, y por medio de este descubrimiento ponernos en posición de decidir la cuestión que es objeto de nuestra polémica. Ahora bien: en este momento nuestra tarea consiste en fundar un gobierno dichoso, a nuestro parecer por lo menos un estado en el que la felicidad no sea patrimonio de un pequeño numero de particulares, sino común a toda la sociedad. Examinaremos bien pronto la forma de gobierno que se opone a ésta. Si nos ocupáramos en pintar estatuas, y alguno nos objetara que no empleábamos los más bellos colores para pintar las más bellas partes del cuerpo, por ejemplo, que no pintábamos los ojos con bermellón, sino con negro, creeríamos responder cumplidamente a este censor, diciéndole: "No te imagines que nosotros habíamos de pintar los ojos tan bellos que dejaran de ser ojos", y lo que digo de esta parte del cuerpo debe entenderse de todas las demás, y así lo que debes examinar es si damos a cada parte el color que le conviene, de suerte que resulte un conjunto perfecto. Eso le diría; y ahora te digo a ti otro tanto. No nos obligues a hacer que vaya unida a la condición de nuestros guerreros una felicidad que les haría dejar de ser lo que son. Podríamos, si quisiéramos, vestir a nuestros labradores con trajes talares, cargar sus vestidos de oro y no hacerles trabajar la tierra sino por placer. Podríamos acostar al alfarero al pie de su horno, cerca de su rueda, en reposo, comiendo y bebiendo anchamente, y con la libertad de trabajar cuando quisiera. Podríamos hacer dichosos de la misma manera a todos los de las demás condiciones para que el estado entero gozase de una perfecta felicidad; pero no nos des semejante consejo, porque si le siguiésemos, el labrador cesaría de ser labrador, el alfarero de ser alfarero; cada cual saldría de su condición, y no habría ya sociedad. Además, que los otros artesanos se mantengan o no en sus respectivos oficios, no es negocio de gran importancia; que el zapatero sea mal zapatero, que se deje corromper, o que alguno se tenga por zapatero sin serlo, el público no sufrirá por esto un gran daño. Pero si los que están designados para guardar el estado y las leyes sólo son guardianes en el nombre ya conoces que conducirán la República a su ruina, porque de ellos es de quienes depende su buena administración y su felicidad. Por consiguiente, si queremos formar buenos guardianes, pongámoslos en la imposibilidad de que no puedan dañar a la comunidad. El que sea de otro dictamen y quiera hacer de ellos labradores o alegres convidados a una fiesta pública, tendrá en cuenta todo lo que se quiera menos la idea de un estado. Por lo tanto, veamos si nuestro propósito, al establecer la clase de los guerreros, es proporcionarles la mayor felicidad posible, o si es más bien el proveer a la felicidad de todo el estado, y de convencer y precisar a los guardianes y defensores de la patria, como a todos los demás ciudadanos, a que cumplan lo mejor posible la tarea que les está asignada; de suerte que cuando el estado se haya robustecido y esté bien administrado, todos participarán de la felicidad pública, unos más, otros menos, según la calidad de su empleo.

–Lo que dices me parece muy sensato.

–No sé si este otro razonamiento, que es del mismo género, te parecerá menos exacto.

–¿De qué se trata?

–Mira si lo que voy a decir no es lo que pierde y corrompe de ordinario a los artesanos.

–¿Qué es lo que les pierde?

–La opulencia y la pobreza.

–¿Cómo?

–De la manera siguiente: el alfarero, si se hace rico, ¿se ocupará mucho de su oficio?

–No.

–Se hará, por lo tanto, cada día más holgazán y más negligente.

–Sin duda.

–Y por consiguiente, peor alfarero.

–Sí.

–Por otra parte, si la pobreza le quita los medios de proporcionarse instrumentos y todo lo necesario para su arte, se resentirá su trabajo, y sus hijos y los demás obreros a quienes él enseñe serán menos hábiles.

–Es cierto.

–Y así, las riquezas y la pobreza dañan igualmente a las artes y a los que las ejercen.

–Así parece.

–He aquí dos cosas que nuestros magistrados deberán poner gran cuidado para que no entren en nuestro estado.

–¿Cuáles son?

–La opulencia y la pobreza, porque la una engendra la molicie, la holgazanería y el amor a las novedades; y la otra este mismo amor a las novedades, la bajeza y el deseo de hacer mal.

–Convengo en ello; pero, Sócrates, te suplico que fijes tu atención en una cosa. ¿Cómo podrá nuestro estado sostener la guerra si no tiene tesoros, sobre todo, si tiene que habérselas con una República rica y poderosa?

–Es cierto que habrá dificultad para defenderse contra una sola; pero se defenderá más fácilmente contra dos.

–¿Qué es lo que dices?

–Por lo pronto, si es preciso venir a las manos, nuestras gentes, ejercitadas en la guerra, ¿no tienen que habérselas con enemigos ricos?

–Sí.

–Pero, Adimanto, un luchador ejercitado ¿no vencerá fácilmente a dos adversarios ricos y obesos?

–No, si ha de habérselas con los dos a la vez.

–¡Qué! Si tuviese libertad para huir y pudiere herir, volviéndose, al que le siguiese más de cerca, y si emplease muchas veces esta estrategia a la luz del sol y en medio de un calor ardiente, ¿le sería difícil batir a muchos, unos en pos de otros?

–Verdaderamente no tendría nada de extraño.

–¿Crees tú que los ricos, de que hablamos, estén más ejercitados en la lucha que en la guerra?

–No lo creo.

–Por consiguiente, a lo que parece, nuestros atletas se batirán sin dificultad contra un ejército de ricos dos o tres veces más numeroso.

–Estoy conforme, porque me parece que tienes razón.

–Y si pidiesen socorro a los habitantes de un estado vecino, diciéndoles lo que es verdad: nosotros no tenemos necesidad de oro ni de plata, y nos está prohibido tenerlo; venid a nuestro socorro, y os abandonaremos los despojos de nuestros enemigos; ¿crees tú que aquellos a quienes se hiciesen tales ofrecimientos, querrían más hacer la guerra a perros flacos y robustos, que unirse a ellos contra un ganado gordo y delicado?

–No lo creo; pero si algún estado vecino reúne de esa manera todas las riquezas de los demás, temo que se haga temible al nuestro.

–¡Dichoso tú, que crees que el nombre de estado pueda convenir a otro que al que nosotros formamos!

–¿Por qué no?

–Es preciso dar a los demás un nombre de significación más extensa; porque cada uno de ellos no es uno sino muchos, como se dice en el juego. Por lo menos encierra dos, que se hacen la guerra: el uno compuesto de ricos, el otro compuesto de pobres; y cada uno de ellos se subdivide en otros muchos. Si los atacas a todos, como si formaran un solo estado, no conseguirías tu objeto; pero si consideras cada uno de estos estados como compuesto de muchos, y abandonas las riquezas a los unos, el poder y la vida a los otros, tendrás siempre muchos aliados y pocos enemigos. Todo estado gobernado por leyes sabias, como las nuestras, será muy grande, no digo en apariencia, sino en realidad, aun cuando no pueda poner sobre las armas más que mil combatientes. Con dificultad encontrarás otro mayor entre los griegos y los bárbaros, aunque haya muchos que parezcan serlo. ¿Crees tú lo contrario?

–No, seguramente.

–Ya tenemos fijado el límite más perfecto, que nuestros magistrados pueden poner al acrecentamiento del estado y de su territorio, el cual no deben traspasar nunca.

–¿Cuál es ese límite?

–Es a mi juicio el dejarle agrandar cuanto pueda ser, pero sin que jamás deje de ser uno con perjuicio de la unidad.

–Muy bien.

–Y así ordenaremos a nuestros magistrados que obren de tal manera, que el estado no parezca grande ni pequeño, sino que debe permanecer en un justo medio y siempre uno.

–Eso no es de mucha importancia.

–De menos es lo que arriba les recomendamos, cuando dijimos que era preciso hacer descender a la condición más humilde al hijo degenerado del guerrero y elevar al rango de los guerreros a los hijos de baja condición, que se hiciesen dignos de ello. Quisimos por este medio hacerles entender, que cada ciudadano solo debe aplicarse a una cosa, aquella para la que ha nacido a fin de que cada particular, ajustándose a la profesión que le conviene, sea uno, para que el estado sea también uno, y no haya ni muchos ciudadanos en un solo ciudadano, ni muchos estados en un solo estado.

–Es cierto que este punto es menos interesante que el primero.

–Todo lo que nosotros les ordenamos aquí, no es tan importante como pudiera imaginarse, no es nada. Interesa solamente observar un punto, el único importante, o más bien el único preciso.

–¿Cuál es?

–La educación de la juventud y de la infancia. Si nuestros ciudadanos son bien educados y se hacen hombres en regla, verán por sí mismos fácilmente la importancia de todos estos puntos y de muchos otros que omitimos aquí, como todo lo relativo a las mujeres, al matrimonio y a la procreación de los hijos; y verán, digo, que según el proverbio, todas las cosas deben de ser comunes entre los amigos.

–Perfectamente bien.

–En un estado todo depende de los principios. Si ha comenzado bien, va siempre agrandando como el círculo. Una buena educación forma un buen carácter; los hijos, siguiendo desde luego los pasos de sus padres, se hacen bien pronto mejores que los que les han precedido, y tienen, entre otras ventajas, la de dar a luz hijos que les superan a ellos mismos en mérito, como sucede con los animales.

–Así debe ser.

–Por tanto, para decirlo todo en dos palabras, los que hayan de estar a la cabeza de nuestro estado vigilarán especialmente para que la educación se mantenga pura y, sobre todo, para que no se haga ninguna innovación ni en la gimnasia ni en la música; y si algún poeta dice:

Los cantos más nuevos son los que más agradan,[69]

69. *Odisea*, I, v. 851.

no se crea que el poeta se refiere a canciones nuevas, sino a una manera nueva de cantar, y por lo mismo no deben aprobar semejantes innovaciones. No debe alabarse ni introducirse alteración ninguna de esta especie. En materia de música han de estar muy prevenidos para no admitir nada, porque corren el riesgo de perderlo todo, o como dice Damon, y yo soy en esto de su dictamen, no se puede tocar a las reglas de la música sin conmover las leyes fundamentales del gobierno.

–Cuéntame entre los que piensan así.

–Nuestros magistrados harán de la música, según mi parecer, la ciudadela del estado.

–Sí, pero el desprecio de las leyes se hace sentir insensiblemente, sin apercibirse de ello.

–Eso es cierto. Al pronto parece que es un juego y que no hay ningún mal que temer.

–En efecto; en un principio no hace más que insinuarse poco a poco y deslizarse suavemente en los hábitos y en las costumbres. Después sigue aumentándose, y se introduce en las relaciones que tienen entre sí los miembros de la sociedad, y desde aquí avanza hasta las leyes y principios de gobierno, que ataca, mi querido Sócrates, con la mayor insolencia; concluyendo por producir la ruina del estado y de los particulares.

–¿Sucede esto?

–Por lo menos así me lo parece. Por consiguiente, ésa será una razón más para someter muy en tiempo los juegos de los niños a la más severa disciplina, porque por poco que ésta llegue a relajarse y que nuestros niños se extravíen en este punto, es imposible que en la edad madura sean virtuosos y sumisos a las leyes.

–¿Cómo podrían serlo?

–Mientras que si los juegos de los niños se someten a regla desde el principio; si el amor al orden entra en su corazón con la música, sucederá, por un efecto contrario, que todo irá de mejor en mejor, de suerte que si la disciplina se relajase en algún punto, ellos mismos la repararían un día.

–Es cierto.

–Ellos mismos restablecerán estas reglas que pasan por minuciosas, y que sus predecesores habrán dejado caer enteramente en desuso.

–¿Cuáles son esas reglas?

–Las siguientes: estar callado delante de los ancianos, levantarse cuando éstos se presentan, cederles siempre el puesto de honor, respetar a los padres, conservar el modo de vestir, de cortarse el pelo y de calzarse, todo lo relativo al cuidado del cuerpo y otras mil cosas semejantes. Todo esto ¿no lo encontrarán por sí mismos?

–Sí.

–Sería una locura hacer leyes sobre tales objetos, pues ya se impongan por escrito o a viva voz, no por eso serían mejor observadas. Por otra parte, ningún legislador ha descendido nunca a semejantes pormenores.

–Es cierto.

–Parece, mi querido Adimanto, que todas estas prácticas son un resultado natural de la educación, porque lo semejante ¿no atrae siempre a su semejante?

–Sin duda.

–Por consiguiente, nuestra conducta concluye por ser muy buena o muy mala, según el punto de partida.

–Así debe ser.

–Por esta razón yo no querría estatuir nada sobre esta clase de cosas.

–Tienes razón.

–Pero, en nombre de los dioses, ¿emprenderemos el formar reglamentos sobre el contrato de compra y venta, los convenios sobre la mano de obra, los insultos, las violencias, los procesos, el establecimiento de los jueces, la imposición o supresión de derechos por la entrada o salida de las mercancías por mar o por tierra, y, en una palabra, sobre todo lo relativo al tráfico, a la ciudad y al puerto?

–No es necesario prescribir nada sobre eso a los hombres de bien; ellos encontrarán por sí mismos sin dificultad los reglamentos que sean precisos.

–Sí, mi querido amigo, si el dios les da el don de conservar en toda su pureza las leyes que nosotros hemos establecido al principio.

Si no, pasarán su vida formando cada día nuevos reglamentos sobre todos estos artículos, los adicionarán haciendo correcciones sobre correcciones, imaginándose siempre que así conseguirán la perfección.

–Es decir, que su conducta se parecerá a la de aquellos enfermos que por intemperancia no quieren renunciar a un género de vida que altera su salud.

–Justamente.

–La conducta de tales enfermos tiene algo de singular. Todos los remedios que toman no hacen más que complicar y empeorar su enfermedad, y sin embargo, esperan siempre la salud de cada remedio que se les aconseja.

–Ese es precisamente su estado.

–¿No es lo más singular en ellos el que consideran como su más mortal enemigo al que les anuncie que si no cesan de comer y beber con exceso y de vivir en el libertinaje y en la desidia, de nada les servirán ni las bebidas, ni el hierro, ni el fuego, ni los encantamientos, ni los amuletos?

–No veo la gracia que tenga el irritarse contra los que nos dan buenos consejos.

–Me parece que no eres partidario muy decidido de esta clase de gentes.

–No, ¡por Zeus!

–Tampoco aprobarás, volviendo a nuestro asunto, un estado que observe una conducta semejante. ¿Qué te parece? ¿No es ésta la conducta que observan los estados mal gobernados, cuando prohiben a los ciudadanos bajo pena de muerte tocar a la constitución, mientras que, por otra parte, el que sabe adular suavemente los vicios del estado, adelantándose a sus deseos, previendo muy en tiempo sus intenciones, y que es bastante hábil para atenderlas, pasa por un ciudadano virtuoso, por un gran político, y se ve colmado de honores?

–Eso mismo hacen precisamente; y estoy muy distante de aprobarlo.

–¿No admiras, sin embargo, el valor y la complacencia de los que se avienen y hasta se apresuran a consagrar todos sus cuidados a tales estados?

–Sí los admiro; pero exceptúo a aquellos que, dejándose engañar por la multitud, se imaginan ser grandes políticos a causa de los aplausos que les prodigan.

–¡Qué! ¿No quieres excusarles? ¿Crees que un hombre que ignora el arte de medir, y a quien la multitud dice que tiene cuatro codos de alto, pueda dejar de creerlo?

–No.

–No te irrites contra nuestros políticos; son las gentes más divertidas del mundo con sus reglamentos, que modifican sin cesar, persuadidos de que remediarán así los abusos que se infiltran en las relaciones de la vida sobre todos los puntos de que he hablado. No pueden imaginarse que realmente no hacen más que cortar las cabezas de una hidra.

Efectivamente, no hacen otra cosa.

–Por lo tanto, no creo que, cualquiera que sea el estado de que se trate, esté bien o mal gobernado, deba un legislador sabio entrar en este pormenor de leyes y de reglamentos; en el uno, porque es inútil y nada se gana con esto; y en el otro, porque están al alcance de cualquiera o se deducen por sí mismos de las leyes ya establecidas.

–¿Qué ley nos corresponde hacer ahora?

–Ninguna. Pero demos a Apolo Délfico el cuidado de hacer las leyes más grandes, más bellas y más importantes.

–¿Cuáles son?

–Las relativas a la construcción de templos, a los sacrificios, al culto de los dioses, a los gremios y a los héroes, a los funerales y a las ceremonias que sirven para aplacar los manes de los muertos. Nosotros no sabemos cómo se deben arreglar estas cosas, y puesto que fundamos un estado, no sería de razón que acudiésemos a otros hombres, ni consultáramos otro intérprete que el del país, y el intérprete natural del país, en materia de religión, es el dios de Delfos, que ha escogido el centro y como el ombligo de la tierra para hacernos saber desde allí sus oráculos.

–Dices bien; sólo a él debemos acudir.

–Hijo de Aristón, nuestro estado está por fin formado. Llama a tu hermano Polemarco y a todos los que aquí se encuentran. Tratad de descubrir juntos, con el auxilio de alguna antorcha, en qué punto residen la justicia y la injusticia, en qué se diferencia la una de la otra, y a cuál de las dos debe uno atenerse para ser sólidamente dichoso, ya pueda o no evitar las miradas de los hombres y de los dioses.

–En vano intentas comprometernos en esta indagación –dijo Glaucón–; porque tú mismo nos has ofrecido hacerlo, al declararte impío si no defendías la justicia con todas tus fuerzas.

–Son mis propias palabras las que me recuerdas. Voy, pues, a hacer lo que he prometido; pero es preciso que me ayudéis.

–Te ayudaremos.

–Me prometo de ese modo encontrar lo que buscamos. Si las leyes que hemos establecido son buenas, nuestro estado debe ser perfecto.

–Sin duda.

–Por lo tanto, es claro que nuestro estado es prudente, fuerte, templado y justo.

–Es evidente.

–Si descubrimos cualquiera de estas cualidades en él, lo que queda será lo que no hayamos descubierto.

–Sin contradicción.

–Si de las cuatro cosas buscamos una y se nos muestra desde luego, limitaremos a ella nuestras indagaciones; y si conociésemos de igual modo las tres primeras, conoceríamos también la cuarta, que sería evidentemente la que quedaba por encontrar.

–Tienes razón.

–Apliquemos, pues, este método a nuestra indagación, puesto que las virtudes de que se trata, son cuatro.

–Apliquémoslo.

–No es difícil, en primer lugar, descubrir la prudencia; pero encuentro algo de singular con relación a ella.

–¿Qué?

–La prudencia reina en nuestro estado, porque el buen consejo reina en él: ¿no es así?

–Sí.

–No es menos claro que la ciencia preside a este buen consejo, puesto que no es la ignorancia sino la ciencia la que enseña a dictar medidas justas.

–Eso es claro.

–Pero hay en nuestro estado ciencias de todas clases.

–Sin duda.

–¿Es debido a la ciencia de los arquitectos el que el estado sea prudente y sabio en sus consejos?

–No es debido a esa ciencia, porque el elogio recaería sobre el arte de la arquitectura.

–Tampoco se llamará prudente al estado cuando delibere sobre la manera de hacer excelentes obras de carpintería según las reglas de este oficio.

–No.

–Ni cuando delibere sobre las obras de bronce o cualquier otro metal.

–De ninguna manera.

–Ni cuando se trate de la producción de los bienes de la tierra, porque esto corresponde a la agricultura.

–Sin duda.

–¿Hay en el estado, que acabamos de formar, una ciencia que resida en algunos de sus miembros y cuyo fin es deliberar, no sobre alguna parte del estado, sino sobre el estado todo y sobre su gobierno, tanto interior como exterior?

–Sin duda, la hay.

–¿Qué ciencia es ésta y en quién reside?

–Es la que tiene por objeto la conservación del estado, y reside en aquellos magistrados que están encargados de su guarda.

–Con relación a esta ciencia, ¿cómo llamas a nuestro estado?

–Verdaderamente prudente y sabio en sus consejos.

–¿Crees que haya entre nosotros más excelentes herreros que excelentes magistrados?

–Muchos más herreros.

–En general, de todos los cuerpos que toman su nombre de la profesión que ejercen, ¿no será el cuerpo de los magistrados el menos numeroso?

–Sí.

–Por consiguiente, todo estado, organizado naturalmente, debe su prudencia a la ciencia que reside en la más pequeña parte de él mismo; es decir, en aquellos que están a la cabeza y que mandan. Y al parecer, la naturaleza produce en mucho menos número los hombres a quienes toca consagrarse a esta ciencia; ciencia que es, entre todas las demás, la única que merece el nombre de prudencia.

–Es muy cierto.

–No sé por qué especie de fortuna hemos encontrado esta cosa, primera de las cuatro que buscábamos, así como el punto de la sociedad en que reside.

–Me parece suficientemente indicada.

–En cuanto al valor, no es difícil descubrirlo, así como el cuerpo en que reside, y que obliga a dar al estado el nombre de valeroso.

–¿Cómo?

–¿Hay otro medio de asegurarse de si un estado es cobarde o animoso, que examinar el carácter de los que están encargados de su defensa?

–No.

–Porque de que los demás ciudadanos sean cobardes o valientes, nada se puede deducir con relación al estado.

–No.

–El estado es valiente mediante aquella parte de él mismo en la que reside cierta virtud que conserva en todo tiempo, respecto de las cosas temibles, la idea que ha recibido del legislador en su educación. ¿No es ésta, en efecto, la definición del valor?

–No he comprendido bien lo que acabas de decir. Explícalo más.

–Digo que la fortaleza es una especie de conservación.

–¿De qué?

–De la idea que las leyes nos han dado por medio de la educación, tocante a las cosas que son de temer. Digo en todo tiempo, porque, en efecto, el valor conserva siempre esta idea; y no la pierde jamás de vista, ni en el dolor, ni en el placer, ni en los deseos, ni en el temor. Voy, si quieres, a explicarte esto con una comparación.

–Me alegro.

–¿Sabes la manera cómo se arreglan los tintoreros cuando quieren teñir la lana de púrpura? Entre las lanas de toda clase de colores escogen la blanca, la preparan en seguida con el mayor cuidado, a fin de que tome mejor el color de que se trata, y después de esto, la tiñen. Esta clase de tintura no se borra; y la tela, ya se la lave simplemente o ya se la jabone, no pierde su brillantez; mientras que, si la lana que se intenta teñir, tiene ya otro color, o si se sirve de la blanca sin la conveniente preparación, ya sabes lo que sucede.

–Sí, ni el color dura, ni tiene brillantez.

–Imagínate ahora, que nosotros nos hemos esforzado para hacer lo mismo, escogiendo nuestros guerreros con las mayores precauciones y preparándolos mediante la música y la gimnasia. Nuestra intención al obrar así, es que tomen una tintura sólida de las leyes; que su alma, bien nacida y bien educada, se penetre de tal manera de la idea de las cosas que son de temer, lo mismo que de todas las demás, que ninguna clase de loción pueda borrarla; ni la del placer, que para este efecto tiene otra virtud distinta que la cal y los lavados, ni el dolor, ni el temor, ni el deseo. Esta idea justa y legítima de lo que es de temer y de lo que no lo es; esta idea, que nada puede borrar, es a lo que yo llamo valor. Dime ahora si eres de la misma opinión.

–Sí; porque me parece que darás a esta idea un nombre distinto del de valor si no es fruto de la educación, si tiene un carácter brutal y servil; entonces no la considerarás como legítima.

–Dices verdad.

–Por tanto, admito tu definición del valor.

–Admite igualmente que es una virtud política, y no te engañarás. En otra ocasión hablaremos más por extenso sobre este punto, si te parece bien. Por ahora ya hemos dicho lo bastante, porque no es la fortaleza la que buscamos, sino la justicia.

–Tienes razón.

–Aún nos restan dos cosas que descubrir en nuestro estado; la templanza, y después la justicia, que es el objeto principal de nuestras indagaciones.

–Muy bien.

–¿Cómo haremos para encontrar directamente la justicia sin tomarnos antes el trabajo de indagar qué sea la templanza?

–Yo no lo sé; pero no me gustaría que se nos mostrara aquélla la primera, porque entonces no nos tomaríamos el trabajo de examinar lo que es la templanza. Y así te agradecería que comenzaras por ésta.

–Haría yo mal en no consentir en ello.

–Comienza, pues, el examen.

–Es lo que voy hacer. A lo que yo puedo alcanzar, esta virtud consiste en cierto acuerdo y en cierta armonía, que la distingue de las precedentes.

–¿Cómo?

–La templanza no es otra cosa que un cierto orden, un freno que el hombre pone a sus placeres y a sus pasiones. De aquí viene probablemente esta expresión, que no entiendo bastante bien: ser dueño de sí mismo; y algunas otras semejantes, que son, por decirlo así, vestigios de esta virtud. ¿No es así?

–Sí, seguramente.

–Esta expresión, dueño de sí mismo, tomada a la letra, ¿no es ridícula? ¿No sería en este caso el mismo hombre dueño y esclavo de sí mismo, puesto que esta expresión se refiere a la misma persona?

–Sin duda.

–He aquí, a mi parecer, el sentido en que debe tomarse. Hay en el alma del hombre dos partes: una superior y otra inferior. Cuando la parte superior manda a la inferior, se dice del hombre que es dueño de sí mismo, y es un elogio. Pero cuando, por falta de educación o por cualquiera mal hábito, la parte inferior impera sobre la superior, se dice del hombre que es desarreglado y esclavo de sí mismo, lo cual se tiene por vituperable.

–Esa explicación me parece exacta.

–Echa ahora una mirada sobre nuestro nuevo estado, y verás que puede decirse con razón de él que es dueño de sí mismo, si es cierto que debe llamarse templado y dueño de sí propio a todo hombre, a todo estado, en el que la parte más estimable manda a la que lo es menos.

–Ya miro y encuentro que dices verdad.

–Sin embargo, no quiere decir esto que no se encuentren en él pasiones sin número y de todas clases, lo mismo que placeres y penas en las mujeres, en los esclavos, y hasta en la mayor parte de los que se dicen ser de condición libre y que valen poca cosa.

–Se encuentran, sin duda.

–Pero con respecto a los sentimientos sencillos y moderados, fundados sobre opiniones exactas y gobernados por la razón, sólo se encuentran en un pequeño número de personas, que unen a un excelente natural una excelente educación.

–Es cierto.

–Pero ¿no ves al mismo tiempo que en nuestro estado los deseos y las pasiones de la multitud, que es la parte inferior, serán arreglados y moderados por la prudencia y la voluntad del pequeño número, que es el de los sabios?

–Lo veo.

–Si de alguna sociedad puede decirse que es dueña de sí misma, de sus placeres y de sus pasiones, es preciso decirlo de ésta.

–Sin duda.

–Y que por esta razón es templada; ¿no es así?

–Sí.

–Y si hay alguna sociedad, en la que los magistrados y los súbditos tengan la misma opinión acerca de los que deben mandar, es seguramente la nuestra. ¿Qué te parece?

–No dudo de eso.

–Cuando los miembros de la sociedad están así de acuerdo, ¿en quiénes dirás que reside la templanza, en los que mandan o en los que obedecen?

–En unos y en otros.

–Ya ves cuán fundada era nuestra conjetura, cuando comparábamos la templanza con una cierta armonía.

–¿Por qué razón?

–Porque no sucede con ella lo que con la prudencia y la fortaleza, puesto que encontrándose cada una de éstas sólo en una parte del estado, hacen, sin embargo, que el estado entero sea prudente y valiente; mientras que la templanza está derramada por todos los miembros del estado, desde los de más baja condición hasta los de la más alta, entre los cuales establece la templanza un acuerdo perfecto bajo el punto de vista de la prudencia, de la fortaleza, del número, de las riquezas de los ciudadanos o de cualquier otra cosa. De manera que puede decirse con razón que la templanza consiste en este buen acuerdo, y que es una armonía establecida por la naturaleza entre la parte superior y la parte inferior de una sociedad o de un particular, para decidir cuál es la parte que debe mandar a la otra.

–Soy decididamente de tu dictamen.

–Ya hemos encontrado, a mi parecer, lo que hace que sea nuestra república prudente, fuerte, templada. Quédanos ahora por descubrir lo que debe completar su virtud, y que es claro que tiene que ser la justicia

–Eso es evidente.

–Hagamos como los cazadores, mi querido Glaucón, averigüemos el punto donde la justicia debe encontrarse, tomemos todas las medidas para impedir que se escape y desaparezca a nuestros ojos. En verdad, debe de estar en algún punto. Mira, y avísame si la ves primero.

–Pluguiera a los dioses, pero no será así: bastante haré si puedo seguirte, y percibir las cosas a medida que me las muestres.

–Invoquemos a los dioses y sígueme.

–Es lo que voy a hacer. Marcha tú delante.

–El lugar me parece oscuro, embarazoso y de difícil acceso. Sin embargo, avancemos.

–Pues adelante.

Después de haber mirado por algún tiempo:

–Buena nueva, mi querido Glaucón –exclamé yo–. Me parece que sigo la pista, y creo que no se nos escape la justicia.

–¡Dichosa nueva!

–En verdad que lo mismo tú que yo somos bien poco perspicaces.

–¿Por qué?

–Hace mucho tiempo, mi querido amigo, que la tenemos a nuestros pies, y no la habíamos visto. Merecemos que se rían de nosotros como de los que buscan lo que tienen entre manos. Fijamos nuestras miradas allá lejos, en lugar de mirar cerca de nosotros, que es donde está. Quizás es ésta la causa de habérsenos ocultado por tanto tiempo.

–¿Qué dices?

–Digo que ha mucho tiempo que hablamos de la justicia sin fijar nuestra atención en que es de ella de la que hablamos.

–Me haces sufrir con ese largo preámbulo.

–Pues bien, escucha y ve si tengo razón. Lo que estatuimos al principio, cuando fundamos nuestro estado, como un deber universal e indispensable, es la justicia misma o, por lo menos, algo que se le parece. Dijimos y hemos repetido muchas veces, si te acuerdas, que cada ciudadano no debe tener más que un oficio, aquel para el que desde su nacimiento ha descubierto mejores disposiciones.

–Eso es lo que dijimos.

–Pero hemos oído decir a otros, y nosotros mismos lo hemos repetido muchas veces, que la justicia consiste en ocuparse únicamente en sus negocios sin mezclarse para nada en los de otro.

–Así lo hemos dicho.

–Entonces, mi querido amigo, me parece que la justicia consiste en que cada uno haga lo que tiene obligación de hacer. ¿Sabes lo que me induce a creerlo?

–No, dilo.

–Me parece que después de la templanza, de la fortaleza y de la prudencia, lo que nos falta examinar en nuestra república debe ser el principio mismo de estas tres virtudes, lo que las produce y, después de producidas, las conserva mientras subsiste en ellas. Ya dijimos que si encontrábamos estas tres virtudes, lo que quedara, puestas éstas aparte, sería la justicia.

–Precisamente tiene que ser ella.

–Si nos viéramos en la necesidad de decidir qué es lo que contribuirá más a hacer nuestro estado perfecto, si la concordia entre los magistrados y los ciudadanos, o la idea legítima e inquebrantable en nuestros guerreros de lo que debe temerse y de lo que no debe temerse, o la prudencia y la vigilancia de los que gobiernan, o, en fin, esta virtud mediante la que todos los ciudadanos, mujeres, niños, hombres libres, esclavos, artesanos, magistrados y súbditos, se limitan cada uno a su oficio sin mezclarse en los demás, nos sería difícil dar nuestro fallo.

–Muy difícil.

–Y así esta virtud que contiene a cada uno en los límites de su propia tarea, no contribuye menos a la perfección de la sociedad civil, que la prudencia, la fortaleza y la templanza.

–No.

–Y esta virtud, que unida a las demás asegura el bien del estado, ¿no es la justicia?

–Seguramente, no es otra cosa.

–Asegurémonos de esta verdad por otro camino. Los magistrados en nuestro estado ¿no han de estar encargados de dar sus fallos sobre las diferencias de los particulares?

–Sin duda.

–¿Y qué otro fin pueden proponerse en sus juicios, sino el impedir que nadie se apodere de los bienes ajenos, ni tampoco que se le prive de los suyos propios?

–Ningún otro.

–¿Y esto no es así, porque es justo?

–Sí.

–Luego ésta es una prueba más de que la justicia asegura a cada uno la posesión de lo que le pertenece y el ejercicio libre del empleo que le conviene.

–Es cierto.

–Mira si eres tú del mismo dictamen que yo. Que el carpintero se injiera en el oficio del zapatero o el zapatero en el del carpintero; que cambien sus instrumentos y el salario que reciban o que el mismo hombre desempeñe los dos oficios a la vez; ¿crees tú que este desorden cause un gran mal a la sociedad?

–No.

–Pero si el que la naturaleza ha destinado a ser artesano o mercenario, ensoberbecido con sus riquezas su crédito, su fuerza o cualquiera otra ventaja semejante, se injiriese en el oficio del guerrero, o el guerrero en las funciones del magistrado, sin capacidad para ello; si hiciesen un cambio con los instrumentos propios de su oficio y con las ventajas que van unidas a ellos, o si un mismo hombre quisiese desempeñar a la vez estos oficios diferentes, entonces creo yo, y tú indudablemente creerás conmigo, que semejante trastorno y tal confusión producirían infaliblemente la ruina de la sociedad.

–Infaliblemente.

–La confusión y mezcla de estos tres órdenes de funciones es por tanto el acontecimiento más funesto que puede tener lugar en un estado. Puede decirse que es un verdadero crimen.

–Es cierto.

–Y bien, ¿no es la injusticia el más grande, el verdadero crimen contra el estado?

–Sí.

–En esto, pues, consiste la injusticia. De donde se sigue que cuando cada uno de los órdenes del estado, el de los mercenarios, el de los guerreros y el de los magistrados, se mantiene en los límites de su oficio y no los traspasa, esto debe ser lo contrario de la injusticia; es decir, la justicia, y lo que hace que una República sea justa.

–Me parece que no puede ser de otra manera.

–No lo afirmemos aún. Veamos antes si lo que acabamos de decir de la justicia considerada en el estado, puede aplicarse a cada hombre en particular, porque ¿qué más podemos exigir? En el caso contrario, será preciso encaminar nuestras indagaciones en otra dirección. Pero en este momento procuremos dar fin y cabo a la indagación que hemos emprendido en la seguridad de que nos sería más fácil conocer cuál es la naturaleza de la justicia en el hombre, si ensayábamos antes contemplarla y encontrarla en un modelo más grande. Hemos creído que un estado nos ofrecía el modelo que deseábamos, y sobre este fundamento hemos formado uno, el más perfecto que nos ha sido posible, porque sabíamos bien que la justicia habría de encontrarse necesariamente en un estado bien constituido. Traslademos a nuestro pequeño modelo, es decir, al hombre, lo que hemos descubierto en el grande, y si en el uno corresponde todo al otro, las cosas marcharán bien. Si hay en el hombre algo que no convenga a nuestro gran modelo, repetiremos el ensayo, y comparándole de nuevo con el hombre, frotando el uno con el otro, por decirlo así, haremos salir la justicia como sale la chispa del pedernal, y a la claridad que arroje la reconoceremos sin temor de engañarnos.

–Así procederemos con método, y creo que no se puede obrar de otra manera.

–Cuando se dice de dos cosas, de las cuales una es más grande y otra más pequeña, que son la misma cosa, ¿son o no semejantes en razón de lo que hace que se diga que son una misma cosa?

–Son semejantes.

–Luego el hombre justo, en tanto que justo, no se diferenciará en nada de un estado justo, sino que sera perfectamente semejante a él.

–Sí.

–Pero ya hemos hecho ver que nuestro estado es justo, porque cada uno de los tres órdenes que le componen obra conforme a su naturaleza y a su destino; y hemos visto también que participa de ciertas cualidades y disposiciones de estos tres órdenes por su prudencia, su valor y su templanza.

–Es cierto.

–Luego si encontramos en el alma del hombre tres partes, que respondan a los tres órdenes del estado, y entre los cuales haya la misma subordinación, daremos a estas tres partes los mismos nombres que hemos dado a los tres órdenes del estado.

–No podremos menos de hacerlo así.

–Aquí nos tienes envueltos, mi querido amigo, en una cuestión bien embarazosa respecto al alma. Se trata de saber si tiene o no en sí las tres partes de que acabamos de hablar.

–No es tan fácil, según creo, porque al parecer, Sócrates, el proverbio tiene razón: lo bello es difícil de realizar.

–Pienso como tú; pero ten entendido, Glaucón, que si continuamos aplicando el mismo método, nos será imposible descubrir lo que buscamos. El camino que debe conducirnos al término, es mucho más largo y mucho más complicado. Sin embargo, este método puede darnos aún una solución que convenga a nuestra discusión y a lo que hemos dicho hasta ahora.

–Me parece que eso que dices debe bastar por el momento.

–Sea así; yo me daré también por satisfecho.

–Entra, pues, en materia y no te desanimes.

–¿No debemos necesariamente convenir en que el carácter y las costumbres de un estado se encuentran en cada uno de los individuos que le componen, puesto que sólo por medio de ellos han podido pasar al estado? En efecto, sería ridículo creer que ese carácter ardiente e indómito atribuido a ciertas naciones, como a los tracios, a los escitas y en general a los pueblos del norte, o ese espíritu curioso y ávido de ciencia que con razón se puede atribuir a nuestra nación, o en fin, ese espíritu de interés, que caracteriza a los fenicios y a los egipcios, tengan su origen en otra parte que en los particulares que componen cada una de estas naciones.

–Sin duda.

–Esto es muy cierto y no ofrece ninguna dificultad.

–No.

–Lo verdaderamente difícil es decidir si nosotros obramos en virtud de tres principios diferentes, o si es un mismo principio el que en nosotros conoce, el que se irrita, el que se deja llevar del placer que va unido a la alimentación o a la conservación de la especie y a los demás placeres de la misma naturaleza. ¿Es el alma toda o es sólo una parte de ella la que produce en nosotros cada uno de estos efectos? He aquí lo que es difícil explicar de una manera satisfactoria.

–Convengo en ello.

–Ensayemos decidir por este camino si hay en el alma tres principios distintos o un solo y mismo principio.

–¿Por qué camino?

–Es cierto que el mismo sujeto no es capaz, al mismo tiempo y con respecto al mismo objeto, de acciones y pasiones contrarias. Y así, si encontramos en el alma algo semejante a esto, concluiremos con toda certidumbre que hay en ella tres principios distintos.

–Muy bien.

–Fíjate en lo que te voy a decir.

–Habla.

–La misma cosa, considerada bajo la misma relación, ¿puede estar al mismo tiempo en movimiento y en reposo?

–No.

–Asegurémonos más de esto para no vernos después embarazados. Si alguno nos objetase que un hombre, puesto en pie y que sólo mueve las manos y la cabeza, está a la vez en reposo y en movimiento, le contestaríamos que no hablaba con exactitud, y que lo que debe decirse es que una parte de su cuerpo se mueve, mientras que la otra está en reposo; ¿no es así?

–Sí.

–Si para dar muestras de sutileza sostuviese que la peonza o cualquiera otro de los cuerpos que giran sobre su eje sin mudar de sitio, está a la vez toda ella en reposo y en movimiento, nosotros no confesaríamos que estos cuerpos estén a la vez en reposo y en movimiento bajo la misma relación. Diríamos que es preciso distinguir en ellos dos cosas, el eje y la circunferencia; que respecto de su eje están en reposo, puesto que éste no se inclina a ningún lado; pero que, respecto de su circunferencia, se mueve con un movimiento circular; y que si el eje llegara a inclinarse a la derecha o a izquierda, hacia adelante o hacia atrás, entonces sería absolutamente falso el decir que estos cuerpos estaban en reposo.

–Esa sería una respuesta oportuna.

–No debemos detenernos por esta clase de dificultades, porque nunca nos convencerán de que la misma cosa, mirada bajo la misma relación, sea al mismo tiempo susceptible de acciones y de pasiones contrarias.

–Jamás me persuadiré de ello.

–Sin embargo, para no detenernos mucho en enumerar todas estas objeciones y en demostrar su falsedad, pasemos adelante suponiendo cierto el principio de que hablamos. Convengamos tan sólo en que, si después se demostrase que era falso, todas las conclusiones, que hubiéremos deducido, serán nulas.

–Es el mejor partido que debe tomarse.

–Dime ahora; ¿mostrar que se quiere una cosa y que no se quiere, tender hacia un objeto y alejarse de él, atraerle a sí y rechazarle, son cosas opuestas, sean acciones o pasiones?

–Son cosas opuestas.

–El hambre, la sed y, en general, los apetitos naturales, el deseo, la voluntad, todo esto, ¿no está comprendido en el género de las cosas de que acabamos de hablar? Por ejemplo, ¿no se dirá de un hombre que tiene algún deseo, que su alma tiende a lo que ella desea, que atrae a sí la cosa que ella querría tener, y que en tanto que desea que se le dé una cosa, da señales de que la quiere, como si se le preguntase, anticipándose ella misma en cierto modo al cumplimiento de su deseo?

–Sí.

–No querer, no anhelar, no desear, ¿no es lo mismo que rechazar y alejar de sí? Y estas operaciones del alma, ¿no son contrarias a las precedentes?

–Sin contradicción.

–Sentado esto, ¿no tenemos apetitos naturales, y sobre todo, dos que están más a la vista, que son el hambre y la sed?

–Sí.

–¿No tienen por objeto el uno el beber y el otro el comer?

–Sin duda.

–La sed, en tanto que sed, ¿es otra cosa en el alma que el solo deseo de beber? En otros términos, la sed en sí ¿tiene por objeto una bebida caliente o fría, en grande o en pequeña cantidad, y en general tal o cual bebida? ¿O no es cierto más bien que si se une a la sed el calor, este calor añade al deseo de beber el de beber frío; que si se le une el frío, este frío añade al deseo de beber el de beber caliente; que si la sed es grande, se quiere beber mucho, y si es pequeña, se quiere beber poco; mientras que la sed en sí misma no es otra cosa que el deseo de la bebida que es su objeto propio, como el comer es el objeto del hambre?

–Es cierto.

–Cada deseo, considerado en sí mismo se dirige a su objeto considerado también en sí mismo y las cualidades accidentales son las que, uniéndose a cada deseo, hacen que se dirija hacia tal o cual modificación de su objeto. No nos dejemos alucinar por la objeción siguiente: nadie desea meramente la bebida, sino una buena bebida; ni meramente la comida, sino una buena comida, porque todos desean las cosas buenas; por tanto, si la sed es un deseo, es el deseo de algo bueno, cualquiera que sea su objeto, sea la bebida, sea otra cosa; y lo mismo sucede con los demás deseos.

–Esta objeción, sin embargo, parece que es de alguna importancia.

–Pero ten en cuenta que las cosas que tienen alguna relación con otras, se refieren a tal o cual otra cosa, como resultado de esta misma relación, a lo que me parece; y que, por el contrario, tomada cada cosa en sí, sólo se refiere a sí misma.

–No entiendo lo que dices.

–¡Qué! ¿No crees que lo que es más grande no lo es sino a causa de la relación que tiene con una cosa más pequeña?

–Lo entiendo.

–Y si es mucho más grande, lo es con relación a una cosa mucho más pequeña. ¿No es cierto?

–Sí.

–¿Y que si ha sido o que si algún día ha de ser más grande es con relación a una cosa, que ha sido o que será más pequeña?

–Sin duda.

–En la misma forma, lo más tiene relación con lo menos, lo doble con la mitad; lo más pesado con lo más ligero, lo más rápido con lo más lento, lo caliente con lo frío, y así de lo demás. ¿No es esto lo que he querido decir?

–Sí.

–Lo mismo sucede respecto de las ciencias. La ciencia en sí tiene por objeto todo lo que puede o debe ser conocido, sea lo que sea; pero una ciencia particular tiene por objeto tal o cual conocimiento. Por ejemplo, cuando se inventó la ciencia de construir las casas, ¿no se le dio el nombre de arquitectura, para distinguirla de las otras ciencias?

–Es cierto.

–¿Y de dónde procedía esta distinción sino de que esta ciencia especial en nada se parecía a ninguna otra?

–Convengo en ello.

–¿Y por qué era así, repito, sino porque tenía tal objeto particular? Lo mismo digo de las demás artes y de las demás ciencias.

–Así es la verdad.

–Ya comprendes ahora sin duda alguna cuál era mi pensamiento cuando decía que las cosas tomadas en sí mismas se refieren a sí mismas; y que teniendo tal o cual relación con un objeto, se refieren a este objeto. Por lo demás, no quiero decir por esto que una cosa sea tal como su objeto; que, por ejemplo, la ciencia de las cosas que sirven o dañan a la salud sea sana o enferma, ni que la ciencia del bien y del mal sea buena o mala; lo único que pretendo es que, puesto que la ciencia del médico no tiene el mismo objeto que la ciencia en general, sino que tiene uno determinado, es decir, lo que es útil o dañoso a la salud, esta ciencia resulta así también determinada, lo que hace que no se le dé simplemente el nombre de ciencia, sino el de medicina, caracterizándola por su objeto.

–Comprendo tu pensamiento, y le tengo por verdadero.

–¿No incluyes la sed en el número de las cosas que tienen relación con otras, y que se refiere a alguna cosa?

–Sí, a la bebida.

–De manera que tal sed tiene relación con tal bebida, mientras que la sed en sí no es la sed de una tal bebida buena o mala, en grande o en pequeña cantidad, sino simplemente de la bebida.

–Sin duda.

–Por consiguiente, el alma de un hombre que meramente tiene sed no desea otra cosa que beber. Esto es lo que quiere y esto es lo único a que se dirige.

–Es evidente.

–Y así, cuando busca la bebida y hay algo que le separa de su propósito, es imposible que sea el mismo principio el que le obliga a abstenerse y el que le excita a la sed y le arrastra como una bestia hacia la bebida. Porque ya dijimos, que un mismo principio no puede producir dos efectos opuestos con relación al mismo objeto.

–Eso no puede ser.

–Lo mismo que no habría razón para decir, a mi juicio, de un arquero, que con sus dos manos atrae el arco hacia sí y le rechaza al mismo tiempo, sino que debe decirse, que atrae el arco hacia sí con una mano y le rechaza con la otra.

–Muy bien.

–¿No hay personas que tienen sed y no quieren beber?

–Se encuentran muchas veces y en gran número.

–¿Qué puede pensarse de tales personas, sino que hay en su alma un principio, que les ordena beber, y otro que se lo prohibe y que puede más que el primero? Yo así lo pienso. Este principio que les prohibe beber ¿no es la razón? El que los lleva y los arrastra a ello, ¿no es un resultado de la enfermedad o de una cierta disposición?

–Sí.

–Tenemos, pues, derecho para decir que son estos principios distintos, y para llamar razón a esta parte de nuestra alma, que es el principio del razonamiento, y apetito sensitivo, privado de razón, amigo de los goces y de los placeres, a esta otra parte del alma, que es el principio del amor, del hambre, de la sed y de los demás deseos.

–Tenemos razón para considerarlos como diferentes.

–Sentemos como cierto que estos dos principios se encuentran en nuestra alma. Pero lo que causa en nosotros la cólera y el valor, ¿es un tercer principio, o será de la misma naturaleza que los otros dos?

–Quizá pertenece al apetito sensitivo.

–Me contaron una cosa que tengo por verdadera, y es la siguiente: Leoncio, hijo de Aglaión, volviendo un día del Pireo, percibió de lejos, a lo largo de la muralla septentrional, unos cadáveres tendidos en el lugar destinado a las ejecuciones de los reos, y sintió a la vez un deseo violento de aproximarse para verlos y un temor mezclado de aversión a la vista de cuadro semejante. Al pronto resistió y se tapó la cara, pero cediendo al fin a la violencia de su deseo, se dirigió hacia los cadáveres, y abriendo los ojos cuanto pudo, exclamó: "¡Y bien, desgraciados, gozad anchamente de tan magnífico espectáculo!"

–He oído referir lo mismo.

–Este suceso nos hace ver que la cólera se opone algunas veces en nosotros al deseo, y por consiguiente que es una cosa distinta.

–Es cierto.

–¿No observamos también en muchas ocasiones, que cuando uno es arrastrado por sus deseos a pesar de la razón, se dirige cargos a sí mismo, se irrita contra lo que le hace violencia interiormente, y que en esta especie de discordia, el valor se pone de parte de la razón? ¿No has experimentado en ti mismo y observado en los demás, que la cólera jamás se pone de parte del deseo, cuando la razón decide que nada debe hacerse?

–Seguramente.

–¿No es cierto que cuando se cree no tener razón, se nota más generosidad en los sentimientos y menos motivo para enfadarse, aun en medio de los sufrimientos que otro nos proporcione, como el hambre, la sed, o cualquier otro mal tratamiento, cuando se cree que tiene razón para conducirse de esta manera, y contra el cual, para decirlo de una vez, la cólera no puede despertarse?

–Nada más cierto.

–Pero si estamos persuadidos de que se comete con nosotros una injusticia, ¿no se inflama entonces nuestra cólera, y no se inclina del lado de lo que nos parece justo? En lugar de dejarse dominar por el hambre, el frío o cualquier otro mal tratamiento, ¿no intenta sobreponerse a todo? ¿Cesa ni un solo momento de hacer esfuerzos generosos hasta que ha obtenido satisfacción, o la muerte le ha quitado el poder, o la razón, siempre presente en nosotros, le ha apaciguado y dulcificado como un pastor tranquiliza a su perro?

–Esa comparación es tanto más justa, cuanto que, como hemos dicho, los guerreros en nuestro estado deben estar sometidos a los magistrados, como los perros están a los pastores.

–Comprendes muy bien lo que quiero decir. Pero he aquí una reflexión que te suplico me oigas.

–¿Qué reflexión?

–Que la cólera nos parece ahora una cosa distinta de como la entendimos al principio. Pensábamos que era parte del apetito sensitivo, y ahora estamos muy distantes de pensarlo así, y vemos que cuando se suscita en el alma alguna rebelión, la cólera toma siempre las armas en favor de la razón.

–Es cierto.

–¿Y es diferente de la razón o tiene algo de común con ella, de suerte que no haya en el alma más que dos partes, la razonable y la concupiscible? O más bien, así como nuestro estado se compone de tres órdenes, mercenarios, guerreros y magistrados, ¿el apetito irascible entra también en el alma como un tercer principio, cuyo destino es secundar la razón siempre que no haya sido corrompido por una mala educación?

–Necesariamente es un tercer principio.

–Muy bien. Pero necesitamos demostrar que es distinto de la razón, como hemos demostrado que es distinto del apetito sensitivo.

–Eso no es difícil. Vemos que los niños, apenas salen al mundo, están ya sujetos a la cólera, y que para algunos nunca luce la razón, y en la mayor parte muy tarde.

–Dices muy bien. También puede servir de prueba lo que pasa con los animales. Y asimismo podemos traer a colación el testimonio de Homero citado más arriba:

Odiseo, golpeándose el pecho, reprende así a su alma.[70]

Es evidente que Homero presenta aquí dos principios distintos: de una parte, la razón que reprende al valor, después de haber reflexionado sobre lo que conviene hacer o no hacer; de otra, el valor irracional.

–Perfectamente dicho.

–En fin, hemos llegado, aunque con gran dificultad, a mostrar claramente que hay en el alma del hombre tres principios, que responden a los tres órdenes del estado.

–Es cierto.

–¿No es ahora necesario que el particular sea prudente de la misma manera y en la misma forma que el estado?

–Sí.

–¿Que el particular sea valiente de la misma manera y por el mismo camino que el estado? En una palabra, que todo lo que contribuye a la virtud, se encuentre lo mismo en uno que en otro.

–Sin duda.

–Por tanto, mi querido Glaucón, diremos que lo que hace al estado justo, hace igualmente justo al particular.

–Esa es una consecuencia necesaria.

–No hemos olvidado que el estado es justo, cuando cada uno de los tres órdenes que le componen hace únicamente lo que es de su deber.

70. *Odisea*, XX, v. 17.

–No creo que lo hayamos olvidado.

–Acordémonos de que cada uno de nosotros será justo y cumplirá su deber, cuando cada una de las partes de sí mismo realice su tarea.

–Sí; es preciso no olvidarlo.

–¿No pertenece a la razón mandar, puesto que en ella es donde reside la prudencia, y que a ella toca también la inspección sobre toda el alma? ¿Y no toca a la cólera obedecerla y secundarla?

–Sí.

–¿Y cómo se podrá mantener un perfecto acuerdo entre estas dos partes sino mediante esa mezcla de la música y de la gimnasia de que hablamos más arriba, y cuyo efecto será, de una parte, nutrir y fortificar la razón con buenos preceptos y con el estudio de las ciencias, y de otra, dulcificar y apaciguar el valor por el encanto de la medida y de la armonía?

–Yo no veo otro medio.

–Estas dos partes del alma, así educadas e instruidas en su deber, gobernarán el apetito sensitivo, que ocupa la mayor parte de nuestra alma y que es insaciable por su naturaleza. Tendrán buen cuidado de que, después de haberse aumentado y fortificado con el goce de los placeres del cuerpo, no salga de los límites de su deber y no pretenda arrogarse sobre el alma una autoridad, que no le pertenece, y que produciría en el conjunto un extraño desorden.

–Sin duda.

–En caso de un ataque exterior, tomarán las mejores medidas para la seguridad del alma y del cuerpo. La razón deliberará; la cólera combatirá y, secundada por el valor, ejecutará las órdenes de la razón.

–Muy bien.

–El hombre merece el nombre de valiente cuando esta parte de su alma, donde reside la cólera, sigue constantemente en medio de los placeres y de las penas las órdenes de la razón sobre lo que es o no es de temer.

–Sí.

–Es prudente mediante esta pequeña parte de su alma, que manda y da órdenes, y que es la única que sabe lo que es útil a cada una de las otras tres partes y a todas juntas.

–Es cierto.

–¿Y no es también templada mediante la amistad y la armonía que reinan entre la parte que manda y las que obedecen, cuando estas dos últimas están de acuerdo en que a la razón corresponde mandar y que no debe disputársele la autoridad?

–La templanza no puede tener otro principio, sea en el estado, sea en el particular.

–En fin, mediante todo lo que hemos dicho repetidas veces, será también justo.

–Sin contradicción.

–¿Hay por ahora algo que nos impida reconocer que la justicia en el individuo es la misma que en el estado?

–No lo creo.

–Si en este punto nos quedase alguna duda, la haríamos desaparecer atendiendo a los absurdos que de lo contrario se seguirían.

–¿Cuáles?

–Por ejemplo; si respecto de nuestro estado y del individuo formado sobre este modelo por la naturaleza y por la educación, se tratase de examinar si este hombre podría convertir en su provecho un depósito de oro o de plata; ¿crees que nadie le supondría capaz de un hecho semejante, sino aquellos que no están como él formados según el modelo de un estado justo?

–No lo pienso.

–¿No será asimismo incapaz de robar los templos, dilapidar y hacer traición al estado o a sus amigos?

–Sí.

–¿De faltar en manera alguna a sus juramentos y a sus promesas?

–Sin duda

–El adulterio, la falta de respeto para con sus padres y de veneración para con los dioses: he aquí faltas de las que será menos capaz que otro cualquiera.

–Sí.

–La causa de todo esto ¿no es la subordinación establecida entre las partes de su alma y la aplicación de cada una de ellas a cumplir sus deberes?

–No puede ser otra.

–Pero ¿conoces tú alguna otra virtud, que no sea la justicia, que pueda formar hombres de este carácter?

–No, seguramente.

–Vemos, pues, ahora con toda claridad lo que al principio no hacíamos más que entrever. Apenas habíamos echado los cimientos de nuestro estado, cuando, gracias a alguna divinidad, hemos encontrado como un modelo de la justicia.

–Es cierto.

–Y así, mi querido Glaucón, cuando exigíamos que el que hubiese nacido para zapatero o carpintero o para cualquiera otro arte, desempeñase bien su oficio y no se mezclase en otra cosa, nosotros trazábamos entonces la imagen de la justicia, y de este modo llegamos a conseguir nuestro objeto.

–Evidentemente.

–La justicia, en efecto, es algo semejante a lo que prescribíamos, en concepto de que no se detiene en las acciones exteriores del hombre, sino que arregla el interior, no permitiendo que ninguna de las partes del alma haga otra cosa que lo que le concierne y prohibiendo que las unas se entrometan en las funciones de las otras. Quiere que el hombre, después de haber ordenado a cada una las funciones que le son propias; después de haberse hecho dueño de sí mismo y de haber establecido el orden y la concordia entre estas tres partes, haciendo que reine entre ellas perfecto acuerdo, como entre los tres tonos extremos de la armonía, la octava, el bajo y la quinta, y los demás tonos intermedios, si los hubiere; después de haber ligado unos con otros todos los elementos que le componen, de suerte que de su reunión resulte un todo bien arreglado y bien concertado; quiere, repito, que cuando el hombre comience a obrar, ya se proponga reunir riquezas o cuidar su cuerpo, ya consagrarse a la vida privada o a la vida pública; que en todas estas circunstancias dé el nombre de acción justa y bella a la que crea y mantiene en él este buen orden, y el nombre de prudencia a la ciencia que preside a las acciones de esta naturaleza; que, por el contrario, llame acción injusta a la que destruye en él este orden, e ignorancia a la opinión que preside a una acción semejante.

–Mi querido Sócrates, nada más verdadero que lo que dices.

–Por tanto, no temamos engañarnos, si aseguramos que hemos encontrado lo que es un hombre justo, un estado justo, y en qué consiste la justicia.

–Nada tendremos que temer.

–¿Lo podremos asegurar?

–Sí; ¡por Zeus!

–Sea así, y ahora me parece que nos falta examinar lo que es la injusticia.

–Sin duda.

–¿Puede ser otra cosa que una sedición de las tres partes del alma, que se extralimitan entrando en lo que no es de su incumbencia, usurpando atribuciones ajenas; una sublevación de la parte contra el todo, para arrogarse una autoridad que no le pertenece, porque por su naturaleza está hecha para obedecer a lo que está hecho para mandar? De aquí, diremos nosotros, de este desorden, de esta turbación, es de donde nacen la intemperancia y la injusticia, la ignorancia y la cobardía, en una palabra, todos los vicios.

–Es cierto.

–Puesto que conocemos la naturaleza de la justicia y de la injusticia, conoceremos igualmente la naturaleza de las acciones justas e injustas.

–¿Cómo?

–Sucede con ellas respecto al alma lo que sucede con las cosas sanas y nocivas respecto al cuerpo.

–¿Qué?

–Que las cosas sanas dan la salud, y las cosas nocivas dan la enfermedad.

–Sí.

–Lo mismo las acciones justas producen la justicia; las acciones injustas la injusticia.

–Sin duda.

–Dar la salud es establecer entre los diversos elementos de la constitución humana el equilibrio natural, que somete los unos a los otros; engendrar la enfermedad es hacer que uno de estos elementos domine a los demás contra las leyes de la naturaleza, o sea dominado por ellos.

–Es cierto.

–Por la misma razón, producir la justicia es establecer entre las partes del alma la subordinación, que la naturaleza ha querido que haya; y producir la injusticia es dar a una parte sobre las otras un imperio, que es contra la naturaleza.

–Muy bien.

–La virtud, por consiguiente, es, si puedo decirlo así, la salud, la belleza, la buena disposición del alma; el vicio, por el contrario, es la enfermedad, la deformidad y la flaqueza.

–Así es.

–¿No contribuyen las acciones buenas a crear en nosotros la virtud, y las acciones malas a producir el vicio?

–Sin duda.

–Por consiguiente, lo único que nos queda por examinar es si es útil ejecutar acciones justas, consagrarse a lo que es honesto, y ser justo, sea o no tenido uno por tal, o si lo es cometer injusticias y ser injusto, aun cuando no tenga uno que temer el castigo ni el verse forzado a hacerse mejor mediante el mismo.

–Pero, Sócrates, me parece ridículo detenerse en semejante examen; porque si cuando la salud está enteramente destruida, la vida se hace insoportable aun en medio de los placeres de la mesa, de la opulencia y de los honores, con mucha más razón debe ser para nosotros pesada carga cuando el alma, que es su principio, esté alterada y corrompida, aun cuando por otra parte tenga el poder de hacerlo todo, menos el de librarse a sí misma de la injusticia y de los vicios, y proporcionarse la adquisición de la justicia y de las virtudes. Esto me parece evidente, sobre todo después del juicio que acabamos de formar acerca de la naturaleza de la injusticia y de la justicia

–Sería, en efecto, ridículo detenerse en este examen; pero, ya que hemos llegado al punto de darnos por completamente convencidos de esta verdad, no debemos pararnos aquí.

–Guardémonos mucho de perder el ánimo.

–Aproxímate y mira bajo cuántas formas, entiendo formas dignas de ser observadas, se presenta el vicio.

–Ya te sigo; muéstramelas.

–Mirando desde la altura a que nos ha conducido esta conversación, me parece que la forma de la virtud es una, y que las del vicio son innumerables; sin embargo, pueden reducirse a cuatro las que merecen que nos ocupemos de ellas.

–¿Qué quieres decir?

–Quiero decir que el alma tiene tantas formas diferentes como el gobierno.

–¿Cuántas cuentas?

–Cinco en ambas partes.

–Nómbralas.

–Digo por lo pronto, que la forma de gobierno que nosotros hemos establecido es una, pero que se la pueden dar dos nombres. Si gobierna uno solo, se dará al gobierno el nombre de monarquía; y si la autoridad se divide entre muchos, se llamará aristocracia

–Muy bien.

–Digo, que aquí no hay más que una sola forma de gobierno; porque que el mando esté en manos de uno solo o en las de muchos, esto no alterará en nada las leyes fundamentales del estado, si los principios de educación, que hemos establecido, son rigurosamente observados.

–Así parece.

Libro quinto

–Doy a este gobierno, ya se trate de un estado ya de un individuo, el nombre de gobierno legítimo y bueno; y añado que si esta forma de gobierno es buena, todas las demás son malas, tanto con relación a los estados como con relación a los particulares. Se las puede reducir a cuatro.

–¿Cuáles son? –dijo Glaucón.

Iba yo a hacer la enumeración de las mismas, en el orden en que al parecer se derivan unas de otras, cuando Polemarco, que estaba sentado a cierta distancia de Adimanto, extendiendo el brazo, le tiró de la capa por detrás, e inclinándose hacia él, le dijo al oído algunas palabras, de las cuales sólo oímos las siguientes:

–Le dejaremos pasar adelante.

–Nada de eso –respondió Adimanto, levantando ya la voz.

–¿Quién es ése –repliqué yo– a quien no queréis dejar pasar adelante?

–Tú.

–¡Yo! ¿Y por qué?

–Nos parece –dijo Adimanto– que vas perdiendo el ánimo y que quieres robarnos una parte de esta conversación, que no es la menos interesante. Has creído quizá librarte de nosotros, diciendo sencillamente que respecto a las mujeres y a los niños, era evidente que todo debía ser común entre amigos.

–¡Y qué! ¿No he tenido razón para decirlo, mi querido Adimanto?

–No digo que no, pero este punto, lo mismo que algunos otros, necesitan explicación. Esta comunidad puede practicarse de muchas maneras. Dinos, pues, de cuál quieres hablar. Ha mucho tiempo que estamos en espera, aguardando siempre a que hagas mención de la procreación de los hijos, de la manera de educarlos, en una palabra, de todo lo que pertenece a la comunidad de las mujeres y de los hijos; porque estamos persuadidos de que la decisión que pueda tomarse sobre este punto, es de una gran importancia, o más bien, es completamente decisiva con respecto a la sociedad. Por tanto, ahora que te vemos dispuesto a pasar a otra forma de gobierno sin haber desenvuelto suficientemente este punto, hemos resuelto, como acabas de oír, no dejarte pasar adelante mientras no hayas dado explicaciones sobre dicha materia, como lo has hecho respecto a los demás puntos.

–Uno mi súplica a la de Polemarco y Adimanto –dijo Glaucón.

–Sí, Sócrates, es cosa acordada por todos los que aquí nos hallamos –dijo a su vez Trasimaco.

–¿Qué habéis hecho –repliqué yo– al precisarme a volver atrás? ¿En qué discusión me queréis envolver de nuevo? ¡Yo que me felicitaba de haber salido de un mal paso, y me creía feliz por la buena acogida que ha merecido lo que dije entonces! Al obligarme a ocuparme nuevamente de este asunto, no sabéis el enjambre de nuevas disputas que vais a despertar. Ya había previsto yo este resultado, y para evitarlo no quise decir más que lo que dije.

–¿Crees tú –dijo Trasimaco– que nosotros hemos venido aquí a fundir oro y no a oír tus razonamientos?

–En buen hora, pero también es preciso ir con pulso.

–Para hombres sabios, Sócrates –dijo Glaucón–, la vida entera es poco para conversar sobre materias tan importantes. Y así créeme, deja a nosotros lo que a nosotros toca, y procura sólo decirnos tu pensamiento sobre la manera cómo ha de tener lugar esta comunidad de mujeres y de hijos entre los guerreros, y sobre la manera cómo habrán de ser educados los hijos desde el día de su nacimiento hasta aquel en que sean capaces de una educación seria y pública, es decir, durante la época en que exigen los más penosos cuidados. Explícanos, pues, por favor, cómo ha de tener lugar todo esto.

–No es fácil, mi querido Glaucón, porque se dará por los espíritus menos crédito aún a lo que tengo que decir, que a todo lo que ha precedido. Lo que voy a manifestar no se considerará nunca posible, y aun cuando se viese la posibilidad, nadie se persuadirá de que no pueda haber una cosa mejor. Aquí tienes lo que me impide decir libremente mi pensamiento. Temo, mi querido amigo, que se le tome por un vano deseo.

–No temas nada; hablas a hombres de razón que no son obstinados ni están prevenidos contra ti.

–Al hablarme de esa manera, excelente Glaucón, te propones tranquilizarme.

–Sí.

–Pues bien, tus palabras producen en mí un efecto completamente contrario. Si yo mismo estuviese bien persuadido de la verdad de lo que voy a decir, tus exhortaciones estarían en su lugar; porque puede hablarse con seguridad y confianza delante de oyentes discretos y benévolos, cuando se cree que se dirá la verdad sobre objetos importantes y que les interesan. Pero cuando se habla, como yo lo hago, dudando y titubeando, es peligroso y debe temerse, no provocar la risa, este temor sería pueril, sino separarse de lo verdadero y arrastrar consigo a sus amigos, para caer en el error sobre cosas respecto de las que es funesto equivocarse. Conjuro a Adrastea a que me perdone lo que voy a decir, porque considero como un crimen menor matar a uno sin quererlo, que engañarle sobre lo bello, lo bueno, lo justo y las leyes; y valdría más correr este riesgo con sus enemigos que con sus amigos. He aquí por qué, mi querido Glaucón, haces mal al apurarme así.

–Sócrates –replicó Glaucón sonriéndose–, si tus discursos nos llevan al error, desistiremos de perseguirte, como sucede en el caso de homicidio; jamás te miraremos como un engañador; explícate, pues, sin temor.

–En buen hora, y puesto que en el primer caso la ley nos declara inocentes, cuando hay desistimiento, es bastante probable que suceda lo mismo en el caso presente.

–Esa es una razón más para que hables.

–Volvamos, pues, a ocuparnos de un asunto que hubiera sido mejor haber tratado cuando se presentó la ocasión. Sin embargo, no estará fuera de su lugar sacar a la escena a las mujeres después de haberlo hecho con los hombres, tanto más cuanto que tú me invitas a ello. Para dar a los hombres, nacidos y educados de la manera que hemos dicho, buenas reglas sobre la posesión y uso de las mujeres y de los niños, no tenemos otra cosa que hacer, en mi opinión, que mandarles que sigan el mismo camino que hemos trazado al comenzar. Ahora bien: hemos presentado a los hombres como los guardianes de un rebaño.

–Es cierto.

–Sigamos, pues, esta idea, dando a los hijos un nacimiento y una educación que correspondan a ella, y veamos si esto nos sale bien o mal.

–Y ¿cómo lo haremos?

–De la manera siguiente. ¿Creemos que las perras deben vigilar como los perros guardando los rebaños, ir a la caza con ellos, y hacerlo todo en común, o bien que deben permanecer en casa, como si, ocupadas en parir y alimentar perrillos, fuesen incapaces de otra cosa, mientras que el trabajo y cuidado de los rebaños han de pesar exclusivamente sobre los perros?

–Nosotros queremos que todo sea común; sólo que al reclamarse estos o los otros servicios, deben tomarse en cuenta la debilidad de las hembras y la fuerza de los machos.

–¿Se puede exigir de un animal los servicios que pueden obtenerse de otro, cuando no ha sido alimentado y enseñado de la misma manera?

–No.

–Por consiguiente, si pedimos a las mujeres los mismos servicios que a los hombres, es preciso darles la misma educación.

–Sin duda.

–¿No hemos educado a los hombres en el ejercicio de la música y la gimnasia?

–Sí.

–Será preciso, por tanto, hacer que las mujeres se consagren al estudio de estas dos artes, formarlas para la guerra y tratarlas en todo como a los hombres.

–Es un resultado de lo que dijiste.

–Pero si se pusiera en práctica, parecería quizás una cosa ridícula, porque es opuesta a la costumbre.

–Muy ridícula, ciertamente.

–Pero en todo esto, ¿qué te parece más ridículo? Será sin duda ver a las mujeres desnudas ejercitarse en la gimnasia con los hombres, y no hablo sólo de las jóvenes, sino de las viejas, a ejemplo de aquellos ancianos que se complacen en estos ejercicios a pesar de lo arrugados y desagradables que se presentan a la vista.

–Es cierto que en nuestras costumbres eso sería el colmo del ridículo.

–Pero ya que hemos comenzado, burlémonos de las bromas de ciertos críticos, a quienes pondrá de buen humor una innovación de esa especie, y que no dejarán de reírse al ver a las mujeres dedicadas a la música y a la gimnasia, a aprender el manejo de las armas y a montar a caballo.

–Sea así.

–Repito que, puesto que hemos comenzado, sigamos nuestro rumbo y vayamos derechos a lo que esta institución parece tener de chocante. Para ello conjuremos a esos burlones, para que dejen a un lado por un momento sus gracias y examinen seriamente el asunto. Recordémosles que no ha mucho que los griegos creían aún, como lo creen hoy día la mayor parte de las naciones bárbaras, que la vista de un hombre desnudo es un espectáculo vergonzoso y ridículo; y que cuando los gimnasios fueron abiertos por primera vez en Creta y después en Lacedemonia, los burlones de aquel tiempo tuvieron motivo para chancearse. ¿Qué dices a esto?

–Que lo creo.

–Pero después que la experiencia ha hecho ver que era mejor hacer los ejercicios desnudos, que ocultar ciertas partes del cuerpo, la razón, descubriendo lo que era más conveniente, ha disipado el ridículo que a la vista producía la desnudez, y ha demostrado que es un espíritu superficial el que halla el ridículo en otra cosa que en lo que es malo en sí, el que sólo intenta mover a risa, tomando por objeto de sus burlas lo que no es ni irracional ni vicioso, y el que se dirige seriamente a un fin que no es el bien.

–Es cierto.

–¿No es preciso que nosotros decidamos desde luego si lo que proponemos es posible o no, y conceder a quien quiera que sea, hombre serio o burlón, la libertad de examinar si las mujeres son capaces de los mismos ejercicios que los hombres, o si no son acomodadas para ninguno, o en fin, si son capaces de unos ejercicios e incapaces de otros? Después veremos en cuál de estas clases es preciso colocar los ejercicios de la guerra. Si comenzamos tan bien este examen, ¿no podremos lisonjearnos de que llegaremos felizmente al término?

–Sí.

–¿Quieres que nos hagamos cargo de las razones de nuestros adversarios, para que su causa no quede sin defensa?

–No hay inconveniente.

–He aquí lo que podrán decir: "Sócrates y Glaucón, no tenemos necesidad de otras armas que las que vosotros mismos nos suministráis. Cuando sentasteis las bases de vuestra República, ¿no convinisteis en que cada uno debía limitarse al oficio que más se conformase con su naturaleza?" "Es cierto; en eso convinimos." "¿Y es posible dejar de reconocer que entre la naturaleza de la mujer y la del hombre hay una inmensa diferencia?" "¿Cómo no han de ser diferentes?" "Es preciso, por lo tanto, destinarlos a oficios diferentes según su naturaleza?" "Sin duda." "Por consiguiente, es un absurdo y una contradicción de vuestra parte decir que es necesario destinar a los mismos empleos y oficios a los hombres y a las mujeres a pesar de la gran diferencia que hay entre sus naturalezas." Mi querido Glaucón, ¿qué puedes responder a esto?

–No sería fácil responder en el acto, pero te suplicaría, y te suplico en efecto, que nos defiendas como mejor te parezca.

–Ha largo tiempo, mi querido amigo, que había previsto esta objeción y otras muchas semejantes a ella. Y aquí tienes la razón de mi reparo en entrar en pormenores sobre el punto que nos ocupa.

–¡Por Zeus!, la objeción no me parece fácil de resolver.

–Verdaderamente, no, pero escucha: si un hombre cae en un estanque o en alta mar, no por eso deja de verse precisado a nadar.

–Sin duda.

–Hagamos como él; echémonos a nado para salir de esta dificultad. Quizás algún delfín vendrá a prestarnos su lomo, o recibiremos algún otro auxilio imprevisto.

–Podría suceder eso.

–Veamos, por lo tanto, si encontramos algún medio de salvación.

Hemos convenido en que es preciso consagrar las naturalezas diferentes a oficios diferentes. Por otra parte, estamos también conformes en que el hombre y la mujer son de naturaleza distinta, y, a pesar de esto, queremos destinar a ambos a unos mismos oficios. ¿No es ésta la objeción que se nos hace?

–Sí.

–En verdad, mi querido Glaucón, el arte de la disputa tiene un maravilloso poder.

–¿Por qué dices eso?

–Se me figura que se cae muchas veces en la disputa sin quererlo, y que cuando se cree discutir, no se hace más que disputar. Esto procede de que, por no distinguir los diferentes sentidos de una proposición, se deducen contradicciones aparentes tomando aquéllos a la letra, y de aquí la disputa: cuando lo que se debe hacer es ilustrarse interrogándose mutuamente.

–Ese es un desliz en que incurren muchos; pero ¿afecta en algo a la presente cuestión?

–Sí, y corremos el riesgo de vernos arrastrados a la disputa a pesar nuestro.

–¿Cómo así?

–Porque obrando como verdaderos disputadores, nos ceñimos a la letra de esta proposición: que las funciones deben de ser diferentes según la diversidad de naturalezas; cuando no hemos caminado aún en qué consiste esta diversidad, ni lo que tuvimos en cuenta cuando decidimos que las mismas naturalezas debían tener los mismos oficios, y las naturalezas diferentes, oficios diferentes.

–Es cierto; aún no hemos examinado este punto.

–Estamos a tiempo para preguntarnos si los calvos y los cabelludos son de la misma naturaleza o de naturaleza diferente; y, después de haber respondido que son de naturaleza diferente, si los calvos hacen el oficio de zapateros, se lo prohibiremos a los cabelludos, y recíprocamente.

–Pero semejante prohibición sería ridícula.

–¿Por qué? ¿No es porque en la designación de los diversos oficios no habríamos considerado la diferencia o la identidad de naturalezas bajo la relación que tienen con los mismos oficios? Por ejemplo; ¿no nos fundábamos en esto para decir que eran una misma cosa la naturaleza del médico y la del hombre apto para la medicina?

–Sí.

–¿Y de naturaleza diferente el hombre con vocación para la medicina y el carpintero?

–Sin duda.

–Luego si nos encontramos con que la naturaleza del hombre difiere de la de la mujer con relación a ciertas artes y a ciertos oficios, inferiremos que tales oficios y artes no deben ser comunes a los dos sexos. Pero si entre ellos no hay otra diferencia que la de que el varón engendra y la mujer pare, no por esto consideraremos como cosa demostrada que la mujer difiere del hombre en el punto de que aquí se trata; y nos sostendremos en la creencia de que no debe hacerse ninguna distinción respecto a los oficios entre nuestros guerreros y sus mujeres.

–Tendremos razón para ello.

–Ahora que nos diga nuestro argumentante cuál es en la sociedad el arte u oficio para el que las mujeres no hayan recibido de la naturaleza las mismas disposiciones que los hombres.

–Es justo hacerle esa pregunta.

–Quizá nos respondería lo que tú hace poco decías; que no es fácil contestar en el acto, pero que después de algunos momentos de reflexión nada más sencillo que responder.

–Podría muy bien darnos esa respuesta.

–Supliquémosle, si quieres, que nos escuche mientras intentamos demostrarle que no hay en la República oficio alguno que sea propio únicamente de las mujeres.

–Consiento en ello.

–Responde, le diremos, la diferencia que hay entre el que tiene aptitud para una cosa y el que no la tiene, ¿consiste, según tú, en que el primero aprende fácilmente y el segundo con dificultad; en que el uno, con un ligero estudio, lleva sus descubrimientos más allá de lo que se le enseña, mientras que el otro, con mucha aplicación y cuidado, no puede retener lo que ha aprendido; y en fin, en que en el uno las disposiciones del cuerpo secundan las operaciones del espíritu, y que en el otro las entorpecen? ¿Hay otros signos, mediante los cuales puedas distinguir las disposiciones a propósito para ciertas cosas de las disposiciones contrarias?

–Todo el mundo dirá que no.

–Entre las diferentes artes a que los dos sexos se consagran a la par, ¿hay una sola en la que los hombres no tengan una superioridad señalada sobre las mujeres? ¿Habrá necesidad de que nos detengamos en algunas excepciones, como el trabajo en lana, la preparación de tortas y de las viandas, trabajos en que las mujeres llevan ventaja a los hombres y en que la inferioridad sería para ellas una vergüenza?

–Tienes razón en decir que en general las mujeres son muy inferiores a nosotros en todo. No es porque múchas no tengan superioridad en muchos puntos y sobre muchos hombres, pero hablando en general lo que dices es exacto.

–Ya ves, mi querido amigo, que en un estado no hay propiamente profesión que esté afecta al hombre o a la mujer por razón de su sexo, sino que habiendo dotado la naturaleza de las mismas facultades a los dos sexos, todos los oficios pertenecen en común a ambos, sólo que en todos ellos la mujer es inferior al hombre.

–Es cierto.

–¿Los dejaremos todos a los hombres, y no reservaremos ninguno para las mujeres?

–¿Qué razón habría para ello?

–¿No hay mujeres, diríamos nosotros, que tienen aptitud para la medicina y para la música, y otras que no la tienen?

–Sin duda.

–¿No las hay que tienen disposición para los ejercicios gimnásticos y militares, y otras que no tienen ninguna?

–Lo pienso así.

–Y en fin, ¿no las hay filósofas y valientes, y otras que no son ni lo uno ni lo otro?

–Es cierto.

–Por tanto, hay mujeres a propósito para vigilar y guardar al estado, y otras que no lo son; porque ¿no son la filosofía y el valor las dos cualidades que exigimos en nuestros guerreros?

–Sí.

–La naturaleza de la mujer es tan propia para la guarda de un estado como la del hombre, y no hay más diferencia que la del más o el menos.

–Lo creo así.

–Estas son las mujeres que nuestros guerreros deben escoger por compañeras y con las que deben compartir el cuidado de vigilar el estado, porque son capaces de ello, y han recibido de la naturaleza las mismas disposiciones.

–Sin contradicción.

–¿Y no es preciso destinar las mismas aptitudes a los mismos oficios?

–Es evidente.

–Henos aquí otra vez en el punto de partida, y habremos de confesar de nuevo que no es contrario a la naturaleza ejercitar a las mujeres de nuestros guerreros en la música y en la gimnasia.

–Verdaderamente.

–La ley que nosotros establezcamos, si es conforme a la naturaleza, no es ni una quimera ni un vano deseo. Lo que verdaderamente choca con la naturaleza es el uso opuesto, que se sigue hoy.

–Así parece.

–¿No nos habíamos propuesto examinar si esta nueva institución era posible, y al mismo tiempo si era ventajosa?

–Sí.

–Pues ya acabamos de ver que es posible.

–Sí.

–Nos resta ahora convencernos de que es ventajosa.

–Sin duda.

–¿No es cierto, que la misma educación, que ha servido para formar a nuestros guerreros, deberá servir igualmente para formar sus mujeres, puesto que reconoce la misma base?

–Eso no es dudoso.

–¿Cuál es tu opinión sobre esto?

–¿Sobre qué?

–¿Crees que los hombres son desiguales en mérito o que no haya entre ellos ninguna diferencia sobre este punto?

–Los creo desiguales en mérito.

–En el estado, cuyo plan trazamos, el guerrero que haya recibido la educación que hemos dicho, ¿valdrá en tu opinión, más que el zapatero educado de una manera correspondiente a su profesión?

–Esa es una cuestión impertinente.

–Entiendo. ¿No son los guerreros la mejor clase del estado?

–Sin comparación.

–Sus mujeres, ¿no tendrán la misma superioridad sobre las demás mujeres?

–Sin duda.

–Pero ¿hay nada más ventajoso para el estado que tener muchos y excelentes ciudadanos de uno y otro sexo?

–No.

–¿Y no llegarán a este grado de excelencia cultivando la música y la gimnasia, como ya hemos dicho?

–Sí.

–Nuestro sistema no es sólo posible, sino que además es ventajoso para el estado.

–Sí.

–Por consiguiente, las mujeres de nuestros guerreros deberán abandonar sus trajes, puesto que la virtud ocupará su lugar. Participarán con sus maridos de los trabajos de la guerra y de todos los que exija la guarda del estado, sin ocuparse de otra cosa. Sólo se tendrá en cuenta la debilidad de su sexo, al señalar las cargas que deban imponérseles. En cuanto al que se burle a la vista de las mujeres desnudas que ejercitan su cuerpo para un fin bueno, recoge fuera de sazón los frutos de su sabiduría: no sabe ni lo que hace, ni por lo que se ríe; porque hay y habrá siempre razón para decir que lo útil es bello, y que sólo es feo lo que es dañoso.

–Tienes razón.

–Digamos, pues, que el regimiento que acabamos de formar con motivo de las mujeres, puede ser comparado a una oleada, de la que hemos podido escapar a nado; y que lejos de haber sido sumergidos al sentar por base que todos los oficios deben de ser comunes entre nuestros guerreros y sus mujeres, creemos haber probado que esta disposición es a la vez posible y ventajosa.

–Te confieso que esta oleada me hacía temblar.

–No dirás eso si la comparas con la que nos viene encima.

–Veamos, habla.

–La ley que voy a proponerte, se liga con la precedente, a mi entender, y con todas las demás.

–¿Cuál es?

–Las mujeres de nuestros guerreros serán comunes todas y para todos; ninguna de ellas cohabitará en particular con ninguno de ellos; los hijos serán comunes y los padres no conocerán a sus hijos ni éstos a sus padres.

–Mayor dificultad vas a encontrar para hacer que pase esta ley, y para demostrar que nada prescribe que no sea posible y útil.

–No creo que se me nieguen las ventajas que el estado sacaría de la comunidad de las mujeres y de los hijos, si la ejecución de esta ley es posible; pero creo también que se me negará esta posibilidad.

–Podrá muy bien negarse uno y otro.

–Es decir, que son dos dificultades las que se agolpan contra mí. Esperaba salvarme de una de las dos creyendo que convendrías en la utilidad de este sistema, y que sólo tendría que discutir la posibilidad misma.

–No te escaparás merced a esa excusa, responderás, si gustas, a estas dos dificultades.

–Veo que no hay más remedio que hacerlo. Concédeme sólo una gracia: consiente que tenga yo carta blanca para espaciarme, como aquellos espíritus ociosos que tienen costumbre de alimentarse con sus ilusiones cuando se abandonan a sí mismos. Sabes que esta clase de personas, cuando tienen en la cabeza algún proyecto, antes de examinar por qué medios podrán conseguir su objeto y por temor de molestarse discutiendo si la cosa es posible o imposible, lo dan por hecho a medida de sus deseos; levantan sobre este fundamento el resto del edificio, regocijándose de antemano con las ventajas que habrán de resultarles de la ejecución, y aumentan por este medio la indolencia natural de sus almas. Aterrado como ellos, en vista de las dificultades que se presentan a mi espíritu, deseo dejar para otra ocasión el examen de la posibilidad de lo que propongo. Quiero suponerla demostrada, y voy a ver qué medidas tomarán nuestros magistrados para la ejecución. Trataré de convencerte de que no hay cosa más útil para el estado y para los guerreros. Después demostraremos la posibilidad, si te parece conveniente.

–Haz lo que quieras; te lo permito.

–Me concederás, por lo pronto, sin dificultad, que nuestros magistrados y guerreros, si son dignos del nombre que llevan, estarán en disposición, éstos de hacer lo que se les mande, y aquéllos de no ordenar nada que no esté prescrito en la ley, y de seguir el espíritu de ésta en los reglamentos, que abandonamos a su prudencia.

–Así debe ser.

–Por tanto tú, en cualidad de legislador, después de haber entresacado a las mujeres como lo has hecho respecto a los hombres, las unirás en cuanto sea posible según sus caracteres Ahora bien: unos y otros, como no poseen nada en propiedad y todo es común entre ellos, casa y mesa, vivirán siempre juntos, y encontrándose de esta manera confundidos en el gimnasio y en todos los demás puntos, la inclinación natural de un sexo hacia el otro los llevará sin duda a formar uniones. ¿No es necesario que suceda esto?

–Sí, verdaderamente; no será una necesidad geométrica, pero será una necesidad fundada en el amor, cuyas razones tienen más fuerza para persuadir y arrastrar a la multitud que las demostraciones de los geómetras.

–Dices verdad. Pero, ¡qué!, mi querido Glaucón, ¿sufrirán nuestros magistrados que en estas uniones no haya orden ni decencia? ¿Podría permitirse este desorden en una República, en la que todos los ciudadanos deben de ser dichosos?

–Nada sería más contrario a la justicia.

–Luego es evidente que deberemos formar los matrimomos más santos que nos sea posible; y los más ventajosos al estado serán indudablemente los más santos.

–Eso es evidente.

–Pero ¿cuáles serán los más ventajosos? A ti te toca decirlo, Glaucón. Veo que en tu casa crías perros de caza y pájaros de presa en gran número. ¿Te has fijado en lo que se hace, cuando se los quiere aparear para tener hijos de ellos?

–¿Qué se hace?

–¿No hay siempre entre estos animales, aunque todos sean de buena raza, algunos que superan a los demás?

–Sí.

–¿Y es indiferente para ti tener hijos de todos, o prefieres tenerlos de los que superan a los demás?

–Prefiero tenerlos de estos últimos.

–¿De los más jóvenes, de los más viejos, o de los que están en la fuerza de la edad?

–De estos últimos.

–Si no se tomaran todas estas precauciones, ¿no estás persuadido de que la raza de tus perros y de tus aves degeneraría bien pronto?

–Sí.

–¿No crees que sucederá lo mismo con los caballos y con los demás animales?

–Sería un absurdo no creerlo.

–¡Grandes dioses! Si sucede lo mismo respecto a la especie humana, mi querido Glaucón, ¿cuánta habilidad no necesitan tener nuestros magistrados?

–Seguramente, el caso es igual, pero ¿por qué exiges de nuestros magistrados tanta habilidad?

–A causa del gran número de remedios que habrán de emplear un médico cualquiera, aun el más adocenado, basta para curar un cuerpo que sólo tiene necesidad de régimen para restablecerse; pero cuando llega el caso de aplicar remedios, se exige un médico más hábil; ninguno lo es nunca bastante.

–Convengo en ello, pero ¿a qué viene eso?

–A lo siguiente. Me parece que nuestros magistrados se verán obligados muchas veces a acudir a engaños y mentiras, consultando el bien de los ciudadanos, y hemos dicho en alguna parte que la mentira es útil cuando nos servimos de ella como de un remedio.

–Con razón.

–Si hay una ocasión, en que la mentira pueda ser útil a la sociedad, es cuando se trata de lo relativo a los matrimonios y a la propagación de la especie.

–¿Cómo?

–Es preciso, según nuestros principios, que las relaciones de los individuos más sobresalientes de uno u otro sexo sean muy frecuentes, y las de los individuos inferiores muy raras; además, es preciso criar los hijos de los primeros y no los de los segundos, si se quiere que el rebaño no degenere. Por otra parte, todas estas medidas deben ser conocidas sólo de los magistrados, porque de otra manera sería exponer el rebaño a muchas discordias.

–Muy bien.

–Habrá, pues, que instituir fiestas, donde reuniremos a los esposos futuros. Estas fiestas irán acompañadas de los convenientes himnos y sacrificios. Dejaremos a los magistrados el cuidado de arreglar el número de matrimonios, a fin de que haya siempre el mismo número de ciudadanos, reemplazando las bajas que produzcan la guerra, las enfermedades y los demás accidentes, y para que nuestro estado, en cuanto sea posible, no sea ni demasiado grande ni demasiado pequeño.

–Bien.

–En seguida se sacarán a la suerte los esposos, haciéndolo con tal maña, que los súbditos inferiores achaquen a la fortuna y no a los magistrados lo que les ha correspondido.

–Lo entiendo.

–En cuanto a los jóvenes, que se hayan distinguido en la guerra o en otras cosas, se les concederá, entre otras recompensas, el permiso de ver con más frecuencia a las mujeres. Este será un pretexto legítimo, para que el estado sea en gran parte poblado por ellos.

–Todo eso está muy bien dispuesto.

–Los hijos, a medida que nazcan, serán puestos en manos de hombres o de mujeres, o de hombres y mujeres reunidos, encargados de educarlos; porque las funciones públicas deben ser comunes a ambos sexos.

–Sí.

–Llevarán al redil común los hijos de los mejores ciudadanos, y los confiarán a ayas, que habitarán en un cuartel separado del resto de la ciudad. En cuanto a los hijos de los súbditos inferiores, lo mismo que respecto de los que nazcan con alguna deformidad, se los ocultará, pues así es conveniente, en algún sitio secreto que estará prohibido revelar.

–Es el medio de conservar en toda su pureza la raza de nuestros guerreros.

–Esas mismas personas tendrán cuidado del alimento de los niños, conducirán las madres al redil en la época de asomar la leche, y harán de modo que ninguna de ellas pueda reconocer a su hijo. Si las madres no bastan para lactarlos, harán que las auxilien otras; y respecto a las que tienen suficiente leche, procurarán que no la prodiguen demasiado. En cuanto a las veladas y demás cuidados menores, correrán a cargo de nodrizas mercenarias y de las ayas.

–En verdad, haces bien cómoda la maternidad para las mujeres de los guerreros.

–Es conveniente; pero prosigamos lo que hemos comenzado. Hemos dicho, que la procreación de los hijos debía tener lugar en la fuerza de la edad.

–Sí.

–La duración ordinaria de la virtud generadora, ¿no es de veinte años para las jóvenes, y treinta para los jóvenes?

–Pero ¿qué punto de partida fijas?

–Las mujeres darán hijos al estado desde los veinte a los cuarenta años, y los hombres desde que haya pasado el primer fuego de la juventud hasta los cincuenta y cinco años.

–Es, en efecto, la época de la vida, en que el espíritu y el cuerpo están en su mayor vigor.

–Si un ciudadano, antes o después de este plazo, da hijos al estado, le declararemos culpable de injusticia y de sacrilegio por haber engendrado un hijo, cuyo nacimiento es obra de tinieblas y de libertinaje; por no haber sido precedido ni de los sacrificios ni de las oraciones que los sacerdotes, las sacerdotisas y todo el pueblo dirigirán a los dioses por la prosperidad de cada matrimonio, pidiéndoles que hagan que nazca de ciudadanos virtuosos y útiles a la patria una posteridad más virtuosa y más útil aún.

–Bien.

–Esta ley habla también de los que, teniendo aún la edad de engendrar, conozcan mujeres que estén en el mismo caso sin el consentimiento de los magistrados. El fruto de esta relación se tendrá por ilegítimo, como nacido de un concubinato y sin los auspicios religiosos.

–Muy bien.

–Pero cuando ambos sexos hayan pasado la edad fijada por las leyes para dar hijos a la patria, dejaremos a los hombres en libertad de tener relaciones con las mujeres que les parezca, menos con sus abuelas, sus madres, sus hijas y sus nietas. Las mujeres tendrán la misma libertad con relación a los hombres, menos con sus abuelos, sus padres, sus hijos y sus nietos. Pero no se les permitirá sino después de habérseles prevenido expresamente que no han de dar a luz ningún fruto concebido mediante tal unión, y si a pesar de sus precauciones naciese alguno, deberían abandonarlo, porque el estado no se encargará de alimentarle.

–Nada más justo que esa prohibición. Pero ¿cómo distinguirán a sus padres, a sus hijas y a los demás parientes de que acabas de hablar?

–No los distinguirán. Pero cuando un guerrero se haya unido a una mujer, a contar desde este día hasta el séptimo o décimo mes, mirará a todos aquellos que nazcan en uno u otro de estos períodos, a los varones como sus hijos y a las hembras como sus hijas, y estos hijos le darán el nombre de padre. Los hijos de éstos serán sus nietos y le considerarán como su abuelo; y todos aquellos que nazcan en el intervalo en que sus padres y sus madres daban hijos al estado, se trataran como hermanos y como hermanas. Todo comercio, como ya hemos dicho, estará prohibido entre parientes. Sin embargo, los hermanos y las hermanas podrán unirse según que la suerte o el oráculo de Apolo lo decidan.

–Muy bien.

–Tal es, mi querido Glaucón, la comunidad de mujeres y de hijos que es preciso establecer entre los guardianes del estado. Resta hacer ver que esta institución será muy ventajosa, y que concierta perfectamente con las demás leyes que hemos establecido. ¿No es esto lo que tengo que demostrar?

–Sí, eso es, ¡por Zeus!

–Para convencernos de ello, preguntémonos a nos otros mismos cuál es el mayor bien de un estado, aquel que el legislador debe proponerse como fin de sus leyes, y cuál es el mayor mal. Examinemos después si esta comunidad, que acabo de explicar, nos conduce a este gran bien y nos aleja de este gran mal.

–Sientas bien la cuestión.

–¿No es el mayor mal de un estado lo que se divide, haciendo de uno solo muchos? Y su mayor bien por el contrario, ¿no es el que liga todas sus partes, haciéndole uno?

–Sin contradicción.

–¿Y qué cosa más propia para formar esta unión, que la comunidad de placeres y de penas entre todos los ciudadanos, cuando todos se regocijan con las mismas felicidades y se afligen con las mismas desgracias?

–Seguramente.

–¿Y no se divide un estado, por el contrario, cuando la alegría y el dolor son personales, y que lo que ocurre al estado y a los particulares es objeto de placer para unos y de sentimiento para otros?

–Es cierto.

–¿De dónde nace esta oposición de sentimientos, sino de que todos los ciudadanos no dicen al mismo tiempo y con relación a unas mismas cosas: esto me interesa, esto no me interesa, esto me es extraño?

–Sin duda.

–Quitad esta distinción, y suponed a todos atraídos hacia unas mismas cosas; ¿no gozará el estado entonces de una perfecta armonía?

–Es indudable.

–¿Por qué? Porque todos sus miembros no constituirán, si puede decirse así, más que un solo hombre. Cuando hemos recibido una herida en el dedo, en el momento, el alma, en virtud de su unión íntima con el cuerpo, lo advierte y el hombre entero se aflige del mal de una de sus partes, y así se dice de un hombre que tiene el dedo malo. Lo mismo se dice respecto de los demás sentimientos de alegría y de dolor que tenemos con ocasión del bien o del mal que experimenta alguna parte de nosotros mismos.

–Tienes razón y, como decías, ésa es la imagen de un estado bien gobernado.

–Que un particular experimente algo bueno o malo todo el estado lo sentirá y lo compartirá, porque siempre se regocijará y se afligirá con él.

–Así debe suceder en un estado bien constituido.

–Pasemos ahora al nuestro, y veamos si lo que acabamos de decir le conviene mejor que a ningún otro.

–Veámoslo.

–En los demás estados, lo mismo que en el nuestro ¿no hay magistrados y pueblo?

–Sí.

–¿No se dan todos unos a otros el nombre de ciudadanos?

–Sin duda.

–Pero además de este nombre común, ¿qué título particular da el pueblo en los demás estados a los que gobiernan?

–En la mayor parte los llaman dueños o señores; y en los gobiernos democráticos, arcontes.

–Entre nosotros, ¿qué nombre dará el pueblo a sus magistrados, además del de ciudadanos?

–El de salvadores y defensores.

–Estos a su vez, ¿qué nombre darán al pueblo?

–El de suministrador de su salario y de su alimento.

–En los demás estados, ¿cómo tratan los jefes a los pueblos?

–Los tratan como esclavos.

–Y entre sí, ¿cómo se tratan?

–Como colegas en la autoridad.

–¿Y entre nosotros?

–Como guardianes del mismo rebaño.

–¿Podrías decirme, si en los otros estados los magistrados se tratan entre sí ya como amigos, ya como extraños?

–Eso es lo ordinario.

–De esa manera piensan y dicen que se interesan por los que son amigos y no por los que son extraños.

–Sí.

–Entre los guardianes de nuestro estado, ¿hay uno solo que pudiera decir o pensar que alguno de los que vigilan como él por la seguridad de la patria le sea extraño?

–Nada de eso, puesto que cada uno de ellos creerá ver en los demás un hermano o una hermana, un padre o una madre, un hijo o una hija, o cualquiera otro pariente en línea ascendente o descendente.

–Muy bien, pero dime: ¿les prescribirás que se traten como parientes sólo de palabra? ¿No exigirás además que las acciones correspondan a las palabras, y que los ciudadanos tengan, para con aquellos a quienes dan el nombre de padre, todo el respeto, todas las atenciones y toda la sumisión que la ley prescribe a los hijos para con sus padres? ¿No declararás que faltar a estos deberes es hacerse culpable de injusticia y de impiedad, y, por consiguiente, merecer el aborrecimiento de los dioses y de los hombres? ¿Harán resonar todos los ciudadanos en los oídos de sus hijos otras máximas que éstas, en razón de la conducta que deben observar para con los que se les designe como padres o parientes.

–No, sin duda; y sería ridículo que tuviesen sin cesar en los labios los nombres que expresan el parentesco, sin cumplir los deberes consiguientes.

–Por tanto, en nuestro estado y entre nuestros ciudadanos reinará un acuerdo que será desconocido en todos los demás estados. Y como dijimos antes, cuando sobrevenga un bien o un mal a alguno, dirán todos a la par: mis negocios van bien o mis negocios van mal.

–Es muy cierto.

–¿No hemos añadido que, como resultado de esta convicción y de esta manera de hablar, habría entre ellos comunidad de placeres y de penas?

–Con razón lo hemos dicho.

–Nuestros ciudadanos participarán, por consiguiente, en común, de los intereses de cada particular, que mirarán como suyos personales, y en virtud de esta unión se regocijarán y se afligirán todos por unas mismas cosas.

–Sí.

–Tan admirables efectos, ¿a qué pueden atribuirse sino a la constitución de nuestro estado, y particularmente a la comunidad de las mujeres y de los hijos entre los guerreros?

–No puede atribuirse a ninguna otra causa.

–Pero ya hemos reconocido cuál era el mayor bien para un estado, y hemos comparado, sobre este punto, un estado, bien gobernado, con el cuerpo, cuyos miembros experimentan a la vez el placer y el dolor de un solo miembro.

–Con razón.

–Luego la comunidad de mujeres y de hijos entre los guerreros es la causa del mayor bien para nuestro estado.

–Conclusión exacta.

–Añade a esto que concuerda con lo que dijimos antes; porque hemos dicho que nuestros guerreros no deben tener en propiedad ni casas, ni tierras, ni posesiones, sino que tienen que recibir de los demás su mantenimiento, como justa recompensa de sus servicios, y vivir en común, si quieren ser verdaderamente guardianes.

–Perfectamente.

–Ahora bien: ¿puede dudarse que lo que hemos dispuesto ya y lo que acabamos de disponer ahora, respecto de ellos, es lo procedente para hacer que sean más y más unos verdaderos guardianes, y que impedirá que dividan el estado, lo cual sucedería si cada uno de ellos no dijese, respecto a los mismos objetos, que eran suyos, sino que éste dijese una cosa, aquél otra, uno procurase para sí todo lo que pudiese adquirir sin compartirlo con nadie, otro hiciese lo mismo a su vez, y que cada uno tuviese aparte sus mujeres y sus hijos, que serían para ellos necesariamente una fuente de placeres y de penas que ningún otro sentiría? Mientras que teniendo cada uno por máxima, que el interés de otro no es diferente del suyo, tenderán todos a un mismo fin con todas sus fuerzas, y experimentarán un goce y un dolor que serán comunes.

–Eso es incontestable.

–De este modo, ¿qué cabida tendrán la cizaña forense y los procesos en un estado, donde nadie tendrá más propiedad que su cuerpo y donde todo lo demás será común? A los ciudadanos de esta República no alcanzarán las disensiones, que nacen entre los hombres con ocasión de sus bienes, de sus mujeres y de sus hijos.

–Forzosamente estarán exentos de todos estos males.

–No conocerán tampoco las acciones intentadas a causa de la sevicia y de la violencia, porque les diremos que es justo y bueno que las personas de una misma edad se defiendan recíprocamente, y les impondremos como un deber el proveer a su seguridad mutua.

–Muy bien.

–Esta ley tendrá de bueno que si alguno en el primer movimiento de la cólera maltrata a otro, este choque no tendrá grandes resultados.

–Sin duda.

–Porque daremos al de más edad autoridad sobre el más joven con el derecho de castigarle.

–Eso es evidente.

–No lo es menos, creo yo, que los jóvenes no se atreverán, sin una orden expresa de los magistrados, ni a poner la mano en los ancianos, ni a hacerles ninguna especie de violencia, ni a ultrajarles en ninguna ocasión. El respeto y el temor son dos barreras poderosas, que los contendrán; el respeto, mostrándoles que es un padre a quien intentan ofender; el temor, haciéndoles recelar que los demás tomen la defensa del ofendido, éstos en calidad de hijos, aquéllos en calidad de hermanos y de padres.

–No es posible que puedan pasar las cosas de otra manera.

–Nuestros guerreros gozarán, por tanto, de una paz inalterable en virtud de las leyes.

–Sí.

–Pero si la concordia reina entre éstos, no hay que temer que se introduzca la discordia entre ellos y las demás clases de ciudadanos, ni que divida tampoco a estas últimas.

–No.

–Tengo dificultad en entrar en detalles sobre los males menores de que se librarán. Los pobres no se verán obligados a adular a los ricos. No se experimentarán los obstáculos, ni los disgustos, que llevan consigo la educación de los hijos y el ansia de amontonar riqueza, obligándonos a sostener un gran número de esclavos, y a tomar para ellos crecidos préstamos, algunas veces negar las deudas, y casi siempre adquirir dinero sin reparar en los medios, para dejarlo después a disposición de las mujeres y de los esclavos. ¡Qué de bajezas en todo esto, mi querido amigo! ¡Cuántas indignidades tienen que cometerse!

–Sería preciso ser ciego para no verlo.

–Al abrigo de todas estas miserias, pasarán una vida mil veces más dichosa que la de los atletas coronados en los juegos olímpicos.

–¿Por qué?

–Porque éstos no tienen más que una pequeña parte de las ventajas de que gozan los guerreros. La victoria que consiguen estos últimos es infinitamente más gloriosa, puesto que la salud del estado va unida a ella. En cambio, la patria contribuye a su sostenimiento y al de sus hijos durante su vida, y después de su muerte les hace funerales dignos de sus méritos en prueba de reconocimiento.

–Estas distinciones son, en efecto, muy lisonjeras.

–¿Recuerdas la objeción que se nos hacía antes, de que no consultábamos bastante la felicidad de los guerreros, quienes pudiendo poseer todo lo de los demás no tenían nada en propiedad? Creo que respondimos que examinaríamos la verdad de esta objeción, si la ocasión se presentaba; que nuestro objeto por el momento era formar verdaderos guardianes, crear el estado más dichoso que fuese posible y no trabajar únicamente por la felicidad de uno de los órdenes que le componen.

–Ya me acuerdo.

–¿Te parece ahora que la condición del zapatero, del labrador o de cualquier otro artesano puede compararse con la de nuestros guerreros, que acaba de parecernos más honrada y más feliz que la de los atletas que han ganado el premio?

–Estoy bien distante de creerlo así.

–Por lo demás es muy justo que yo repita ahora lo que dije entonces: si el guerrero busca una felicidad que le hace perder el carácter de su empleo; si descontento de las ventajas modestas, pero ciertas, que su estado le procura, se deja seducir por ideas pueriles y quiméricas de felicidad, hasta el punto de servirse del poder con que le hemos revestido, para hacerse dueño de todo en el estado, conocerá entonces con cuánta razón Hesíodo ha dicho que la mitad es más que el todo.[71]

71. *Las obras y los días*, v. 40.

–Si quiere creerme, se mantendrá en su condición.

–Apruebas, por consiguiente, que todo sea común entre los hombres y las mujeres, de la manera que acabo de explicar, en todo lo relativo a la educación, a los hijos y a la guarda del estado, de suerte que permanezcan ellas con ellos en la ciudad, que juntos vayan a la guerra, y que compartan, como hacen las hembras de los perros, las fatigas de las vigilias y de la caza; en una palabra, que vayan a medias, en cuanto sea posible, en todas las empresas de los guerreros. Además, convienes en que semejante institución es muy ventajosa al público, y que no es contraria a la naturaleza del hombre y de la mujer, puesto que ambos están destinados a vivir en común.

–Convengo en ello.

–Por consiguiente, sólo resta examinar si es posible establecer entre los hombres esta comunidad que la naturaleza ha establecido entre los demás animales, y por qué medios se podrá conseguir.

–Te me has adelantado; iba a hablarte de eso.

–Porque, con respecto a la guerra, no hay necesidad de que me detenga a hablar de ella; se comprende bien cómo la han de hacer.

–¿Cómo? Dímelo si gustas.

–Es evidente que la harán en común, y que llevarán consigo aquellos hijos, que sean bastante robustos para soportar las fatigas de la misma, a fin de que, a ejemplo de los artesanos, vean desde luego lo que un día tendrán que hacer ellos mismos, y además que ayuden a sus padres y madres, haciéndoles los servicios que estén a su alcance en todo lo relativo a la guerra. ¿Has observado lo que se practica en todos los demás oficios? ¿Cuánto tiempo, por ejemplo, no pasa el hijo del alfarero ayudando a su padre y mirando cómo trabaja, antes de tocar a la rueda él mismo?

–Lo he observado.

–Y nuestros guerreros, ¿han de gastar menos tiempo y menos cuidado en formar a sus hijos para la guerra?

–Sería una extravagancia decirlo.

–¿No es también cierto que todo animal combate con más valor cuando sus hijos están presentes?

–Sí, pero es de temer, Sócrates, que si llegan a ser vencidos, como puede muy bien suceder, perezcan ellos y sus hijos en el combate, y que el estado no pueda reparar la pérdida.

–Convengo en ello; pero ¿crees que nuestro primer cuidado deba ser no exponerlos nunca a ningún riesgo?

–No.

–Y si se presenta ocasión de hacerlo, ¿no contribuirá esto a que se hagan mejores, si el resultado es próspero?

–Es evidente.

–¿Crees que sea poca ventaja, y que no merezca correr algún riesgo, que jóvenes que han de llevar algún día las armas, asistan a un combate y sean testigos de lo que allí pasa?

–Creo, por el contrario, que es una gran ventaja desde este punto de vista.

–Se hará a los hijos espectadores de los combates, sin perjuicio de proveer a su seguridad en forma conveniente, y todo marchará bien; ¿no es así?

–Sí.

–Por lo pronto, sus padres sabrán prever, en cuanto es posible al hombre, cuáles son las ocasiones peligrosas y las que no lo son.

–Sin duda.

–Conducirán sus hijos a las unas, y no los expondrán en las otras.

–Muy bien.

–Les darán por jefes y conductores a hombres no indignos, sino de edad madura y de una experiencia consumada.

–Así debe ser.

–Pero se dirá que ocurren todos los días mil accidentes imprevistos.

–Sí.

–¡Y bien!, amigo mío, para preservar los hijos de todos los percances, es preciso darles desde muy temprano alas, para que puedan escapar de los peligros volando.

–¿Qué quieres decir con eso?

–Quiero decir que desde sus primeros años es preciso enseñarles a montar, y después conducirlos a la pelea como espectadores, no en caballos ardientes y belicosos, sino en caballos dóciles y muy ligeros en la carrera.

–De esta manera verán muy bien lo que tienen que ver; y si el peligro apura, se salvarán más fácilmente con sus ayos veteranos.

–Me parece bien ese recurso.

–Ahora, ¿qué disciplina estableceremos entre nuestros guerreros, y cómo se servirán de ella respecto al enemigo? Mira si pienso o no con acierto sobre estos dos puntos.

–Explícate.

–¿No es conveniente que el que por cobardía abandone las filas, arroje las armas o cometa cualquiera otro hecho indigno de un hombre de corazón, sea degradado y relegado entre los artesanos o labradores?

–Sí.

–¿Que se abandone al enemigo al que haya caído vivo en sus manos, para que haga de el lo que quiera?

–Sin duda.

–En cuanto al que se haya distinguido por su bravura: ¿no crees muy justo que los guerreros jóvenes y los hijos pongan sucesivamente una corona sobre su cabeza en el mismo campo de batalla?

–Sí.

–¿Que le den la mano?

–También.

–Se me figura que no vas a admitir lo que voy a decir.

–¿Qué es?

–Que todos le abracen y sean por él abrazados.

–Consiento en ello con todo mi corazón. Y a eso añado que, mientras dure la campaña, a nadie sea permitido rechazar sus abrazos. Será para todos los que amen a alguien, sea de un sexo o sea de otro, un aliciente para esforzarse con más ardor por merecer el premio del valor.

–Muy bien; eso conviene perfectamente con lo que hemos dicho antes: que es preciso dejar a los ciudadanos de más mérito la libertad de aproximarse a las mujeres con más frecuencia que a los demás y escoger aquellas que se les parezcan, a fin de que su raza se haga tan numerosa, cuanto sea posible.

–Recuerdo que hemos dicho eso.

–Homero quiere también que los guerreros jóvenes, que se distinguen por su bravura, sean honrados de otra manera. Dice este poeta que, después de un combate en que Ayax se había distinguido, se le sirvió para honrarle "el ancho lomo de la víctima",[72] como una recompensa acomodada a un joven y valiente guerrero, puesto que era a la vez una distinción y un medio de aumentar sus fuerzas.

–Muy bien.

–En este punto seguiremos, pues, la autoridad de Homero. En los sacrificios y en las fiestas se celebrarán con cantos las empresas de los guerreros; se les dará el puesto de honor, y se les servirán "viandas y vino en mayor cantidad que a los demás",[73] distinciones todas propias a la vez para lisonjearlos y hacerlos más robustos. Lo que digo de los hombres debe entenderse lo mismo de las mujeres.

–Apruebo todos estos reglamentos.

–Con respecto a los que han muerto generosamente, con las armas en la mano, ¿no deberemos decir desde luego que pertenecen a la raza de oro?

–Sin duda.

–¿Y no nos conformaremos con la opinión de Hesíodo, que asegura que los de esta raza, cuando mueren, se convierten "En genios puros, que moran en la tierra, genios bienhechores, que combaten los males que amenazan a los hombres, y cuidan de su conservación?"[74]

–Sí.

–Así pues, consultaremos el oráculo sobre el culto que debe darse a estos hombres superiores y divinos, y arreglaremos las ceremonias conforme a la respuesta que nos dé.

–Sin contradicción.

–Los honraremos como genios tutelares, y les dirigiremos nuestras súplicas sobre su tumba. Los mismos honores dispensaremos a los que mueran por enfermedad o por vejez después de haber pasado su vida en el ejercicio de la más pura virtud.

---

72. *Ilíada*, VII, v. 321.
73. *Ilíada*, VIII, v. 162.
74. *Las obras y los días*, v. 121.

–Más que honor es justicia lo que haremos.

–Pero ¿cuál será la conducta de nuestros guerreros respecto del enemigo?

–¿En qué?

–En primer lugar, en punto a la esclavitud. ¿Te parece justo, que los griegos reduzcan a la servidumbre a ciudades griegas? ¿No deberían más bien prohibirlo a todos los demás, en cuanto fuera posible, y sentar por principio que no había esclavitud para los pueblos griegos, por temor de que cayeran en la esclavitud de los bárbaros?

–Ciertamente es de gran interés hacerlo así.

–Y por tanto, no debe tenerse ningún esclavo griego, y a todos los demás griegos se debe aconsejar que sigan este ejemplo.

–Sin duda. Por este medio, en lugar de destruirse unos a otros, volverían todas sus fuerzas contra los bárbaros.

–¿Te parece bien que despojen a los muertos y que quiten a sus enemigos vencidos otra cosa que sus armas? ¿No es un pretexto para que los cobardes dejen de atacar a los que aún se defienden haciendo como que cumplen un deber cuando están inclinados sobre los cadáveres para despojarlos? Por otra parte, esta codicia por el botín ha sido ya funesta a más de un ejército.

–Es cierto.

–¿Y no es una bajeza y una concupiscencia innoble despojar a un muerto? ¿No es una pequeñez de espíritu, que apenas sería perdonable a una mujer, tratar como enemigo al cadáver de su adversario, cuando la cualidad de enemigo ha desaparecido, quedando sólo el instrumento de que se servía para combatir? Los que obran de esta manera hacen lo que los perros, que muerden la piedra que los ha herido sin hacer ningún mal a la mano que la ha arrojado.

–Hacen lo mismo, es verdad.

–Por tanto, que nuestros guerreros se abstengan de despojar a los muertos, y que no rehusen al enemigo el permiso para llevárselos.

–Estoy conforme.

–Tampoco llevaremos a los templos de los dioses las armas de los vencidos, sobre todo si son griegos, como para hacer con ellas ofrendas, por poco satisfechos que estemos de la benevolencia de los demás griegos. Temeríamos manchar los templos adornándolos con los despojos de nuestros vecinos, a menos, sin embargo, que el oráculo disponga lo contrario.

–Muy bien.

–¿Qué piensas de la devastación del territorio griego y del incendio de las casas?

–Deseo saber tu opinión en este punto.

–Mi opinión es que no se debe devastar ni quemar; y sí contentarse con tomarles todos los granos y frutos del año. ¿Quieres saber la razón?

–Con mucho gusto.

–Me parece, que así como la guerra y la discordia tienen dos nombres diferentes, son también dos cosas distintas que hacen relación a dos objetos también diferentes. Uno de estos objetos es el que está unido a nosotros por los lazos de la sangre y de la amistad; el otro nos es extraño. La enemistad entre allegados se llama discordia; entre extraños, se llama guerra.

–Lo que dices es muy exacto.

–Mira si lo que voy a decir lo es también. Digo, que los griegos son entre sí amigos y aliados, y extranjeros respecto a los bárbaros.

–Es cierto.

–Por consiguiente, cuando entre griegos y bárbaros surja cualquiera desavenencia y vengan a las manos, ésa en nuestra opinión será una verdadera guerra; pero cuando sobrevenga una cosa semejante entre los griegos, diremos que son naturalmente amigos, que es una enfermedad, una división intestina, la que turba la Grecia, y daremos a esta enemistad el nombre de discordia.

–Soy completamente de tu opinión.

–Por consiguiente, si siempre que se suscite cualquiera discordia en el estado, los ciudadanos han de arrasar las tierras y quemar las casas los unos a los otros, considera, te lo suplico, cuán funesto sería y cuán poco sensible se mostraría cada partido a los intereses de la patria. Si la miraran como su madre y como su nodriza, ¿cometerían contra ella tales excesos? ¿No deberían los vencedores darse por satisfechos, en razón del mal que debe causarse a los vencidos, arrancándoles la cosecha del año? ¿No deberán tratarlos como a amigos con los que no han de sostener una guerra perpetua, y con quienes han de reconciliarse algún día?

–Esa manera de obrar es mucho más conforme con la humanidad que la primera.

–¡Pero qué! ¿No es un estado griego el que intentas fundar?

–Sin duda.

–Los ciudadanos de este estado, ¿no han de ser humanos y virtuosos?

–Sí.

–¿No han de ser también amigos de los griegos? ¿No mirarán la Grecia como su patria común? ¿No tendrán la misma religión?

–Sin duda.

–Luego sus desavenencias con los demás griegos las considerarán como discordias y no les darán el nombre de guerras.

–No.

–Y en estas desavenencias deberán conducirse teniendo en cuenta que llegará un día en que se reconciliarán con sus adversarios.

–Sí.

–Los traerán suavemente a la razón, sin que para castigarlos tengan necesidad de hacerlos esclavos ni arruinarlos. Los corregirán como amigos para hacerlos prudentes, y no como a enemigos.

–Tienes razón.

–Puesto que son griegos, no asolarán ningún pueblo o sitio de la Grecia; no quemarán las casas; no mirarán como adversarios a todos los habitantes de un estado, hombres, mujeres y niños, sin excepción, sino sólo a los autores de la discordia, y en su consecuencia, respetando las tierras y las casas de los habitantes, porque el mayor número se compone de amigos, no usarán de la violencia en cuanto no sea necesaria para obligar a los inocentes a que tomen ellos mismos venganza de los culpables.

–Reconozco contigo que los ciudadanos de nuestro estado deben seguir esta conducta en sus querellas con los demás griegos; y respecto a los bárbaros, hacer con ellos lo que hoy están haciendo los pueblos griegos unos con otros.

–Así, pues, prohibamos a nuestros guerreros por una ley expresa las talas y los incendios.

–Con mucho gusto, doy mi aprobación a esta ley y a las que preceden. Pero, Sócrates, se me figura que si se te deja proseguir, nunca llegarás al punto esencial cuya explicación aplazastes antes, por haberte engolfado en todos estos desenvolvimientos. Se trata de saber si un estado semejante es posible y cómo lo es. Convengo en que todos los bienes, de que has hecho mención, se encontrarían en nuestro estado, si pudiese existir. Y aún yo añado otras ventajas, que tú has omitido; por ejemplo, que sus guerreros serían tanto más valientes, cuanto que conociéndose todos y dándose en la pelea los nombres de hermanos, de padres y de hijos, volarían los unos al socorro de los otros. También conozco que la presencia de las mujeres los hará invencibles, sea que ellas combatan con ellos en las mismas filas, sea que se las coloque a retaguardia para imponer al enemigo y para servirse de ellas en un caso extremo. Veo también que disfrutarían durante la paz otros muchos bienes de que no has hecho mención. Todo esto te lo concedo y otras mil cosas aún, si la ejecución corresponde al proyecto. Por tanto, abandona estos pormenores que son superfluos, y haznos ver más bien que tu proyecto no es una quimera, y cómo puede llevarse a cabo. De todo lo demás te eximo completamente.

–¡Cómo has caído de repente sobre mi discurso sin dejarme respirar después de tantos ataques! Quizá no sabes que después de haber escapado, no sin dificultad, de dos oleadas furiosas, tú me expones a una tercera mucho más grande y terrible. Cuando la hayas visto y hayas oído su ruido, no extrañarás mi terror y todos los rodeos que he tomado antes de abordar una proposición tan extraña.

–Cuantos más pretextos alegues, tanto más te estrecharemos para que nos expliques cómo es posible realizar tu estado; habla, pues, y no nos tengas más en espera.

–Sea así. Es bueno, por lo pronto, recordaros que lo que nos ha conducido hasta aquí, es la indagación de la naturaleza de la justicia y de la injusticia.

–Sin duda; pero ¿a qué viene eso?

–A nada; pero cuando hayamos descubierto la naturaleza de la justicia ¿exigiremos del hombre justo que no se separe nada de la justicia, y que se mantenga en perfecta armonía con ella, o bastará que se aproxime a ella en cuanto es posible y que reproduzca un mayor número de rasgos de la misma que el resto de los hombres?

–Eso nos bastará.

–Y así, cuando indagábamos cuál era la esencia de la justicia y cómo debía ser el hombre justo, suponiendo que existía, y cuáles la injusticia y el hombre injusto, ¿qué es lo que nos propusimos? Yo creo que nada más que encontrar dos modelos completos, fijar nuestras miradas en el uno y en el otro, para juzgar de la felicidad o desgracia que acompaña a cada uno de ellos, y obligarnos a concluir con relación a nosotros mismos, que seremos más o menos dichosos según que nos parezcamos más el uno o al otro; pero nuestro designio nunca ha sido probar que estos modelos puedan existir.

–Dices verdad.

–¿Crees que un pintor, después de haber pintado el más bello modelo de hombre que pueda verse y de haber dado a cada rasgo la última perfección, sería menos hábil porque no le fuera posible probar que la naturaleza puede producir un hombre semejante?

–No.

–Y nosotros, ¿qué hemos hecho en esta conversación sino trazar el modelo de un estado perfecto?

–No hemos hecho otra cosa.

–Y lo que hemos dicho, ¿no estará bien dicho, aun cuando no podamos demostrar que se puede formar un estado según este modelo?

–Es claro.

–Esta es la verdad; pero si quieres que te haga ver cómo y hasta qué punto un estado semejante puede realizarse, lo haré para que me quedes obligado, con tal que me concedas una cosa que me es necesaria.

–¿Cuál?

–¿Es posible ejecutar una cosa precisamente como se la describe? ¿No está, por el contrario, en la naturaleza de las cosas, que la ejecución se aproxime menos a lo verdadero que el discurso? Otros no piensan lo mismo; pero ¿tú qué dices?

–Soy de tu dictamen.

–No exijas, por tanto, de mí que realice con una completa precisión el plan que he trazado; y si puedo hacer ver cómo un estado puede ser gobernado de una manera muy aproximada a la que he dicho, confiesa entonces que he probado, como me exiges, que nuestro estado no es una quimera. ¿No te darás por satisfecho si llego a conseguirlo? Por mi parte lo estaré.

–Y yo también.

–Tratemos ahora de descubrir por qué los estados actuales están mal gobernados y qué cambio sería posible introducir en ellos, para que su gobierno se hiciese semejante al nuestro. No cambiemos sino un solo punto o dos; o, en todo caso, un pequeño número y de los menos considerables por sus efectos.

–Muy bien.

–Encuentro que con sólo cambiar un solo punto ya puedo demostrar que los estados mudarían completamente de aspecto. Es cierto que este punto ni es de poca importancia ni se presta fácilmente al cambio, aunque sí es posible.

–¿Qué punto es ése?

–He aquí que he llegado a lo que he comparado con la tercera oleada; pero aun cuando hubiese de verme agobiado y como sumergido en el ridículo, voy a hablar; escúchame.

–Habla.

–Como los filósofos no gobiernen los estados, o como los que hoy se llaman reyes y soberanos no sean verdadera y seriamente filósofos, de suerte que la autoridad pública y la filosofía se encuentren juntas en el mismo sujeto, y como no se excluyan absolutamente del gobierno tantas personas, que aspiran hoy a uno de estos dos términos con exclusión del otro; como todo esto no se verifique, mi querido Glaucón, no hay remedio posible para los males que arruinan los estados ni para los del género humano; ni este estado perfecto, cuyo plan hemos trazado, aparecerá jamás sobre la tierra, ni verá la luz del día. He aquí lo que ha mucho dudaba si debería decir, porque preveía que la opinión pública se sublevaría contra semejante pensamiento porque es difícil concebir que la felicidad pública y la privada dependan de esta condición.

–Al proferir un discurso semejante, mi querido Sócrates, has debido esperar que muchos, y entre ellos gentes de gran mérito, se despojarían, por decirlo así, de sus ropas, y armados con todo lo que se les viniera a las manos, se arrojarían sobre ti con todas sus fuerzas y consiguiendo efectos maravillosos. Si no los rechazas con las armas de la razón, te vas a ver agobiado por sus burlas, y recibirás el castigo de tu temeridad.

–También serás tú la causa, si tal sucede.

–No me arrepiento; pero prometo no abandonarte, y sí apoyarte con todas mis fuerzas, es decir, alentándote e interesándome en tus triunfos. Quizá responderé yo a tus preguntas con más oportunidad que ningún otro, y con este auxilio procura combatir a tus adversarios y hacerles ver que la razón está de tu parte.

–Lo haré con confianza, puesto que me ofreces un auxilio que estimo en mucho. Si queremos salvarnos de los que nos atacan, es indispensable explicarles cuáles son los filósofos a quienes nos atrevemos a entregar el gobierno de los estados. Desenvuelto que sea este punto, podremos ya defendernos con más facilidad y probar que sólo a tales hombres pertenece la cualidad de filósofos y de magistrados, y que todos los demás no deben ni filosofar ni mezclarse en el gobierno.

–Ya es tiempo de que expliques tu pensamiento sobre este punto.

–Es lo que voy hacer. Sígueme y repara si te conduzco bien.

–Te sigo.

–¿Será necesario que te recuerde que cuando se dice de alguno que ama una cosa, si se habla con exactitud, debe entenderse por esto, no que ama una parte sí y otra no, sino que ama el todo entero?

–Haces bien en recordármelo, porque no sé adónde vas a parar.

–En verdad, Glaucón, a cualquier otro perdonaría lo que acabas de decir, pero un hombre experto como tú en materias de amor debería saber que todo lo que es joven causa impresión sobre un corazón amante y lo considera digno de sus cuidados y de su ternura. ¿No es esto lo que os sucede a todos vosotros respecto a jóvenes bien apuestos? ¿No decís de una nariz roma, que es muy bonita, de la aguileña que es una nariz regia y de la que ocupa un término medio que es perfectamente proporcionada? ¿Que los morenos tienen un aire marcial, y que los blancos son los hijos de los dioses? ¿Y qué otro que un amante pudo inventar la expresión por la que se compara al color de la miel la palidez de los que están en la flor de la edad? En una palabra, no hay recursos que no empleéis, ni pretextos a que no echéis mano, para extender vuestros obsequios a todos los que están en la primera juventud.

–Si quieres tomarme como ejemplo de lo que los demás hacen en esta materia, te lo concedo, para no interrumpir el curso de esta discusión.

–¿No observas que los aficionados al vino observan la misma conducta y hacen el elogio de toda clase de vinos?

–Es cierto.

–¿No ves también que los ambiciosos, cuando no pueden mandar sobre toda una tribu, mandan una tercera parte, y que cuando no pueden ser honrados por los grandes, se contentan con los honores que les hacen los pequeños, porque están ávidos de distinciones, cualesquiera que ellas sean?

–Convengo en ello.

–Ahora respóndeme: cuando se dice, de alguno que ama una cosa, ¿quiere decirse que no ama más que una parte, o que la ama toda ella?

–Se quiere decir que la ama toda y por entero.

–Por tanto, diremos del filósofo, que ama la sabiduría, no en parte, sino toda y por entero.

–Sin duda.

–No diremos del que es difícil de contentar en materia de ciencias, sobre todo si es joven y no está en disposición de dar razón de lo que es útil o no lo es, que es filósofo ansioso de adquirir conocimientos; lo mismo que de un hombre que come con repugnancia no se dice que tiene hambre ni que tiene gusto en comer, sino que no tiene apetito.

–Tienes razón.

–Pero el que lleva de frente todas las ciencias con un ardor igual, que desearía abrazarlas todas y que tiene un deseo insaciable de aprender ¿no merece el nombre de filósofo? ¿Qué piensas de esto?

–Según te explicas, tendría que ser infinito el número de filósofos y todos de un carácter bien extraño; porque sería preciso comprender bajo este nombre todos los que son curiosos y desean ver y saber novedades, y sería cosa singular ver entre los filósofos a estas gentes curiosas, que ciertamente no asistirían con gusto a esta conversación, pero que tienen como alquilados los oídos para oír todos los coros, y concurrir a todas las fiestas de Dionisios sin faltar a una sola, sea en la ciudad, sea en el campo. ¿Y llamaremos filósofos a los que no muestran ardor sino para aprender tales cosas, o que se consagran al conocimiento de las artes más ínfimas?

–Esos no son los verdaderos filósofos; sólo lo son en la apariencia.

–Entonces, ¿quiénes son, en tu opinión, los verdaderos filósofos?

–Los que gustan de contemplar la verdad.

–Tienes razón sin duda, pero explícame lo que quieres decir con eso.

–No sería fácil si hablara con otro; pero creo que tú me concederás lo siguiente.

–¿Qué?

–Que siendo lo bello lo opuesto de lo feo, son estas dos cosas distintas.

–Sin duda.

–Por consiguiente, cada una de ellas es una.

–Sí.

–Lo mismo sucede respecto a lo justo y a lo injusto, a lo bueno y a lo malo, y a todas las demás ideas. Cada una de ellas, tomada en sí misma, es una; pero consideradas todas en las relaciones que tienen con nuestras acciones, con los cuerpos, y entre sí, revisten mil formas que vienen, al parecer, como a multiplicarlas.

–Dices verdad.

–He aquí cómo distingo estas gentes curiosas, que tienen manía por las artes, y se limitan a la práctica, de los contempladores de la verdad, que son los únicos a quienes conviene el nombre de filósofos.

–¿Cómo? Te suplico que me lo digas.

–Los primeros, cuya curiosidad está por entero en los ojos y en los oídos, se complacen en oír bellas voces, ver bellos colores, bellas figuras y todas las obras del arte o de la naturaleza en que entra lo bello; pero su alma es incapaz de elevarse hasta la esencia de la belleza misma, reconocerla y unirse a ella.

–Así es.

–¿No son muy escasos los que pueden elevarse hasta lo bello en sí y contemplarlo en su esencia?

–Muy raros.

–¿Que significa la vida en un hombre que conoce en verdad las cosas bellas, pero que no tiene ninguna idea de la belleza en sí misma, ni es capaz de seguir a los que quieran hacérsela conocer? ¿Es un sueño? ¿Es una realidad? Fíjate. ¿Qué es soñar? ¿No es, sea que se duerma, sea que se esté despierto, tomar la imagen de una cosa por la cosa misma?

–Sí, eso es lo que yo llamaría soñar.

–Por el contrario, el que puede contemplar la belleza, sea en sí misma, sea en lo que participa de su esencia, que no confunde lo bello y las cosas bellas y que no toma jamás las cosas bellas por lo bello, ¿vive como en un sueño o en la realidad?

–Vive en la realidad.

–Los conocimientos de éste, fundados en una vista clara de los objetos, son una verdadera ciencia; y los de aquél, que sólo descansan en la apariencia, no merecen otro nombre que el de opinión.

–Sí.

–Pero si este último, que en nuestro juicio juzga en vista de la apariencia y no conoce, se volviese contra nosotros y sostuviese que no decimos la verdad, ¿no tendríamos nada que responderle para tranquilizarle, y persuadirle suavemente de que se engaña, ocultándole, sin embargo, la enfermedad de su alma?

–Así convenía.

–Veamos lo que hemos de decirle; o ¿quieres que le interroguemos, asegurándole que, lejos de tenerle envidia por su saber, si es que sabe, tendremos, por el contrario, la mayor satisfacción en oír a alguien que tenga conocimiento de algo? Yo le preguntaré: dime, el que conoce, ¿conoce algo o nada? Glaucón, respóndeme por él.

–Respondo que conoce algo.

–¿Que existe o que no existe?

–Algo que existe, porque ¿cómo podría conocer lo que no existe?

–De manera, que sin llevar más adelante nuestras indagaciones, sabemos a no dudar, que lo que existe de todas maneras puede ser conocido lo mismo, y lo que de ninguna manera existe, de ninguna manera puede ser conocido.

–Estamos ciertos de eso.

–Pero si hubiese una cosa que participara a la vez del ser y del no-ser, ¿no ocuparía un lugar intermedio entre lo que existe por completo y lo que no existe absolutamente?

–Sí.

–Luego si la ciencia tiene por objeto el ser, y la ignorancia el no-ser, es preciso buscar, respecto a lo que ocupa el medio entre el ser y el no-ser, una manera de conocer, que sea intermedia entre la ciencia y la ignorancia, suponiendo que la haya.

–Sin duda.

–Y esta cosa intermedia, ¿no es la opinión?

–Sí.

–¿Es una facultad distinta de la ciencia?

–Es distinta.

–Luego la opinión tiene su objeto positivo, y la ciencia tiene el suyo; manifestándose cada una de ellas siempre como una facultad distinta.

–Sí.

–La ciencia, ¿no tiene por objeto conocer lo que existe en tanto que existe? O más bien, antes de pasar adelante, me parece indispensable explicar una cosa.

–¿Qué cosa?

–Digo que las facultades son una especie de seres que nos hacen, así a nosotros como a todos los demás agentes, capaces de las operaciones que nos son propias Por ejemplo, llamo facultad al poder de ver, de oír. ¿Comprendes lo que quiero decir al usar este nombre genérico?

–Comprendo.

–Escucha lo que pienso en esta materia. En cada facultad no veo ni color, ni figura, ni nada semejante a lo que se encuentra en otras mil cosas de que puedan ayudarse mis ojos para distinguir una facultad de otra. Sólo considero en cada una de ellas su destino y sus efectos, y así es como las distingo. Llamo facultades idénticas a las que tienen el mismo objeto y producen los mismos efectos, y facultades diferentes a las que tienen objetos y efectos diferentes. Y tú, ¿cómo las distingues?

–De la misma manera.

–Ahora volvamos al punto principal. ¿Colocas tú la ciencia en el número de las facultades o en otra especie de seres?

–La miro como la más poderosa de todas las facultades.

–La opinión, ¿es también una facultad, o bien alguna otra especie de ser?

–De ninguna manera; la opinión no es otra cosa que la facultad que tenemos de juzgar por la apariencia.

–Pero tú confesaste antes que la ciencia difería de la opinión.

–Sin duda, ¿cómo un hombre sensato podría confundir lo que es infalible con lo que no lo es?

–Muy bien; ¿hemos reconocido que la ciencia y la opinión son dos facultades distintas?

–Sí.

–Cada una de ellas tiene una virtud y un objeto diferentes.

–Precisamente.

–La ciencia, ¿no tiene por objeto conocer lo que existe tal como existe?

–Sí.

–Pero la opinión no es otra cosa, según hemos dicho, que la facultad de juzgar por las apariencias.

–Sin contradicción.

–¿Tiene el mismo objeto que la ciencia, de suerte que una misma cosa pueda someterse a la vez al conocimiento y a la opinión? ¿O antes bien esto es imposible?

–En mi opinión es imposible; porque si facultades diferentes tienen objetos diferentes, y si, por otra parte, la ciencia y la opinión son dos facultades diferentes se sigue que el objeto de la ciencia no puede ser el de la opinión.

–Luego si el ser es el objeto de la ciencia, el de la opinión será otra cosa distinta del ser.

–Sí

–¿Será el no-ser? ¿O es imposible que el no-ser sea el objeto de la opinión? Atiende a lo que voy a decir: el que tiene una opinión, ¿no la tiene sobre algo? ¿Puede tenerse una opinión que recaiga sobre nada?

–Eso no puede ser.

–Luego el que tiene una opinión, la tiene sobre algo.

–Sí.

–Pero el no-ser, ¿es alguna cosa? ¿No es más bien una negación de cosa?

–Es cierto.

–Por esta razón hemos designado el ser como objeto de la ciencia, y el no-ser como objeto de la ignorancia.

–Hemos hecho bien.

–Luego el objeto de la opinión, ni es el ser, ni el no-ser.

–No.

–Por consiguiente, la opinión difiere igualmente de la ciencia que de la ignorancia.

–Sí.

–Pero la opinión, ¿va más allá que la una o que la otra, de manera que sea más luminosa que la ciencia o más oscura que la ignorancia?

–No.

–Sucede, pues, todo lo contrario; es decir, que tiene menos claridad que la ciencia y menos oscuridad que la ignorancia. ¿No se encuentra entre la una y la otra?

–Sí.

–¿Luego la opinión es una cosa intermedia entre la ciencia y la ignorancia?

–Sí.

–No dijimos antes, que si encontrábamos una cosa que fuese y no fuese al mismo tiempo, esta cosa ocuparía un medio entre el puro ser y la pura nada, y que no sería el objeto ni de la ciencia ni de la ignorancia, y sí de alguna facultad que juzgábamos intermedia entre la una y la otra?

–Es cierto.

–¿No acabamos de ver que esta facultad intermedia es lo que se llama opinión?

–Sí.

–Resta que probemos cuál es esta cosa que participa del ser y del no-ser, y que propiamente no es ni lo uno ni lo otro, y si descubriéramos que éste era el objeto de la opinión, entonces asignaríamos a cada una de estas facultades sus objetos, los extremos a los extremos, y el objeto intermedio a la facultad intermedia. ¿No es así?

–Sin duda.

–Sentado esto, que me responda ese hombre, que no cree que haya nada bello en sí, ni que la idea de lo bello sea inmutable, y que sólo admite cosas bellas; ese apasionado de los espectáculos que no puede consentir que se le hable de lo bello y de lo justo absolutos; respóndeme, le diré yo, ¿no te parece que estas cosas mismas, que juzgas tú bellas, justas y santas, bajo otras relaciones no son bellas, ni justas, ni santas?

–Sí, responderá él; las mismas cosas, examinadas diversamente, parecen bellas y feas, y así sucede con lo demás.

–Las cantidades dobles, ¿no pueden ser lo mismo, dobles que mitad de otra?

–Sí.

–Otro tanto digo de las cosas que se llaman grandes o pequeñas, pesadas o ligeras: cada una de estas calificaciones ¿las conviene mejor que la calificación contraria?

–No, porque participan de la una y de la otra.

–¿Estas cosas son más bien que no son aquello que se dicen ser?

–Se parecen a esas proposiciones de doble sentido que están en boga en los banquetes, y al enigma de los niños sobre la manera con que el eunuco hirió al murciélago.[75] Las palabras tienen dos sentidos

75. He aquí el enigma completo. Un hombre que no es un hombre (eunuco), que ve y que no ve (tuerto), ha herido y no ha herido con una piedra, que no es

contrarios, porque no se puede decir con certidumbre, ni sí, ni no, ni lo uno, ni lo otro, ni dejar de decir lo uno y lo otro.

–¿Qué debe hacerse con esta clase de cosas y dónde pueden colocarse mejor que entre el ser y la nada? Porque en verdad no tienen ni menos existencia que la nada, ni más realidad que el ser.

–Es cierto.

–Hemos visto que este cúmulo de cosas, a las que el vulgo atribuye la belleza y demás cualidades semejantes, ruedan, por decirlo así, en el espacio que separa al ser de la nada.

–Sí, lo hemos visto sin poder dudar de ello.

–Pero ya de antemano hemos convenido en que estas cosas que fluctúan entre el ser y la nada, habían de ser el objeto, no de la ciencia, sino de la facultad intermedia, de la opinión.

–Sí.

–Por consiguiente, para los que ven la multitud de cosas bellas, pero que no distinguen lo bello en su esencia, ni pueden seguir a los que intentan demostrárselo, que ven la multitud de cosas justas, pero no la justicia misma, y lo mismo todo lo demás, diremos que todos sus juicios son opiniones y no conocimientos.

–Sin duda.

–Por el contrario, los que contemplan la esencia inmutable de las cosas tienen conocimientos y no opiniones.

–Es igualmente indudable.

–¿Unos y otros no gustan y abrazan, éstos las cosas que son objeto de la ciencia, y aquéllos las cosas que son objeto de la opinión? ¿No recuerdas lo que dijimos de estos últimos, que se complacen en oír preciosas voces, en ver preciosos colores, pero que no pueden sufrir que se les hable de la belleza absoluta como de una cosa real?

–Me acuerdo.

–Ninguna injusticia les haremos llamándoles amigos de la opi-

---

piedra (piedra pómez), a un pájaro que no es pájaro (murciélago), que estaba sobre un árbol que no es árbol (saúco); es decir, un eunuco tuerto ha herido con piedra pómez a un murciélago que estaba en un saúco.

nión más bien que amigos de la sabiduría. ¿Crees que se enojarán con nosotros si los tratamos de esta manera?

–Si me creen, no lo harán, porque nunca es permitido ofenderse porque le digan la verdad.

–Por consiguiente, será preciso dar el nombre de filósofos sólo a los que se consagran a la contemplación de la esencia de las cosas.

–Sin duda.

Libro sexto

–Al fin, después de muchas dificultades y de un rodeo de palabras bastante largo, hemos fijado, mi querido Glaucón, la diferencia entre los verdaderos filósofos y los que no lo son.

–Quizá no era fácil conseguir por otro medio el objeto.

–No lo creo yo así. A mi parecer, hubiéramos podido llevar en este punto la evidencia más allá aún, si sólo de esta cuestión hubiéramos tenido que tratar, y si no tuviéramos que recorrer otras muchas para saber en qué difiere la condición del hombre justo de la del hombre malo.

–Después de esto, ¿qué es lo que nos falta por examinar?

–Lo que sigue inmediatamente. Puesto que los verdaderos filósofos son aquéllos cuyo espíritu puede alcanzar el conocimiento de lo que existe siempre de una manera inmutable, y que todos los demás que giran sin cesar en torno de mil objetos siempre mudables, serán todo menos filósofos, es preciso ver a quiénes hemos de escoger para gobernar nuestro estado.

–¿Y cuál será el mejor camino que para ello debamos tomar?

–Designar para magistrados a los que nos parezcan más a propósito para mantener las leyes y las instituciones en todo su vigor.

–Muy bien.

–No es difícil decidir si un buen guardián debe ser ciego o perspicaz.

–No, sin duda.

–¿Y qué diferencia encuentras entre los ciegos y los que, privados del conocimiento de lo que existe de una manera simple e inmutable y no teniendo en su alma ninguna idea clara y distinta, no pueden a semejanza de los pintores fijar sus miradas sobre el ejemplar eterno de la verdad, y después de haberlo contemplado con toda la atención posible, trasladar a las cosas de este mundo lo que han observado, y servirse de ello como de una regla segura para fijar por medio de leyes lo que es honesto, bueno y justo en las acciones humanas, y para conservar estas leyes después de haberlas establecido?

–Ninguna diferencia encuentro entre ellos y los ciegos.

–¿Y serán éstos los que habremos de escoger para guardianes del estado? ¿O más bien deberemos escoger a los que conocen la esencia de las cosas, y que además no ceden a los otros ni en experiencia, ni en ninguna clase de mérito?

–Sería una locura no escoger a estos últimos, si por otra parte en nada son inferiores a los primeros, puesto que los superan en la cualidad más importante.

–Ahora nos toca a nosotros explicar por qué medio podrán unir la experiencia a la especulación.

–Como ya dijimos al principio de nuestra conversación, es preciso comenzar por tener un perfecto conocimiento del carácter que les es propio, porque estoy convencido de que si llegamos a profundizarle bien, no dudaremos un momento en reconocer que pueden reunir la experiencia y la especulación, y que no hay nadie que pueda ser preferido a ellos para el gobierno.

–¿Cómo?

–Convengamos, por lo pronto, en que el primer signo del espíritu filosófico es amar con pasión la ciencia, que puede conducirle al conocimiento de esta esencia inmutable, inaccesible a las vicisitudes de la generación y de la corrupción.

–Convengo en esto.

–Con ellos sucede lo que con los enamorados y ambiciosos con relación al objeto de su ambición y de su amor, porque ama todo lo que afecta a esta esencia sin despreciar ninguna parte, grande o pequeña, más o menos imperfecta.

–Tienes razón.

–Examina después si no es necesario que los que hayan de ser como hemos dicho, estén dotados de esta otra condición.

–¿Cuál?

–El horror a la mentira, a la que negarán toda entrada en el alma, al paso que habrán de tener un amor igual por la verdad.

–Así parece.

–No sólo así parece, mi querido amigo, sino que es absolutamente necesario que el que ama a algunos, ame todo lo que le pertenece y todo lo que tiene relación con él.

–Es cierto.

–¿Y hay algo que esté más estrechamente ligado con la ciencia que la verdad?

–No.

–¿Es posible que un mismo hombre ame la sabiduría y la mentira?

–No.

–Por consiguiente, el espíritu, verdaderamente ávido de ciencia, debe desde la primera juventud amar y buscar la verdad.

–Conforme.

–Pero tú sabes que, cuando los deseos se dirigen con violencia hacia un objeto, tiene menos vivacidad respecto a todo lo demás, porque el torrente corre, por decirlo así, en esta sola dirección.

–Sin duda.

–Por consiguiente aquel cuyos deseos se dirigen hacia las ciencias, sólo gusta de los placeres puros, que pertenecen al alma. Respecto a los del cuerpo, los desdeña, si no es filósofo en el nombre y sí en realidad.

–No puede ser de otra manera.

–Un hombre de tales condiciones es templado y enteramente extraño a la concupiscencia, porque las razones que obligan a los demás a correr con tanto ardor tras las riquezas, no tienen ninguna influencia sobre él.

–Sí.

–Para distinguir al verdadero filósofo del que no lo es, es preciso fijarse en una cosa.

–¿En qué cosa?

–Que no haya en su alma nada que le rebaje, porque la pequeñez no puede tener absolutamente cabida en un alma que debe abrazar en sus indagaciones todas las cosas divinas y humanas.

–Nada más cierto.

–Pero ¿crees que un alma grande, que abraza en su pensamiento todos los tiempos y todos los seres, mire la vida del hombre como cosa importante?

–Es imposible.

–¿Luego un alma de este temple no temerá la muerte?

–No.

–De esta manera un alma cobarde y baja jamás tendrá ni la más pequeña comunicación con la verdadera filosofía.

–No lo creo.

–¡Pero qué! ¿Un hombre moderado en sus deseos, exento de concupiscencia, de bajeza, de arrogancia, de cobardía puede ser injusto o de un carácter intratable?

–De ninguna manera.

–Cuando se trate, pues, de discernir cuál es el alma nacida para la filosofía, observarás si desde los primeros años da muestras de equidad y de dulzura, o si es huraño e intratable.

–Sí.

–Tampoco dejarás, a mi juicio, de fijar tu atención en otro punto.

–¿Qué punto?

–Si tiene facilidad o dificultad para aprender. ¿Puedes esperar que un hombre tome gusto por cosas que hace con gran trabajo y con escaso resultado?

–Haría mal en esperarlo.

–Pero si no retiene nada de lo que aprende, si todo lo olvida, ¿es posible que adquiera ciencia?

–¿Cómo puede adquirirla?

–Viendo que trabaja sin fruto, ¿no se verá al fin precisado a odiarse a sí mismo, y a odiar todo género de estudio?

–Sin duda.

–Por tanto, no incluiremos en el rango de las almas nacidas para la filosofía a aquella que todo lo olvida porque queremos que esté dotada de una excelente memoria.

–Tenemos razón para ello.

–Pero un alma sin armonía y sin gracia, ¿no se ve naturalmente arrastrada a no observar un comportamiento mesurado?

–Sí.

–La verdad ¿es amiga del comportamiento mesurado o de lo contrario?

–Es amiga de la circunspección.

–Busquemos, pues, en el filósofo un espíritu, amigo de la gracia y de la medida, y cuya tendencia natural tienda a la contemplación de la esencia de las cosas.

–Sin duda.

–Todas las cualidades, cuyo deslinde acabamos de hacer, ¿no se ligan entre sí, y no son todas ellas necesarias al alma que debe elevarse al más perfecto conocimiento del ser?

–Todas le son necesarias.

–¿Merecerá ser criticada en ningún concepto una profesión para la que no puede ser capaz sino el que está dotado de memoria, de penetración, de grandeza de alma, de afabilidad, y que es amigo y en cierto modo aliado de la verdad, de la justicia, de la fortaleza y de la templanza?

–El mismo Momo no encontraría nada que observar.

–A tales hombres, perfeccionados por la educación y por la experiencia, y sólo a ellos, deberás confiar el gobierno del estado.

Adimanto, tomando entonces la palabra, me dijo:

–Sócrates, nadie puede negarte la verdad de lo que acabas de decir. Pero he aquí una cosa que sucede de ordinario a los que conversan contigo. Se imaginan que, por no estar versados en el arte de interrogar y de responder, se ven conducidos poco a poco al error mediante una serie de preguntas, cuyas consecuencias no ven al pronto, pero que ligadas las unas a las otras, concluyen por hacerles caer en un error contrario enteramente a lo que habían creído al principio. Y así como en el chaquete[76] los malos jugadores se ven de tal manera entorpecidos por los hábiles, que concluyen por no saber qué pieza mover, en la misma forma tu habilidad en manejar, no las piezas, sino el discurso, concluye por poner a los interlocutores en la imposibilidad de saber qué decir, sin que por ello haya más verdad en tus palabras; y digo todo esto, con motivo de lo que acabo de oírte. En efecto, se te debe decir que es imposible en verdad oponer nada a cada una de tus preguntas en particular, pero que si se examina la cosa en sí, se ve que los que se consagran a la filosofía, no sólo los que lo hacen durante su juventud para completar su educación, sino los que envejecen en

76. Juego parecido a las damas.

este estudio, son en su mayor parte de un carácter extravagante e incómodo, por no decir otra cosa peor, y los más capaces de ellos se hacen inútiles para la sociedad por haber abrazado este estudio de que haces tantos elogios.

–Adimanto, ¿crees que los que hablan de esa manera no dicen la verdad?

–Yo no lo sé; pero tendré gusto en oír tu opinión.

–Pues bien; mi opinión es que dicen verdad.

–Si es así, ¿en qué has podido fundarte, para decir antes que no hay remedio para los males que arruinan los estados, mientras no sean gobernados por esos mismos filósofos, que tú reconoces que son inútiles?

–Me haces una pregunta a la que no puedo responder sin valerme de una comparación.

–Pues no es, sin embargo, tu costumbre, a mi parecer, emplear comparaciones en tus discursos.

–Muy bien. Veo que te burlas después de haberme comprometido en tan difícil discusión. Escucha la comparación de que voy a servirme, y así conocerías mejor aún mi poco talento en este género. El trato que se da a los sabios en los estados, tiene un no sé qué de extraño y particular, que nadie ha experimentado nunca algo que se aproxime a ello; de suerte que me veo obligado a formar con muchas partes, que no tienen entre si ninguna relación, un cuadro que debe servir para su justificación, imitando a los pintores cuando nos presentan animales mitad cabrones y mitad ciervos, u otras monstruosidades. Figúrate, pues, un patrón de una o de muchas naves tal como voy a pintártele; más grande y más robusto que el resto de la tripulación, pero un poco sordo, de vista corta, y poco versado en el arte de la navegación. Los marineros se disputan el timón; cada uno de ellos pretende ser piloto, sin tener ningún conocimiento náutico, y sin poder decir ni con qué maestro ni en qué tiempo lo ha adquirido. Además, son bastante extravagantes para decir que no es una ciencia que pueda aprenderse, y estarán dispuestos a hacer trizas al que intente sostener lo contrario. Imagínate que los ves alrededor del patrón, sitiándole, conjurándole, y apurándole para que les confíe el timón. Los excluidos matan y arrojan al mar a los que han sido preferidos; después embriagan al patrón o le adormecen haciéndole beber la mandrágora o se libran de él por cualquier otro medio. Entonces se apoderan de la nave, se echan sobre las provisiones, beben y comen con exceso, y conducen la nave del modo que semejantes gentes pueden conducirla. Además consideran como un hombre entendido, como un hábil marino, a todo el que pueda ayudarles a obtener por la persuasión o por la violencia la dirección de la nave; desprecian como inútil al que no sabe lisonjear sus deseos; ignoran por otra parte lo que es un piloto, y que para serlo es preciso tener conocimiento exacto de los tiempos, de las estaciones, del cielo, de los astros, de los vientos y de todo lo que pertenece a este arte; y en cuanto al talento de gobernar una nave, haya o no oposición de parte de la tripulación, no creen que sea posible unir a él la ciencia del pilotaje. En las naves en que pasan tales cosas ¿qué idea quieres que se tenga del verdadero piloto? Los marineros, en la disposición de espíritu en que yo los supongo, ¿no le considerarán como hombre inútil, y como visionario que pierde el tiempo en contemplar los astros?

–Es cierto.

–No creo que haya necesidad de demostrarte que este cuadro es la imagen fiel del tratamiento que se da a los verdaderos filósofos en los diversos estados. Comprendes sin duda mi pensamiento.

–Sí.

–Presenta esta comparación al que se asombre de ver a los filósofos tratados en los estados de una manera tan poco honrosa; trata de hacerle comprender que sería una maravilla mucho mayor que sucediera lo contrario.

–Se la presentaré.

–Dile que tiene razón al considerar a los más sabios de los filósofos como gentes inútiles para el estado; que no es a éstos a quienes es preciso atacar echándoles en cara su inutilidad, sino a los que no se dignan emplearlos, porque no está en el orden que el piloto suplique a la tripulación que le permitan conducir la nave, ni que los sabios vayan de puerta en puerta a hacer la misma súplica a los ricos. El que se ha atrevido a emitir esta idea se ha engañado. La verdad es que al enfermo, sea rico o pobre, es al que corresponde acudir al médico; y en general, lo natural es que el que tiene necesidad de ser gobernado vaya en busca del que puede gobernarle, y no que aquéllos, cuyo gobierno pueda ser útil a los demás, supliquen a éstos que se pongan en sus manos. Y así no te engañarás, comparando a los políticos con los marineros de que acabo de hablar; políticos que están hoy a la cabeza de los negocios públicos, y que consideran como gentes inútiles, perdidas en la contemplación de los astros, a los verdaderos pilotos.

–Muy bien.

–Se sigue de aquí, que es difícil que la mejor profesión se vea honrada por los que siguen un camino del todo opuesto. Pero las mayores y más fuertes calumnias, que a la filosofía se han inferido, son debidas a esos que se dicen filósofos sin serlo. Ellos son los que obligan a los enemigos de la filosofía a decir que la mayor parte de los que la cultivan son hombres perversos, y que los mejores de ellos son cuando menos inútiles; acusación que tú y yo hemos tenido por fundada. Di, ¿no es así?

–Sí.

–¿No acabamos de ver la razón de la inutilidad de los verdaderos filósofos?

–Sí.

–¿Quieres que indaguemos ahora la causa inevitable de la perversidad de los pretendidos filósofos, y que nos esforcemos en demostrar, si es posible, que no es la filosofía sobre la que ha de recaer la falta?

–Convengo en ello.

–Comencemos por recordar lo que dio origen a esta digresión, es decir, cuáles son las cualidades necesarias para llegar a ser un verdadero sabio. La primera es, como recordarás, el amor a la verdad, que debe buscarse en todo y por todo, siendo la verdadera filosofía absolutamente incompatible con el espíritu de mentira.

–Eso es lo mismo que dijiste.

–Y sobre este punto ¿no opinan de muy distinta manera la mayor parte de los hombres?

–Seguramente.

–A tu parecer, ¿no tendremos razón para responder que el que tiene verdadero amor a la ciencia no se detiene en las cosas que no existen más que en apariencia, sino que, nacido para conocer lo que existe realmente, tiende hacia lo mismo con un ardor y con un esfuerzo que no es posible superar ni contener, hasta llegar a unirse a ello mediante la parte del alma, que tiene más íntima relación con la misma realidad que se busca; y hasta que por último creando en él esta unión y este divino consorcio el conocimiento y la verdad, alcanza una vista clara y distinta del ser, y vive mediante éste una verdadera vida, dejando de ser su alma presa de los dolores del alumbramiento?

–No es posible responder mejor.

–¿Y puede amar la mentira un hombre de estas condiciones? ¿No le causará, por el contrario, un grande horror?

–La detestará.

–Y cuando es la verdad la que abre el camino, jamás diremos que pueda llevar tras sí el cortejo de los vicios.

–No, sin duda.

–Antes bien a la verdad van unidas siempre costumbres puras y arregladas, siendo la templanza su compañera.

–Sí.

–¿Y habrá necesidad de hacer por segunda vez la enumeración de las cualidades inseparables de la natural condición del filósofo? Debes recordar que Glaucón y yo estamos conformes en que la fuerza, la grandeza de alma, la facilidad en aprender y la memoria eran sus cualidades esenciales; y entonces tú nos interrumpiste, diciendo que en verdad era imposible resistir a nuestras razones, pero que si, dejando aparte los discursos, se echaba una mirada sobre la conducta de los filósofos, no se podía menos de confesar que unos son inútiles y otros, que son los más, enteramente perversos. Después de habernos ocupado de indagar la causa de esta acusación, hemos llegado a examinar por qué la mayor parte de los que se suponen filósofos son perversos, y esto nos ha obligado a trazar de nuevo el carácter del verdadero filósofo.

–Es cierto.

–Ahora es preciso examinar cómo una índole tan bella se corrompe y se pervierte, de suerte que son muy pocos los que escapan a la corrupción general, y éstos son precisamente aquellos a quienes se mira, no como perversos, sino como hombres inútiles. Después consideraremos cuál es el carácter de esos falsos filósofos, que usurpando una profesión de que son indignos y que está fuera de sus alcances, incurren en mil extravíos y ocasionan en tu opinión el descrédito universal de la filosofía.

–¿Cuáles son entonces las causas de corrupción para el verdadero filósofo?

–Voy a decírtelas, si soy capaz de ello. Por lo pronto, todo el mundo convendrá conmigo en que muy raras veces aparecen sobre la tierra hombres de índole natural tan feliz que reúnan en sí todas las cualidades que exigimos en un verdadero filósofo; ¿qué dices a esto?

–Que son muy pocos.

–Mira ahora las causas poderosas que influyen para que se malogre este pequeño número.

–¿Cuáles son?

–Lo que más te ha de sorprender es que estas mismas cualidades que hacen tan apreciables estos caracteres corrompen algunas veces el alma del que las posee y le separan de la filosofía; me refiero a la fuerza, a la templanza y a las demás cualidades de que hemos hecho mención.

–Eso es, en verdad, bien extraño.

–Además de esto, todo lo que los hombres consideran como bienes: la belleza, las riquezas, la fuerza del cuerpo, las grandes uniones, y todas las demás ventajas de esta naturaleza, no contribuyen menos a pervertir el alma y a hacer que la disguste del estudio de la sabiduría. Debes comprender a lo que me refiero.

–Sí, pero quisiera que me lo explicaras más por extenso.

–Fíjate bien en este principio general, y lejos de parecerte extraño cuanto acabo de decirte, será para ti completamente evidente.

–¿Cuál es ese principio?

–Todo el mundo sabe que la planta y el animal que nacen en un clima poco favorable, y que por otra parte no tiene ni el alimento ni la temperatura que necesita, se corrompe tanto más cuanto su naturaleza es más robusta, porque el mal es más contrario a lo que es bueno, que a lo que no es ni bueno ni malo.

–Es cierto.

–También es una verdad que un mal régimen daña más a lo que es excelente por su naturaleza, que a lo que no es más que mediano.

–Sí,

–Podemos asegurar igualmente, mi querido Adimanto, que las almas mejor nacidas se hacen las peores mediante una mala educación. ¿Crees tú, que los grandes crímenes y la maldad consumada parten de un alma ordinaria, o más bien de una naturaleza fuerte, que la educación ha corrompido? De las almas vulgares puede decirse que jamás harán ni mucho bien ni mucho mal.

–Convengo en ello.

–Por consiguiente, de dos cosas una; si la índole natural filosófica es cultivada por las ciencias que le son propias, necesariamente ha de llegar de grado en grado hasta la misma virtud; si por el contrario, declina, crece y se desenvuelve en un suelo extraño, no hay vicio que no produzca algún día, a no ser que algún dios vele por su conservación de una manera especial. ¿Crees, como se imaginan muchos, que los que pierden a la juventud son algunos sofistas? El mayor mal no procede de ellos. Los que lo atribuyen a los sofistas son ellos mismos sofistas mucho más peligrosos, porque valiéndose de sus propias máximas, saben formar y torcer a su gusto el espíritu de los hombres y de las mujeres, de los jóvenes y de los ancianos.

–Pero ¿en qué ocasión?

–Cuando en las asambleas públicas, en el foro, en el teatro, en el campo, o en cualquiera otro sitio donde la multitud se reúne, aprueban o desaprueban ciertas palabras y ciertas acciones con gran estruendo, grandes gritos y palmadas, redoblados por los ecos y las bóvedas. ¿Qué efecto producirán tales escenas en el corazón de un joven? Por excelente que sea la educación que haya recibido en particular, ¿no tiene que naufragar por precisión en medio de estas oleadas de alabanzas y de críticas? ¿Podrá resistir a la corriente que le arrastra? ¿No conformará sus juicios con los de la multitud sobre lo que es bueno o vergonzoso? ¿No hará estudio en imitarla?

–Mi querido Sócrates, ¿cómo podría obrar de otra manera?

–Sin embargo, no he querido hablar aún de la prueba más violenta a que se somete su virtud.

–¿Cuál es?

–Ella tiene lugar cuando estos hábiles maestros y estos grandes sofistas, no pudiendo nada con sus discursos, añaden los hechos a los dichos. ¿No sabes que castigan con la pérdida de los bienes, de la reputación y de la vida misma a los que rehusan someterse a sus razones?

–Lo sé.

–¿Qué otro sofista, ni qué instrucción particular, podrían prevalecer contra lecciones de esta clase?

–No es posible.

–No, sin duda; y sería una locura intentarlo. No hay, ni ha habido, ni habrá jamás alma verdaderamente virtuosa mientras su educación se vea combatida por las lecciones de tales maestros. Esto debe entenderse hablando humanamente y poniendo a parte toda protección inmediata de los dioses; porque si en un estado gobernado según estas máximas se encuentra alguno que se escape del naufragio común y sea lo que debe ser, se puede asegurar, sin temor de engañarse, que es deudor a los dioses de su salvación.

–Soy de tu dictamen.

–Entonces lo serás también en lo que voy a decir.

–¿Qué es?

–Todos esos simples particulares, esos doctores mercenarios que el pueblo llama sofistas, y que juzga que las lecciones que dan son opuestas a lo que el mismo pueblo cree, no hacen otra cosa que repetir a la juventud las máximas que el pueblo profesa en sus asambleas, y a esto llaman enseñar la sabiduría. Figúrate a un hombre que hubiese observado los movimientos instintivos y los apetitos de un animal grande y robusto, el punto por el que se podrá aproximar a él y tocarle, cuándo y por qué se enfurece o se aplaca, qué voz produce en cada ocasión, y qué tono de la del hombre le apacigua o le irrita, y que, después de haber aprendido todo esto con el tiempo y la experiencia, formase una ciencia que se pusiese a enseñar sin servirse por otra parte de ninguna regla segura para discernir lo que en estos hábitos y apetitos es honesto, bueno y justo, de lo que es vergonzoso, malo e injusto; conformándose en sus juicios con el instinto del animal, llamando bien a todo lo que le halaga y le causa placer, mal a todo lo que le irrita; justo y bello a todo lo que satisface las necesidades de la naturaleza; sin hacer otra distinción, porque no sabe la diferencia esencial que hay entre lo que es bueno en sí y lo que es bueno relativamente; diferencia que no conoció jamás, ni está en estado de hacerla conocer a los demás. ¿No te parecería en verdad bien ridículo un maestro semejante?

–Sí.

–¿Y no es esta, punto por punto, la imagen de los que hacen consistir la sabiduría en conocer lo que desea la multitud reunida, lo que la lisonjea, sea en pintura, sea en música, sea en política? ¿No es evidente que, si alguno presenta en estas reuniones alguna obra de poesía o de arte, o cualquiera proyecto de utilidad pública, remitiéndose al juicio de la multitud, tiene una verdadera necesidad de conformarse en todo a la que ella ha de aprobar? ¿Has oído jamás a uno solo de los que las componen probar de otro modo que valiéndose de razones ridículas y lamentables, que lo que juzga bueno y honesto sea tal en efecto?

–A ninguno se lo he oído, ni espero oírselo nunca.

–A todas estas reflexiones une la siguiente: ¿es posible que la multitud oiga con gusto y mire como verdadero este principio: que lo bello es uno y distinto de la pluralidad de las cosas bellas que afectan a los sentidos, y que toda esencia es simple e indivisible?

–Eso no puede ser.

–Por consiguiente, es imposible que el pueblo sea filósofo.

–Sí.

–Y por tanto necesariamente ha de despreciar a los que se dedican a la filosofía.

–Sin contradicción.

–Y los despreciarán también estos sofistas particulares, que viven entregados al pueblo y que se consagran a complacerle.

–Es evidente.

–Ahora bien, ¿cuál es el asilo donde el verdadero filósofo pueda retirarse para perseverar en la profesión que ha abrazado y llegar al punto de perfección a que aspira? Júzgalo por lo que acabamos de decir. Hemos convenido en que el verdadero filósofo debe recibir de la naturaleza la facilidad de aprender, la memoria, el valor y la grandeza de alma.

–Es cierto.

–Desde la infancia será el primero entre sus iguales, sobre todo si las perfecciones del cuerpo corresponden en él a las del alma.

–Sin duda.

–Cuando haya llegado a la edad madura, sus padres y sus conciudadanos se apresurarán a servirse de sus talentos, y a confiarle sus intereses y los del Estado.

–Sí.

–Le abrumarán con halagos y súplicas, previendo de antemano el crédito que algún día alcanzará en su patria, y le obsequiarán para tenerlo seguro de antemano.

–Así sucede de ordinario.

–¿Qué quieres que haga en medio de tantos aduladores, sobre todo si ha nacido en un estado poderoso, si es rico, de distinguido nacimiento, hermoso de cara y de ventajosa talla? ¿No alimentará las más locas esperanzas, hasta imaginarse que tiene todo el talento necesario para gobernar a los griegos y a los bárbaros? Llena su cabeza con estas ideas, ¿no estará henchido de orgullo y arrogancia? Y la razón, ¿no perderá en él todo su imperio?

–Sí.

–Si mientras se encuentra en tal disposición de espíritu, alguno, aproximándose a él con dulzura, se atreviese a hacerle oír la verdad, diciéndole que le falta la razón y que tiene gran necesidad de ella para gobernarse, pero que no se adquiere sino a precio de los mayores esfuerzos; ¿crees tú que en medio de tan halagüeñas ilusiones preste con gusto oídos a semejante discurso?

–Muy lejos de eso.

–Sin embargo, si a causa de su buena índole y de las relaciones que existen entre estos discursos y las facultades de su alma, llega a atenderlos y se deja convencer y arrastrar hacia la filosofía, ¿qué crees que harán entonces estos aduladores, persuadidos de que este cambio les va a hacer perder sus favores y todas las ventajas que de él se prometían? Discursos, acciones, de todo se valdrán para disuadirle, al paso que dirigirán todos sus esfuerzos contra el importuno consejero, para perderle, sea armándole lazos en secreto, sea llevándole ante los tribunales.

–No puede menos de ser así.

–Y bien, ¿esperas aún que nuestro joven se consagre a la filosofía?

–No veo cómo.

–Ya ves la razón que yo tenía para decir, que las cualidades que constituyen al filósofo, si están pervertidas por una mala educación, contribuyen en cierta manera a separarle de su destino natural, y lo mismo sucede con las riquezas y las demás pretendidas ventajas de esta especie.

–Sí; reconozco que tenías razón.

–Tal es, mi querido amigo, la manera como se corrompen y se pierden esas naturalezas privilegiadas, tan bien constituidas para la mejor de las profesiones; naturalezas que por otra parte son muy raras, como hemos dicho. Estos hombres así pervertidos son los que causan los mayores males al estado y a los particulares, y los que, por el contrario, cuando cambian de dirección en buen sentido, producen los mayores bienes. Una medianía no es capaz de nada grande, ni en bien, ni en mal; ni como particular, ni como hombre público.

–Nada más cierto.

–Estos mismos hombres, después de haber abandonado la profesión para que nacieron, y de haber condenado la filosofía a la soledad y al desprecio, llevan un vida contraria a sus tendencias naturales y a la verdad; y al mismo tiempo la filosofía, abandonada de esta manera por sus propios hijos, ve que éstos son reemplazados por otros supuestos que la deshonran y atraen sobre ella todos esos cargos de que hablabas; y de todos los que la cultivan, los unos no sirven para nada, y la mayor parte son unos miserables.

–Eso es ciertamente lo que se dice de continuo.

–Y no sin fundamento. Hombres de poco valer, al ver el puesto desocupado y alucinados por los nombres distinguidos y títulos que lleva consigo, abandonan con gusto una profesión oscura, donde su escaso talento habría quizá brillado con algún resplandor, y se echan en brazos de la filosofía, a la manera de esos criminales fugados de las prisiones que van a refugiarse en los templos. Porque la filosofía, a pesar del estado de abandono a que se ve reducida, conserva aún sobre las demás artes un ascendiente y una superioridad que hacen que la busquen esos hombres que no nacieron para ella, esos viles artesanos que con un trabajo servil han desfigurado el cuerpo y al mismo tiempo degradado el alma. ¿Puede menos de suceder así?

–No.

–Al verlos, ¿no dirás que esto es lo mismo que cuando un esclavo calvo y de menguada estatura que acaba de verse libre de las cadenas y de los grillos, que ha reunido un poco de dinero, y que después de limpiarse en el baño y de vestirse con un traje nuevo, va a casarse con la hija de su amo, reducida a esta cruel extremidad por la pobreza y abandono en que se halla?

–La comparación es exacta.

–¿Qué hijos saldrán de semejante matrimonio? Indudablemente hijos contrahechos y degenerados.

–Así debe ser.

–En igual forma, ¿qué producciones han de salir del comercio de estas almas bajas y sin cultura con la filosofía? Pensamientos frívolos, sofismas, opiniones desprovistas de verdad, de buen sentido y de solidez.

–Ninguna otra cosa.

–Queda, pues, mi querido Adimanto, reducido el número bien escaso de verdaderos filósofos a algún espíritu elevado, perfeccionado por la educación, que retirado en la soledad debe su perseverancia en el estudio de la sabiduría al cuidado que ha tenido de alejarse de los corruptores; o bien alguna alma grande, que nacida en un estado pequeño, se consagre a la filosofía por el desprecio que con razón le inspiran los cargos públicos y cualquiera otra profesión. Otros, en fin, se ven contenidos por las mismas causas que retienen en el campo de la filosofía a nuestro amigo Teages. Todo cuanto puede alejar a un hombre de la filosofía parece haberse reunido contra él, pero sus enfermedades continuas le impiden mezclarse en los negocios y le obligan a filosofar. Con respecto a mí no me conviene hablar de este demonio, que me acompaña y me aconseja sin cesar. Apenas se encontrará otro ejemplo en todo el pasado. Ahora bien, el que, entre este pequeño número de hombres, gusta y ha gustado la dulzura y la felicidad que se encuentran en la sabiduría viendo la locura del resto de los hombres y el desorden introducido en los estados por los que se mezclan en su gobierno; no advirtiendo por otra parte en torno suyo a nadie que quiera secundarle en los esfuerzos que había de hacer para sacar la justicia de la opresión, de suerte que no tuviese que temer nada por sí mismo; viéndose, como quien dice, en medio de una multitud de bestias feroces, de cuyas injusticias no quiere hacerse partícipe, y a cuya saña en vano intentaría oponerse, seguro de ser inútil a sí mismo y a los demás y de perecer antes de haber podido hacer servicio alguno a la patria y a sus amigos; haciéndose todas estas reflexiones, se mantiene en reposo y entregado exclusivamente a sus propios negocios; y así como un viajero, asaltado por una violenta borrasca, se considera dichoso si encuentra un paredón que le sirva de abrigo contra el agua y los vientos, en la misma forma, viendo que la injusticia reina por todas partes impunemente, considera como el colmo de la felicidad el poder conservar en el retiro su corazón exento de iniquidad y de crímenes, pasar sus días en la inocencia y salir de esta vida con una conciencia tranquila y henchida de bellas esperanzas.

–No es poco el conseguir salir de este mundo después de haber vivido de esa manera.

–Convengo en ello, pero no ha cumplido el fin más grande, que encerraba su destino, por no haber encontrado una forma de gobierno que le cuadrase. En un gobierno de tales condiciones, el filósofo se hubiera desenvuelto más y hubiera sido útil al estado y a los particulares. Creo que hemos demostrado suficientemente la causa y la injusticia de los cargos que se hacen a la filosofía. ¿Tienes aún alguna dificultad que oponer?

–Nada tengo que decir sobre esta materia. Pero dime: de todos los gobiernos actuales, ¿cuál es el que convendría a un filósofo?

–Ninguno, precisamente lo que yo lamento es que no encontramos ni una sola forma de gobierno que convenga a un filósofo. Así es que le vemos alterarse y corromperse, y a la manera que un grano, sembrado en una tierra extraña, degenera y toma la calidad del suelo adonde ha sido transportado, así el verdadero filósofo pierde la virtud que le es propia, y cambia de naturaleza. Si, por el contrario, se encuentra con un gobierno, cuya perfección corresponda a la suya, entonces se verá que encierra verdaderamente en sí algo divino, mientras todos los demás caracteres y todas las demás profesiones sólo participan de lo humano. Indudablemente me vas a preguntar que de qué forma de gobierno quiero hablar.

–Nada de eso. Pero lo que yo querría saber es, si el estado, cuyo plan hemos trazado, es el mismo que el que tienes en tu mente o si es otro distinto.

–Es el mismo, salvo un punto que le falta aún. Hemos dicho, en verdad, que era preciso buscar el medio de conservar en nuestro estado el mismo espíritu que le había dirigido e ilustrado en la formación de las leyes.

–Lo hemos dicho.

–Pero no hemos desenvuelto suficientemente este punto, porque hemos temido las objeciones mismas que habéis hecho, y cuya solución es tan larga y difícil como vosotros habéis mostrado, sin contar con que lo que falta por decir no es en manera alguna fácil de explicar.

–¿Pues de qué se trata?

–De las medidas que es preciso tomar para conservar la filosofía en nuestro estado; porque las empresas grandes son azarosas, y como suele decirse "las cosas bellas son difíciles".

–No te desanimes; desenvuelve ese punto que falta para que tu sistema sea completo.

–Si no llego a hacer una demostración clara, no será por falta de voluntad sino por no poder más. Te hago juez del empeño que pongo en complacerte. Mira por lo pronto con qué valor, o más bien, con qué audacia siento por principio, que es preciso para ello observar una conducta enteramente contraria a la que se sigue en nuestros días respecto a la filosofía.

–¿Cómo?

–Se dedican demasiado pronto los jóvenes al estudio de la filosofía, repartiendo el tiempo entre ésta y el de la economía y el comercio. Los más hábiles renuncian a ella cuando están a punto de entrar en la parte más difícil, quiero decir, en la dialéctica. Después creen hacer mucho con asistir a conversaciones filosóficas, cuando a ellas son invitados, y miran esto, más que como una ocupación, como un pasatiempo. Cuando llegan a la vejez, salvas muy pocas excepciones, su ardor por esta ciencia se extingue más pronto que el sol de Heráclito, puesto que no vuelve a lucir más.

–¿Y cómo debe procederse?

–Haciendo todo lo contrario. Es preciso que los niños y los jóvenes se dediquen a los estudios propios de su edad, y que en este período de la vida, en que crece y se fortifica el cuerpo, se tenga un cuidado particular del mismo, a fin de que pueda en su día auxiliar mejor al espíritu en sus trabajos filosóficos. Con el tiempo y a medida que el espíritu se forma y se madura, se reforzarán los ejercicios a que haya de sujetársele. Y cuando gastadas las fuerzas, no les sea posible ir a la guerra, ni ocuparse de los negocios del estado, entonces se les permitirá consagrarse por entero a la filosofía sin hacer otra cosa, como no sea de paso, a fin de alcanzar así una vida dichosa en este mundo, y obtener, después de la muerte, otra que corresponda a la felicidad de que se habrá gozado sobre la tierra.

–Sócrates, no es posible hablar de esta materia con más ardor. Creo, sin embargo, que la mayor parte de los que te escuchan, comenzando por Trasimaco, le mostrarán mayor aún en combatirte y en resistirse a aceptar tus razones.

–Te suplico que no trates de ponerme mal con Trasimaco; somos amigos de poco tiempo a esta parte pero jamás hemos sido enemigos. Por lo demás, no hay esfuerzo que yo no desee hacer para convencer a él y a los demás; y cuando menos lo que yo habré de decir les servirá para otra vida, cuando, comenzando una nueva carrera, se encuentren tomando parte en conversaciones semejantes.

–En buen hora. ¡Corto es el plazo!

–Di más bien que no es nada en comparación con la duración de los siglos. Sobre todo no es extraño que semejantes discursos no merezcan crédito a la mayor parte de los espíritus. No se ha visto aún puesto en planta lo que decimos. Lejos de ello, sobre estas materias no se oye ordinariamente más que discursos estudiados, donde sólo se atiende a que los miembros de cada frase se correspondan en una exacta proporción, y no se oyen discursos sencillos y sin arte, como son los nuestros. Pero lo que sobre todo no se ha visto es un hombre formado según el modelo de la virtud, con toda la exactitud que la debilidad humana consiente, y a la cabeza de un estado asimismo perfecto. ¿Qué piensas de esto?

–Yo no lo creo.

–Tampoco habrá asistido nadie a conversaciones de hombres verdaderamente libres y virtuosos, en las que se busque la verdad con ardor por todas las vías posibles con el solo objeto de conocerla, en las que se rechacen los vanos adornos y la falsa sutileza, y no se hable ni por espíritu de disputa, ni por dar pruebas de elocuencia, como se hace en el foro y en las conversaciones particulares.

–También eso es cierto.

–Todas estas razones son las que antes me detenían y me impedían explicarme con libertad. Sin embargo, la verdad ha podido más y he dicho que no era posible esperar ver sobre la tierra un estado, un gobierno, y si se quiere, a un hombre perfecto, a menos que una dichosa necesidad obligase a este pequeño número de filósofos, acusados no de perversos, sino de inútiles, a encargarse con voluntad o sin ella del gobierno, y al estado, a escucharlos; o al menos que los dioses inspiren un amor sincero por la verdadera filosofía a los que gobiernan en nuestros días las monarquías y los demás estados o a sus sucesores. Decir que una u otra de estas dos cosas o ambas son imposibles, es asentar un hecho extraño a la razón. En otro caso seríamos nosotros muy necios al entretenernos en formar aquí vanos deseos. ¿No es así?

–Sí

–Luego si en los siglos pasados se ha visto un verdadero filósofo en la necesidad de regir el timón del estado, o si esto mismo se verifica ahora en algún país bárbaro tan distante que se oculte a nuestras miradas, o si llega a verificarse algún día, estamos prontos a sostener que ha habido, que hay, o que habrá un estado tal como el nuestro, cuando esta musa ejerza en él la suprema autoridad. Nada de imposible ni de quimérico hay en nuestro proyecto; aunque somos los primeros a confesar que la ejecución es difícil.

–Soy de tu dictamen.

–Pero la generalidad de los hombres no piensa lo mismo, me dirás.

–¿No tendré razón para decirlo?

–¡Oh mi querido Adimanto! No tengas formada tan mala opinión de la multitud. Cualquiera que sea su manera de pensar, en lugar de disputar con ella, trata de reconciliarla con la filosofía, destruyendo las malas impresiones que le han inspirado. Muéstrale los filósofos de que quieres hablar; define, como acabamos de hacer, su carácter y el de su profesión, no sea que se imagine que hablas de los filósofos que son como ella piensa. ¿Dirás que aun cuando vean en claro lo que son los verdaderos filósofos, siempre formarán de ellos una idea diferente de la vuestra y conforme con la que tenían? ¿Crees que corazones, que no conocen la hiel ni la envidia, se irritarán contra el que no se irrita, y que querrán hacer mal a quien no lo quiere para nadie? Preveo tu objeción y te declaro que un carácter tan intratable no es el de la multitud, y sí el de muy pocos.

–Convengo en ello.

–Pues bien; vive también persuadido de que los que indisponen a tantos con la filosofía son esos falsos sabios desencadenados siempre contra las gentes, que llenan de injurias a todo el mundo y cuyos discursos son una sátira perpetua del género humano. Semejante conducta es bien poco conveniente para la filosofía.

–Es cierto.

–Porque, mi querido Adimanto, el que mira como su único estudio la contemplación de la verdad, no tiene tiempo para hacer descender sus miradas sobre la conducta de los hombres para censurarla, ni para dejarse llenar de odio y acritud contra ellos, sino que teniendo sin cesar fijo el espíritu sobre los objetos que guardan entre sí un orden constante e inmutable, los cuales, sin perjudicarse los unos a los otros, conservan siempre los mismos puestos y las mismas relaciones, consagra toda su atención a imitar y a expresar en sí este orden invariable. ¿Es posible, en efecto, que se admire la belleza de un objeto y que se tenga gusto en aproximarse continuamente a ella, sin hacer esfuerzos por imitarla?

–Eso no puede ser.

–Por tanto, el filósofo, gracias a la estrecha relación en que vive con los objetos divinos entre los que reina un orden inmutable, se hace un hombre divino y ajustado en todas sus acciones, en cuanto lo consiente la debilidad humana, porque en este mundo no hay nada que no tenga algo que reprender.

–Tienes razón.

–Si algún motivo poderoso le obligase a no limitar sus cuidados a su propia perfección, y sí a hacerlos extensivos al gobierno y a las costumbres de sus semejantes, introduciendo el orden que ha admirado en la esencia de las cosas ¿crees tú, que sería un mal maestro en todo lo relativo a templanza, justicia y demás virtudes civiles?

–No, ciertamente.

–Pero si el pueblo llega a penetrarse una vez de la verdad de lo que decimos de los filósofos, ¿se irritará contra ellos, y rehusará creer con nosotros que un estado no puede ser dichoso, a menos que el plan del mismo sea trazado por estos artistas según el modelo divino, que constantemente tienen a la vista?

–Cesará sin duda de quererlos mal tan pronto como conozca la verdad. Pero ¿de qué manera trazarán los filósofos ese plan de que hablas?

–Mirarán el estado y el alma de cada ciudadano, como un lienzo que es preciso ante todo limpiar, lo cual no es fácil; porque los filósofos, a diferencia de los legisladores ordinarios, no querrán ocuparse de dictar leyes a un estado o a un individuo si no los han recibido puros y limpios, o si los mismos filósofos no los han hecho tales.

–En eso tienen razón.

–Trabajarán en seguida sobre este lienzo, dirigiendo sus miradas repetidamente ya sobre la esencia de la justicia, de la belleza, de la templanza y de todas las demás virtudes, ya sobre el punto a que el hombre puede arribar en la realización de este ideal; y mediante la mezcla y combinación de estos dos elementos, formarán al hombre verdadero conforme a aquel modelo, que Homero llama divino y semejante a los dioses cuando lo encuentra en un hombre.

–Muy bien.

–Comprendes bien que será preciso borrar muchas veces y otras añadir nuevos rasgos, hasta que el alma del hombre se aproxime lo más posible a este estado de perfección, que la hace agradable a los dioses.

–Después de un trabajo tan esmerado, no puede salir de sus manos sino una pintura perfecta.

–¿Qué te parece? ¿Hemos probado suficientemente a los que tú me presentabas antes[77] marchando en orden de batalla para atacarnos, que el único que puede trazar el plan de una República es ese mismo filósofo a quien sentían ellos que nosotros entregásemos el gobierno de los estados? Lo que acaban de oír, ¿no contribuirá a apaciguarlos?

–Mucho, si dan oídos a la razón.

–¿Qué podrán ya objetarnos? ¿Que los filósofos no son amantes del ser y de la verdad?

–Eso sería un absurdo.

–¿Que su índole natural, tal como la hemos pintado, no se aproxima a lo más perfecto?

–No.

–¿O que un natural semejante, favorecido por una educación conveniente, no es más propio que cualquiera otro para adquirir la virtud y la sabiduría? ¿Concederán más bien esta ventaja a los que nosotros hemos excluido del número de los filósofos?

–No harán nada de eso.

–¿Se asombrarán cuando nos oigan decir, que no hay remedio para los males públicos y particulares, y que el proyecto de un estado, tal como nosotros hemos imaginado, no se realizará jamás mientras los filósofos no ejerzan toda la autoridad?

–Quizá se aplacarán.

---

77. Error de Platón: Sócrates dijo esto (Libro V) a Glaucón, no a Adimanto.

–¿Quieres que dejemos a un lado ese quizá, y digamos que los hemos aplacado y persuadido enteramente, aun cuando la vergüenza sola habría sido bastante para obligarles a confesarlo?

–Convengo en ello.

–Démoslos, pues, por convencidos en este punto. Y ahora ¿quién puede dudar, que los hijos de los reyes y de los jefes de los estados pueden nacer con disposiciones naturales para la filosofía?

–Nadie.

–Y podría decirse que, aun cuando nazcan con semejantes disposiciones, es una necesidad inevitable el que se perviertan. Convenimos en que es difícil que se salven de la corrupción general; pero que en todo el curso de los tiempos no se salve ni uno solo, no hay nadie que se atreva a decirlo.

–Es cierto.

–Por tanto, basta que se salve uno, y que encuentre sus súbditos dispuestos a obedecerle, para ejecutar lo que se tiene hoy por imposible.

–Basta uno solo.

–Si llega el caso de que el jefe de un estado haga las leyes y los reglamentos de que hemos hablado, no es imposible que sus súbditos consientan en someterse a ellos

–No, sin duda.

–¿Y es una cosa extraña y chocante que el proyecto que hemos concebido nosotros, lo conciba un día el pensamiento de otro?

–No lo creo.

–¿No hemos demostrado, a mi juicio suficientemente, que una vez que se tenga por posible nuestro sistema, es muy ventajoso?

–Sí.

–Concluyamos, por tanto, que si nuestro plan de legislación puede tener lugar, es excelente; y que si la ejecución es difícil, por lo menos no es imposible.

–Conclusión exacta.

–Puesto que después de muchos esfuerzos hemos llegado ya al término que apetecíamos, veamos lo que sigue; es decir, con el auxilio de qué ciencias y con qué clase de ejercicios formaremos hombres capaces de mantener la constitución política en su integridad, y a qué edad deberán consagrarse a este servicio.

–Veámoslo.

–De nada me ha servido hasta ahora mi maña para dejar de hablar del matrimonio, de la procreación de los hijos y de la elección de los magistrados, sabiendo cuán delicada era esta materia y cuál sería la dificultad en la ejecución, puesto que me veo ahora precisado a tocar estos puntos. Es cierto que he hablado de lo relativo a las mujeres y a los hijos; pero con relación a los magistrados tengo que volverlo a tratar de lleno. Dijimos, si te acuerdas, que debían mostrar un gran celo por el bien público, y que este celo debía probarse en medio del placer o del dolor, de tal manera que ni los trabajos, ni el temor, ni ninguna otra situación crítica les hiciese perder de vista esta máxima: que era preciso desechar a aquel que hubiera sucumbido en estas pruebas, y escoger por magistrado al que saliera tan puro como el oro pasado por el fuego, colmándole de honores y de distinciones durante su vida y después de su muerte. Entonces no dije más y disfracé mi pensamiento y me valí de rodeos por temor de comprometerme en la discusión en que ahora nos encontramos.

–Dices verdad; me acuerdo de ello.

–Temía entonces, mi querido amigo, decir lo que al fin he decidido declarar; y ahora, ya que el paso está franco, digamos que los mejores guardianes del estado deben ser otros tantos filósofos.

–Sostengámoslo con resolución.

–Te suplico que observes cuán corto será su número, porque raras veces sucede que las cualidades que en nuestra opinión deben entrar en el carácter del filósofo, se encuentren reunidas en un solo hombre, porque por lo ordinario se reparten entre muchos.

–¿Qué quieres decir?

–No ignoras que los que tienen facilidad de aprender y retener y que están dotados de un espíritu vivo y fogoso, no unen comúnmente al calor de los sentimientos y a la elevación de las ideas, el orden, la calma y la constancia; sino que dejándose llevar a donde les arrastra su vivacidad, no tienen en sí mismos nada estable, seguro y fijo.

–Tienes razón.

–Por el contrario, los hombres de un carácter consistente, que no muda, con el que puede contarse siempre, y que en la guerra se manifiestan impasibles en medio de los mayores peligros, son por esto mismo poco a propósito para las ciencias. De espíritu tardo, poco sensible y embotado, por decirlo así, bostezan y se duermen tan pronto como intentan dedicarse a algún estudio serio.

–Es cierto.

–Sin embargo, hemos dicho, que nuestros magistrados debían tener el espíritu vivo y el carácter firme, y que sin esto no había para qué cuidarse de su educación, ni elevarlos a los honores y a las primeras dignidades.

–Razón tuvimos para decirlo.

–¿Y no crees que hay pocas naturalezas de esta condición?

–Sin duda.

–Ahora diremos lo que antes omitimos, y es, que además de la prueba a que se los ha de someter en medio de los trabajos, de los peligros y de los placeres, habrán de ejercitarse en un gran número de ciencias, para ver si su espíritu es capaz de sostener los estudios más profundos, o si se acobarda como sucede a las almas débiles en otros ejercicios.

–Es justo someterlos a esa prueba pero ¿cuáles son esos estudios profundos de que hablas?

–Recordarás sin duda que después de haber distinguido tres partes en el alma, nos servimos de esta distinción para explicar la naturaleza de la justicia, de la templanza, de la fortaleza y de la prudencia.

–Si no la recordara, no era merecedor de oír lo que te falta por exponer.

–¿Recordarás también lo que dijimos antes?

–¿Qué?

–Que se podía tener de estas virtudes un conocimiento más exacto, pero que para llegar a conseguirlo, era indispensable hacer un largo rodeo, y que podíamos conocerlas también por una vía que nos separase menos del camino que habíamos emprendido. Al parecer os disteis por contentos, y en su consecuencia traté este punto, a mi entender, muy imperfectamente, y ahora os toca a vosotros decir si quedasteis satisfechos.

–Con respecto a mí, lo quedé; y me pareció que los otros lo quedaron igualmente.

–En materias de esta importancia, mi querido amigo, toda demostración, a la que falta algo, ya no es suficiente: porque de ninguna cosa puede ser justa medida lo imperfecto. Sin embargo, es achaque ordinario en muchos el darse desde luego por satisfechos, y creer que no hay necesidad de llevar más adelante las indagaciones.

–Ese es un defecto común a muchos, que tiene por origen la pereza del espíritu.

–Pero también, si hay alguno que deba estar libre de este defecto, es el guardián del estado y de las leyes.

–Sin duda.

–Es preciso por lo mismo, que dé este gran rodeo de que acabamos de hablar, y que ejercite lo mismo el espíritu que el cuerpo, o jamás llegará al más alto grado de esta ciencia sublime, que conviene a él más que a ningún otro.

–Pero ¿hay conocimiento más sublime que el de la justicia y el de las demás virtudes de que hemos hablado?

–Sin duda; y añado que respecto a estas virtudes el bosquejo que hemos trazado no le basta y que debe desear un cuadro más acabado. ¿No sería ridículo que se esforzara por tener conocimiento de cosas poco importantes, y que no pusiera un especial cuidado en conocer las cosas más elevadas?

–Esa reflexión es muy sensata, pero ¿crees que vamos a dejar que pases adelante sin preguntarte cuál es esa ciencia superior a todas las demás y cuál es su objeto?

–No lo creo, y puedes preguntarlo; después de todo, me lo has oído hasta la saciedad, y ahora o no tienes memoria o, lo que me parece más probable, sólo intentas entorpecerme con muchas objeciones. Me has oído decir muchas veces, que la idea del bien es el objeto del más sublime conocimiento, y que la justicia y las demás virtudes deben a esta idea su utilidad y todas sus ventajas. Sabes muy bien que esto mismo, poco más o menos, es lo que tengo que decirte ahora, añadiendo que no conocemos esta idea sino imperfectamente, y que si no llegáramos a conocerla, de nada nos servirá todo lo demás;

así como la posesión de cualquier cosa es inútil para nosotros sin la posesión del bien ¿Crees, en efecto, que sea ventajoso poseer algo, sea lo que sea, si no es bueno, o conocer todas las cosas a excepción de lo bello y de lo bueno?

–No, ciertamente; no lo creo.

–Tampoco ignoras que los más hacen consistir el bien en el placer, y otros, menos groseros, en el conocimiento.

–Lo sé.

–También sabes, mi querido amigo, que los que son de esta última opinión se ven embarazados para explicar lo que es el conocimiento, y al fin se ven reducidos a decir que es el conocimiento del bien.

–Sí, y eso es muy chistoso.

–Sin duda es una cosa muy graciosa de su parte echarnos en cara nuestra ignorancia respecto al bien, y hablarnos en seguida de él como si lo conociéramos. Dicen que es el conocimiento del bien, como si nosotros debiésemos entenderles desde el momento en que pronuncian la palabra *bien*.

–Es muy cierto.

–Pero los que definen la idea de bien por la de placer, ¿incurren en un error menor que el de los otros? ¿No están precisados a confesar que hay placeres malos?

–Sí.

–¿Y por consiguiente, que las mismas cosas son buenas y malas?

–Sí

–Es evidente, que esta materia está llena de numerosas dificultades.

–Convengo en ello.

–¿Es menos evidente que respecto a lo bello y a lo honesto muchos se atendrán a las simples apariencias en sus palabras y en sus acciones; pero que cuando se trate del bien, aquéllas no satisfarán a nadie, y se buscará algo real sin dejarse llevar de tales apariencias?

–Es cierto.

–Y este bien, a cuyo goce aspira toda alma, en vista del cual lo hace todo, cuya existencia sospecha, pero en medio de la incertidumbre y sin poder definirlo con exactitud, ni con esa fe inquebrantable que tiene en las demás cosas, lo cual le priva de las ventajas que podría sacar de ellas; este bien, tan grande y tan precioso, ¿será conveniente que la parte escogida del estado, a la que deberemos confiar todo, lo desconozca como la generalidad de los hombres?

–De ninguna manera.

–Pienso efectivamente que no será un seguro guardián de lo justo y de lo honesto el que no conozca las relaciones que mantienen con el bien; esto en el supuesto que pueda conocerse lo bello y lo justo sin conocer previamente el bien, lo cual me atrevo a negar.

–Tienes razón.

–Nuestro estado estará por tanto bien gobernado si tiene por jefe un hombre que una el conocimiento del bien al de lo bello y de lo justo.

–Así debe de ser. Pero, Sócrates, ¿en qué haces consistir tú el bien, en la ciencia, en el placer, o en qué otra cosa?

–Travieso eres; y hace rato que conocía que no querías atenerte a lo que han dicho aquellos de cuyas opiniones nos hemos ocupado.

–Lo que no me parece razonable, mi querido Sócrates, es que un hombre, que ha reflexionado durante toda su vida sobre esta materia, diga cuál es la opinión de los demás, y no diga la suya.

–Muy bien; pero ¿te parece más razonable que un hombre hable de lo que no sabe, como si lo supiese?

–No; pero puede presentar como una conjetura lo que cree probable.

–¡Cómo! ¿No te haces cargo de lo ridículos que son todos estos sistemas que no están fundados en ningún principio cierto? Los mejores de ellos ¿no son completamente oscuros? Y los hombres que por casualidad encuentran la verdad, pero sin poder dar razón de ella ¿no se parecen a los ciegos que siguen el camino recto?

–Sí.

–¿Quieres oír la exposición de un sistema informe, oscuro y mal fundado, cuando puedes oír la de otro claro y magnífico?

–En nombre de los dioses, Sócrates –me dijo entonces Glaucón– no te pares aquí como si hubieras llegado al término. Nosotros nos daremos por satisfechos si nos explicas la naturaleza del bien en la forma que has explicado la de la justicia, la de la templanza y la de las demás virtudes.

–También yo me daré por contento, pero temo que semejante cuestión sea superior a mis fuerzas, y que por el empeño de querer daros gusto, vaya a exponerme a vuestras burlas. Creedme, mis queridos amigos; dejemos por esta vez la indagación del bien, tal como es en sí mismo, porque nos llevaría muy lejos y sería muy penoso para mí explicaros su naturaleza tal como yo la concibo, siguiendo el camino que hemos traído. Y en su lugar, si os parece, conversaremos sobre la producción del bien, que es la representación exacta del bien mismo; y si no os agrada, pasaremos a otro asunto.

–No. Háblanos del hijo, y en otra ocasión nos hablarás del padre. Esta deuda la reclamaremos a su tiempo.

–Bien quisiera pagaros principal y réditos en lugar de ofreceros sólo el simple fruto de la deuda que hoy os ofrezco. Sin embargo, aceptad este fruto, esta producción del bien, y cuidad de que no os engañe, sin quererlo, pagándoos en moneda falsa.

–Procuraremos poner todo el cuidado que nos sea posible; y así explícate con confianza.

–No lo haré, sino después de haberos recordado lo que hemos dicho precedentemente en muchos pasajes, y de haceros convenir en ello.

–¿De qué se trata?

–Hay muchas cosas que llamamos bellas y otras que llamamos buenas, y así las designamos.

–Es cierto.

–Además hay lo bello en sí, lo bueno en sí, a los que referimos todas estas bellezas y todas estas bondades particulares como a una idea simple y una.

–Así es.

–De las cosas bellas o buenas decimos que son objeto de los sentidos y no del espíritu; y de las ideas de lo bello y de lo bueno en sí decimos que son objeto del espíritu y no de los sentidos.

–Estoy conforme.

–¿Por qué sentido percibimos los objetos visibles?

–Por la vista.

–Y percibimos los sonidos por el oído, y todas las demás cosas sensibles por los otros sentidos; ¿no es así?

–Sin duda

–¿Has observado que el autor de nuestros sentidos ha hecho un gasto mayor para el órgano de la vista que para los demás sentidos?

–No.

–Pues bien, nótalo. ¿Tienen el oído y la voz necesidad de una tercera cosa, el uno para oír, y la otra para ser oída, de suerte que, si esta tercera cosa llega a faltar, el oído no oirá ni tampoco la voz será oída?

–De ninguna manera.

–Creo, que la mayor parte de los demás sentidos, por no decir todos, no tienen necesidad de un medio semejante. ¿Hay alguna excepción?

–No.

–Pero respecto de la vista, ¿no concibes que no puede percibir el objeto visible sin el auxilio de una tercera cosa?

–¿Qué quieres decir?

–Quiero decir que, aun cuando los ojos estén bien dispuestos y se los aplique a su uso, y el objeto tenga color, sin embargo, si no interviene una tercera cosa destinada a concurrir a la visión, los ojos no verán nada y los colores serán invisibles.

–¿Cuál es esa cosa?

–Lo que llamas luz.

–Tienes razón.

–El sentido de la vista tiene, por tanto, una gran ventaja sobre los demás, que es la de estar unido a su objeto por un lazo de muchísimo valor, a no ser que se diga que la luz es una cosa despreciable.

–Está muy distante de serlo.

–De todos los dioses, que están en el cielo, ¿cuál es aquel cuya luz hace que nuestros ojos vean mejor y que los objetos sean vistos?

–En mi opinión, como en la tuya y en la de todo el mundo, es el sol.

–Mira si la relación que une a la vista con este dios es tal como voy a decir.

–¿Cómo?

–La vista, lo mismo que la parte en que se forma y que se llama ojo, no es el sol.

–No.

–Pero de todos los órganos de nuestros sentidos, el ojo es, a mi parecer, el que más relación tiene con el sol.

–Sin duda.

–La facultad que tiene de ver ¿no la posee como una emanación, cuya fuente es el sol?

–Sí.

–Y el sol, que no es la vista, pero que es el principio de ella, es percibido por la misma.

–Es cierto.

–Pues ten en cuenta que cuando hablo de la producción del bien, es del sol del que quiero hablar. El hijo tiene una perfecta analogía con su padre. El uno es en la esfera visible con relación a la vista y a sus objetos, lo que el otro es en la esfera ideal con relación a la inteligencia y a los seres inteligibles.

–¿Cómo? Te suplico que me expliques tu pensamiento

–Sabes que cuando se dirige la vista a objetos, que no están iluminados por el sol y sí sólo por los astros de la noche, apenas se los puede distinguir; parece uno casi ciego, y la vista no está clara.

–Así sucede.

–Pero cuando se miran los objetos iluminados por el sol, se los ve distintamente y la vista es muy clara.

–Sin duda.

–Lo mismo sucede respecto al alma. Cuando fija sus miradas en objetos iluminados por la verdad y por el ser, los ve claramente, los conoce y muestra que está dotada de inteligencia; pero cuando vuelve sus miradas sobre lo que está envuelto en tinieblas, sobre lo que nace y perece, su vista se turba, oscurece, y ya no tiene más que opiniones, que mudan a cada momento; en una palabra, parece completamente privada de inteligencia.

–Así es.

–Ten por cierto, que lo que derrama sobre los objetos de las ciencias la luz de la verdad, lo que da al alma la facultad de conocer, es la idea del bien, que es el principio de la ciencia y de la verdad, en cuanto caen bajo el dominio del conocimiento. Por bellas que sean la ciencia y la verdad, puedes asegurar, sin temor de engañarte, que la idea del bien es distinta de ellas, y las supera en belleza. Y así como en el mundo visible hay razón para creer que la luz y la vista tienen analogía con el sol, pero sería falso decir que son ellas el sol; en la misma forma en el mundo inteligible pueden considerarse la ciencia y la verdad como imágenes del bien. Pero no habría razón para tomar la una o la otra por el bien mismo, cuya naturaleza es de un valor infinitamente más elevado.

–Su belleza debe estar por encima de toda expresión, puesto que es el origen de la ciencia y de la verdad, y es aún más bello que ellas. Por consiguiente, no quieres decir que el bien sea el placer.

–¡No lo permita Dios! Pero considera su imagen con más atención y de esta manera.

–¿Cómo?

–Indudablemente tú crees como yo, que el sol no sólo hace visibles las cosas que lo son, sino que les da también la vida, el crecimiento y el alimento, sin ser él mismo nada de todo esto.

–Sin duda.

–Lo mismo puedes decir que los seres inteligible no sólo reciben del bien su inteligibilidad, sino también su ser y su esencia; aunque el bien mismo no sea esencia; sino una cosa muy por encima de la esencia en razón de dignidad y de poder.

–¡Gran Apolo! –exclamó Glaucón riéndose–, vaya una cosa maravillosa.

–Tú tienes la culpa –replique yo–. ¿Por qué se me ha obligado a decir lo que pienso sobre esta materia?

–No te detengas, te lo suplico, y acaba la comparación del bien con el sol si aún falta algo.

–Verdaderamente sí, y aún falta mucho.

–Un esfuerzo más, y te ruego que no omitas nada.

–Haré cuantos esfuerzos me sean posibles, pero no por eso dejarán de escapárseme muchos rasgos de semejanza, muy a pesar mío.

–Haz lo que dices.

–Imagínate que el bien y el sol son dos reyes, el uno del mundo inteligible y el otro del mundo visible; no digo del cielo por temor de que creas que con ocasión de esta palabra, quiero dar lugar a un equívoco.[78] He aquí, por consiguiente, dos especies de seres, unos visibles y otros inteligibles.

–Muy bien.

–Figurémonos, por ejemplo, una línea cortada en dos partes desiguales, y cada una de éstas, que representan el mundo visible y el mundo inteligible, cortada a su vez en otras dos, y tendrás de un lado la parte clara y del otro la parte oscura de cada uno de ellos. Una de las secciones de la especie visible te dará las imágenes; entiendo por imágenes, en primer lugar, las sombras, y después los fantasmas representados en las aguas y sobre la superficie de los cuerpos opacos, tersos y brillantes. ¿Comprendes mi pensamiento?

–Sí.

–La otra sección te dará los objetos que estas imágenes representan, quiero decir, los animales, las plantas y todas las obras de la naturaleza y del arte.

–Lo concibo.

–¿Opinas que aplicando esta división a lo verdadero y a lo falso, resulta la proporción siguiente: lo que las apariencias son a las cosas que ellas representan, es la opinión al conocimiento?

–Convengo en ello.

–Veamos ahora cómo debe dividirse el mundo inteligible.

–¿Cómo?

–En dos partes: la primera de las que no puede alcanzar el alma sino sirviéndose de los datos del mundo visible, que acabamos de dividir, como de otras tantas imágenes, partiendo de ciertas hipótesis, no para remontarse al principio, sino para descender a las conclusiones más remotas; mientras que para obtener la segunda, y a de la hipótesis hasta el principio independiente de toda hipótesis sin hacer ningún uso de las imágenes como en el primer caso y procediendo únicamente mediante las ideas consideradas en sí mismas.

–No comprendo bien lo que acabas de decir.

–Tú lo comprenderás luego, porque todo esto va a parecer ahora

78. Cielo en griego es ουρανοζ, y visible, ορατον; y de allí la precaución de Platón.

más claro. No ignoras, creo yo, que los geómetras y los aritméticos suponen dos clases de números, el uno par, el otro impar, figuras, tres especies de ángulos, y así de lo demás, según la demostración que intentan hacer; que miran en seguida estas suposiciones como otros tantos principios ciertos y evidentes, de los que no se dan razón a sí mismos ni la dan a los demás; y en fin, que partiendo de estas hipótesis, descienden por una cadena no interrumpida de proposición en proposición hasta llegar a la que intentaban demostrar.

–Eso ya lo sé.

–Sabes también que se valen para esto de figuras visibles, a las que retiren sus razonamientos, aunque no piensen en ellas, sino en otras figuras representadas por aquéllas. Por ejemplo, no recaen sus razonamientos ni sobre el cuadrado ni sobre la diagonal que ellos trazan, sino sobre el cuadrado tal cual es en sí mismo con su diagonal. Lo mismo digo de las demás figuras, que representan, sea en relieve, sea por el dibujo, y que se reproducen también ya en su sombra ya en las aguas. Los geómetras las emplean como otras tantas imágenes, que les sirven para conocer las verdaderas figuras, que solo pueden conocer por el pensamiento.

–Dices verdad.

–Esta es la primera clase de las cosas inteligibles. El alma, para llegar a conocerlas, se ve precisada a valerse de suposiciones, no para remontarse a un primer principio, porque no puede ir más allá de las hipótesis que ha hecho, sino que empleando las imágenes terrestres y sensibles que no conoce sino por la opinión, y suponiendo que son claras y evidentes, se auxilia de ellas para el conocimiento de las verdaderas figuras.

–Veo que el método de que hablas es el de la geometría y demás ciencias de esta clase.

–Hazte cargo ahora de lo que yo llamo segunda clase de cosas inteligibles. Son las que el alma comprende inmediatamente por medio del razonamiento, haciendo algunas hipótesis que no considera como principios, sino como simples suposiciones, y que le sirven de grados y de puntos de apoyo, para elevarse hasta un primer principio independiente de toda hipótesis. Se apodera de este principio, y adhiriéndose a todas las conclusiones que de él dependen, desciende desde allí hasta la última conclusión; pero sin apoyarse en nada sensible, sino sólo en ideas puras, por las que su demostración comienza, procede y termina.

–Comprendo algo, pero no lo bastante; me parece esta materia muy oscura. Sin embargo, figúraseme que lo que te propones es probar que el conocimiento que, de los seres puramente inteligibles, se adquiere por la dialéctica, es más claro que el que se adquiere por medio de las artes, que se sirven de ciertas hipótesis como principios. Es cierto que estas artes están obligadas a valerse del razonamiento y no de los sentidos; pero como están fundadas en suposiciones y no se elevan hasta un principio, crees que no tienen ese claro convencimiento que tendrían si se remontaran a un principio; y llamas conocimiento razonado, a mi parecer, el que se adquiere por medio de la geometría y demás artes semejantes, y le colocas entre la opinión y el puro conocimiento.

–Has comprendido perfectamente mi pensamiento. Aplica ahora a estas cuatro clases de objetos sensibles e inteligibles cuatro diferentes operaciones del alma, a saber: a la primera clase, la pura inteligencia; a la segunda, el conocimiento razonado; a la tercera, la fe; y a la cuarta, la conjetura; y concede a cada una de estas maneras de conocer más o menos evidencia, según que sus objetos participen más o menos de la verdad.

–Entiendo; estoy de acuerdo contigo, y adopto el orden que me propones.

Libro séptimo

–Ahora represéntate el estado de la naturaleza humana, con relación a la ciencia y a la ignorancia, según el cuadro que te voy a trazar. Imagina un antro subterráneo, que tenga en toda su longitud una abertura que dé libre paso a la luz, y en esta caverna hombres encadenados desde la infancia, de suerte que no puedan mudar de lugar ni volver la cabeza a causa de las cadenas que les sujetan las piernas y el cuello, pudiendo solamente ver los objetos que tienen en frente. Detrás de ellos, a cierta distancia y a cierta altura, supóngase un fuego cuyo resplandor les alumbra, y un camino escarpado entre este fuego y los cautivos. Supón a lo largo de este camino un muro, semejante a los tabiques que los charlatanes ponen entre ellos y los espectadores, para ocultarles la combinación y los resortes secretos de las maravillas que hacen.

–Ya me represento todo eso.

–Figúrate personas, que pasan a lo largo del muro, llevando objetos de toda clase, figuras de hombres, de animales, de madera o piedra, de suerte que todo esto aparezca sobre el muro. Entre los porteadores de todas estas cosas, unos se detienen a conversar y otros pasan sin decir nada.

–¡Extraños prisioneros y cuadro singular!

–Se parecen, sin embargo, a nosotros punto por punto. Por lo pronto ¿crees que puedan ver otra cosa de sí mismos y de los que están a su lado, que las sombras que van a producirse enfrente de ellos en el fondo de la caverna?

–¿Ni cómo habían de poder ver más, si desde su nacimiento están precisados a tener la cabeza inmóvil?

–Y respecto de los objetos que pasan detrás de ellos, ¿pueden ver otra cosa que las sombras de los mismos?

–No.

–Si pudieran conversar unos con otros, ¿no convendrían en dar a las sombras que ven, los nombres de las cosas mismas?

–Sin duda.

–Y si en el fondo de su prisión hubiera un eco, que repitiese las palabras de los transeúntes, ¿no se imaginarían oír hablar a las sombras mismas que pasan delante de sus ojos?

–Sí.

–En fin, no creerían que pudiera existir otra realidad que estas mismas sombras.

–Sin duda.

–Mira ahora lo que naturalmente debe suceder a estos hombres, si se les libra de las cadenas y se les cura de su error. Que se desligue a uno de estos cautivos, que se le fuerce de repente a levantarse, a volver la cabeza, a marchar y mirar del lado de la luz hará todas estas cosas con un trabajo increíble; la luz le ofenderá los ojos, y el alucinamiento que habrá de causarle le impedirá distinguir los objetos, cuyas sombras veía antes. ¿Qué crees que respondería, si se le dijese, que hasta entonces sólo había visto fantasmas, y que ahora tenía delante de su vista objetos más reales y más aproximados a la verdad? Si en seguida se le muestran las cosas a medida que se vayan presentando, y a fuerza de preguntas se le obliga a decir lo que son, ¿no se le pondrá en el mayor conflicto, y no estará él mismo persuadido de que lo que veía antes era más real que lo que ahora se le muestra?

–Sin duda.

–Y si se le obligase a mirar al fuego, ¿no sentiría molestia en los ojos? ¿No volvería la vista para mirar a las sombras, en las que se fija sin esfuerzo? ¿No creería hallar en éstas más distinción y claridad que en todo lo que ahora se le muestra?

–Seguramente.

–Si después se le saca de la caverna y se le lleva por el sendero áspero y escarpado hasta encontrar la claridad del sol, ¡qué suplicio sería para él verse arrastrado de esa manera! ¡Cómo se enfurecería! Y cuando llegara a la luz del sol, deslumbrados sus ojos con tanta claridad, ¿podría ver ninguno de estos numerosos objetos que llamamos seres reales?

–Al pronto no podría.

–Necesitaría indudablemente algún tiempo para acostumbrarse a ello. Lo que distinguiría más fácilmente sería, primero, las sombras;

después, las imágenes de los hombres y demás objetos pintados sobre la superficie de las aguas; y, por último, los objetos mismos. Luego dirigiría sus miradas al cielo, al cual podría mirar más fácilmente durante la noche a la luz de la luna y de las estrellas que en pleno día a la luz del sol.

–Sin duda.

–Y al fin podría, no sólo ver la imagen del sol en las aguas y dondequiera que se refleja, sino fijarse en él y contemplarlo allí donde verdaderamente se encuentra.

–Sí.

–Después de esto, comenzando a razonar, llegaría a concluir que el sol es el que crea las estaciones y los años, el que gobierna todo en el mundo visible, y el que es en cierta manera la causa de todo lo que se veía en la caverna.

–Es evidente que llegaría como por grados a hacer todas esas reflexiones.

–Si en aquel acto recordaba su primer estancia, la idea que allí se tiene de la sabiduría y sus compañeros de esclavitud, ¿no se regocijaría de su mudanza y no se compadecería de la desgracia de aquéllos?

–Seguramente.

–¿Crees que envidiaría aún los honores, las alabanzas y las recompensas que allí se daban al que más pronto observaba las sombras a su paso, al que con más seguridad recordaba el orden en que marchaban yendo unas delante o detrás de otras o juntas, y que en este concepto era el más hábil para adivinar su aparición o que tendría envidia a los que eran en esta prisión más poderosos y más honrados? ¿No preferiría, como Aquiles en Homero, pasar la vida al servicio de un pobre labrador y sufrirlo todo antes que recobrar su primer estado y sus primeras ilusiones?

–No dudo que estaría dispuesto a sufrir cuanto se quisiera antes que vivir de esa suerte.

–Fija tu atención en lo que voy a decir. Si este hombre volviera de nuevo a su prisión, para ocupar su antiguo puesto, en este tránsito repentino de la plena luz a la oscuridad, ¿no se encontraría como ciego?

–Sí.

–Y si cuando no distingue aún nada, y antes de que sus ojos hayan recobrado su aptitud, lo que no podría suceder sin pasar mucho tiempo, tuviese precisión de discutir con los otros prisioneros sobre estas sombras, ¿no daría lugar a que éstos se rieran diciendo que por haber salido de la caverna había perdido la vista, y no añadirían además, que sería de parte de ellos una locura el querer abandonar el lugar en que estaban, y que si alguno intentara sacarlos de allí y llevarlos al exterior sería preciso cogerle y matarle?

–Sin duda.

–Y bien, mi querido Glaucón, ésta es precisamente la imagen de la condición humana. El antro subterráneo es este mundo visible; el fuego que le ilumina es la luz del sol; este cautivo, que sube a la región superior y que la contempla, es el alma que se eleva hasta la esfera inteligible. He aquí por lo menos lo que yo pienso, ya que quieres saberlo. Sabe el dios si es conforme con la verdad. En cuanto a mí, lo que me parece en el asunto es lo que voy a decirte. En los últimos límites del mundo inteligible está la idea del bien, que se percibe con dificultad; pero una vez percibida no se puede menos de sacar la consecuencia de que ella es la causa primera de todo lo que hay de bello y de bueno en el universo; que, en este mundo visible, ella es la que produce la luz y el astro de que ésta procede directamente; que en el mundo invisible engendra la verdad y la inteligencia; y en fin, que ha de tener fijos los ojos en esta idea el que quiera conducirse sabiamente en la vida pública y en la privada.

–Soy de tu dictamen en cuanto puedo comprender tu pensamiento.

–Admite, por tanto, y no te sorprenda, que los que han llegado a esta sublime contemplación, desdeñan tomar parte en los negocios humanos, y sus almas aspiran sin cesar a fijarse en este lugar elevado. Así debe suceder, si es que ha de ser conforme con la pintura alegórica que yo he trazado.

–Sí, así debe ser.

–¿Es extraño que un hombre, al pasar de esta contemplación divina a la de los miserables objetos que nos ocupan, se turbe y parezca ridículo, cuando, antes de familiarizarse con las tinieblas que nos rodean, se ve precisado a entrar en discusión ante los tribunales o en cualquier otro paraje sobre sombras y fantasmas de justicia y explicar cómo él las concibe, delante de personas que jamás han visto la justicia en sí misma?

–No veo en eso nada que me sorprenda.

–Un hombre sensato reflexionará que la vista puede turbarse de dos maneras y por dos causas opuestas; por el tránsito de la luz a la oscuridad, o por el de la oscuridad a la luz, y aplicando a los ojos del alma lo que sucede a los del cuerpo, cuando vea a aquélla turbada y entorpecida para distinguir ciertos objetos, en vez de reír sin razón al verla en tal embarazo, examinará si éste procede de que el alma viene de un estado más luminoso, o si es que al pasar de la ignorancia a la luz, se ve deslumbrada por el excesivo resplandor de ésta. En el primer caso, la felicitará por su turbación; y en el segundo, lamentará su suerte; y si quiere reírse a su costa, sus burlas serán menos ridículas, que si se dirigiesen al alma que desciende de la estancia de la luz.

–Lo que dices es muy razonable.

–Si todo esto es cierto, debemos concluir que la ciencia no se aprende de la manera que ciertas gentes pretenden. Se jactan de poder hacerla entrar en un alma donde no existe, poco más o menos del mismo modo que se volvería la vista a un ciego.

–Lo dicen resueltamente.

–Pero lo que estamos diciendo nos hace ver que cada cual tiene en su alma la facultad de aprender mediante un órgano destinado a este fin; que todo el secreto consiste en llevar este órgano, y con él el alma toda, de la vista de lo que nace a la contemplación de lo que es, hasta que pueda fijar la mirada en lo más luminoso que hay en el ser mismo, es decir, según nuestra doctrina, en el bien; en la misma forma que si el ojo no tuviese un movimiento particular, sería necesario que todo el cuerpo girase con él al pasar de las tinieblas a la luz; ¿no es así?

–Sí.

–En esta evolución, que se hace experimentar al alma, todo el arte consiste en hacerla girar de la manera más fácil y más útil. No se trata de darle la facultad de ver, porque ya la tiene; sino que lo que sucede es que su órgano está mal dirigido y no mira a donde debía mirar, y esto es precisamente lo que debe corregirse.

–Me parece que no consiste en otra cosa el secreto.

–Con las demás cualidades del alma sucede poco más o menos como con las del cuerpo; cuando no se han obtenido de la naturaleza, se adquieren mediante la educación y la cultura. Pero respecto a la facultad de saber, como es de una naturaleza más divina, jamás pierde su virtud; se hace solamente útil o inútil, ventajosa o perjudicial, según la dirección que se le da. ¿No has observado hasta dónde llevan su sagacidad esos hombres conocidos con el nombre de embaucadores? ¿Con qué penetración su alma ruin discierne todo lo que les interesa? Su vista no está ni debilitada ni turbada, y como la obligan a servir como instrumento de su malicia, son tanto más maléficos cuanto son más sutiles y perspicaces.

–Esa observación es exacta.

–Si desde la infancia se hubieran atajado estas tendencias criminales, que como otros tantos pesos de plomo arrastran el alma hacia los placeres sensuales y groseros y la obligan a mirar siempre hacia abajo si después de haberla librado de estos pesos, se hubiera dirigido su mirada hacia la verdad, la habría distinguido con la misma sagacidad.

–Así parece.

–¿No es una consecuencia probable, o más bien necesaria, de todo lo que hemos dicho, que ni los que han recibido educación alguna y que no tienen conocimiento de la verdad, ni aquellos a quienes se ha dejado que pasaran toda su vida en el estudio y la meditación, son a propósito para el gobierno de los estados; los unos, porque en su conducta no tienen un punto fijo a que puedan dirigir todo lo que hacen en la vida pública y en la vida privada; y los otros porque no consentirán nunca que se eche sobre ellos semejante carga, creyéndose ya en vida en las islas afortunadas?

–Tienes razón.

–A nosotros, que fundamos una República, toca obligar a los hombres de naturaleza privilegiada, a que se consagren a la más sublime de todas las ciencias, contemplando el bien en sí mismo y elevándose hasta él por ese camino áspero de que hemos hablado; pero después que hayan llegado a ese punto y hayan contemplado el bien durante cierto tiempo, guardémonos de permitirles lo que hoy se les permite.

–¿Qué?

–No consentiremos que se queden en esta región superior, negándose a bajar al lado de los desgraciados cautivos, para tomar parte en sus trabajos, y aun en sus honores, cualquiera que sea la situación en que se vean.

–Pero ¿habremos de ser tan duros con ellos? ¿Por qué condenarles a una vida miserable, cuando pueden gozar de una suerte más dichosa?

–Vuelves, mi querido amigo, a olvidar que el legislador no debe proponerse por objeto la felicidad de una determinada clase de ciudadanos con exclusión de las demás, sino la felicidad de todos; que a este fin debe unir a todos los ciudadanos en los mismos intereses, comprometiéndolos por medio de la persuasión o de la autoridad a que se comuniquen unos a otros todas las ventajas que están en posición de procurar a la comunidad; y que al formar con cuidado semejantes ciudadanos, no pretende dejarlos libres para que hagan de sus facultades el uso que les acomode, sino servirse de ellos con el fin de fortificar los lazos del estado.

–Es verdad; se me había olvidado

–Por lo demás, ten presente, mi querido Glaucón, que nosotros no seremos culpables de injusticia para con los filósofos que se formen entre nosotros, y podremos exponerles muy buenas razones para obligarles a que se encarguen de la guarda y de la dirección de los demás. Les diremos: "En otros estados puede excusarse a los filósofos que evitan la molestia de los negocios públicos, porque deben su sabiduría sólo a sí mismos, puesto que se han formado a pesar del gobierno, y por tanto es justo que lo que sólo se debe a sí mismo en su origen y en su desarrollo, no esté obligado a ninguna clase de reconocimiento para con nadie; pero vosotros no estáis en este caso; os hemos formado consultando el interés del estado y el vuestro, para que, como en la república de las abejas, seáis en ésta nuestros jefes y nuestros reyes, y con esta intención os hemos dado una educación más perfecta, que os hace más capaces que todos los demás para unir el estudio de la sabiduría al manejo de los negocios. Descended, pues, cuanto sea necesario, a la estancia común; acostumbrad vuestros ojos a las tinieblas que allí reinan; y cuando os hayáis familiarizado con ellas, juzgaréis infinitamente mejor que los demás la naturaleza de las cosas que allí se ven; distinguiréis mejor que ellos los fantasmas de lo bello, de lo justo y del bien, porque habéis visto en otra parte la esencia de lo bello, de lo justo y de lo bueno. Y así, tanto para vuestra dicha como para la de la república, el gobierno de nuestro estado será una realidad, y no un sueño como en la mayor parte de los demás estados, donde los jefes se baten por sombras vanas, y se disputan con encarnizamiento la autoridad, que miran como un gran bien. Pero la verdad es, que en todo estado, en que los que deben mandar no muestran empeño por engrandecerse, necesariamente ha de ser bien gobernado y ha de reinar en él la concordia; mientras que dondequiera que se ansía el mando, no puede menos de suceder todo lo contrario."

–Es cierto.

–¿Resistirán nuestros discípulos la fuerza de estas razones? ¿Se negarían a cargar alternativamente con el peso del gobierno, para ir después a pasar juntos la mayor parte de su vida en la región de la luz pura?

–Es imposible que lo rehusen, porque son justos y justas también nuestras exigencias; pero entonces cada uno de ellos, al contrario de lo que sucede en todas partes, aceptará el mando como un yugo inevitable.

–Así es, mi querido amigo. Si puedes encontrar para los que deben obtener el mando una condición que ellos prefieran al mando mismo, también podrás encontrar una República bien ordenada, porque en tal estado sólo mandarán los que son verdaderamente ricos, no en oro, sino en sabiduría y en virtud, riquezas que constituyen la verdadera felicidad. Pero dondequiera que hombres pobres, hambrientos de bien, y que no tienen nada por sí mismos, aspiren al mando, creyendo encontrar en él la felicidad que buscan, el gobierno será siempre malo, se disputará y se usurpará la autoridad, y esta guerra doméstica e intestina arruinará al fin al estado y a sus jefes.

–Nada más cierto.

–¿Conoces alguna condición como no sea la del verdadero filósofo, que pueda inspirar el desprecio de las dignidades y de los cargos públicos?

–No conozco otra.

–Además es preciso confiar la autoridad a los que no están ansiosos de poseerla, porque en otro caso la rivalidad haría nacer disputas entre ellos.

–Sin duda.

–¿A quién obligarás a aceptar el mando, sino a los que, instruidos mejor que nadie en la ciencia de gobernar, cuentan con otra vida y otros honores que prefieren a los que ofrece la vida civil?

–No me dirigiría a otros.

–¿Quieres ahora que examinemos juntos de qué manera formaremos a los hombres de este carácter, y cómo los haremos pasar de las tinieblas a la luz, como se dice de algunos que han pasado de los infiernos a la estancia de los dioses?

–¿Había necesidad de que me lo preguntaras?

–No se trata aquí de un lance de tejo como en el juego, sino de imprimir al alma un movimiento que la eleve de la luz tenebrosa que la rodea hasta la verdadera luz del ser por el camino que, por esto mismo, llamaremos verdadera filosofía.

–Muy bien.

–Conviene ahora ver cuál es, entre las ciencias, la propia para producir este efecto.

–Sin duda.

–Y bien, mi querido Glaucón, ¿cuál es la ciencia que eleva el alma desde lo que nace hasta lo que es? Al mismo tiempo fijo mi reflexión en otra cosa. ¿No hemos dicho, que era preciso que nuestros filósofos se ejercitasen durante su juventud en el ejercicio de las armas?

–Sí.

–Por tanto, es preciso, que la ciencia que busquemos, además de esta primera ventaja, tenga otra.

–¿Cuál?

–La de no ser inútil a los guerreros.

–Sin duda así debe ser, si es posible.

–¿No hemos comprendido ya en nuestro plan de educación la música y la gimnasia?

–Sí.

–Pero la gimnasia tiene por objeto lo que está expuesto a la generación y a la corrupción, toda vez que su destino es examinar lo que puede aumentar o disminuir las fuerzas del cuerpo.

–Es cierto.

–Luego no es ésta la ciencia que buscamos.

–No.

–¿Será la música, tal como queda explicada más arriba?

Pero recordarás que la música corresponde a la gimnasia, aunque en un género opuesto. Su fin, decíamos, es el de arreglar las costumbres de los guerreros, comunicando a su alma, no una ciencia, sino un cierto acuerdo mediante el sentimiento de la armonía, y una cierta regularidad de movimientos mediante la influencia del ritmo y de la medida. La música emplea con un propósito semejante los discursos, sean verdaderos o fabulosos, pero no he visto que comprenda ninguna de las ciencias que buscas, o sea las propias para elevar el alma hasta el conocimiento del bien.

–Me recuerdas exactamente lo que ya hemos dicho; en efecto, no hemos creído que la música comprenda nada semejante a lo que buscamos. Pero, mi querido Glaucón, ¿dónde encontraremos esa ciencia? No es ninguna de las artes mecánicas, porque en tu opinión son demasiado innobles para el caso.

–Sin contradicción; sin embargo, si descartamos la música, la gimnasia y las artes, ¿qué más ciencias nos quedan?

–Si no encontramos nada más fuera de ésas, acudamos a una ciencia universal.

–¿Cuál?

–La que es tan común, que todas las ciencias y todas las artes se sirven de ella, y que es imprescindible aprender entre las primeras.

–¿Qué enseña?

–Enseña a conocer lo que es uno, dos, tres; ciencia vulgar y fácil. Yo la llamo, en general, la ciencia de los números y el cálculo: ¿no es cierto que ninguna ciencia ni arte alguno pueden prescindir de ella?

–Convengo en eso.

–Ni el arte militar, por consiguiente.

–Le es absolutamente necesaria.

–Es verdad, Palamedes, en las tragedias, nos representa siempre a Agamenón como un raro general. ¿No has observado que se alaba de haber inventado los números, de haber formado el plan de campaña delante de Troya, y de haber hecho la enumeración de las naves y de todo lo demás, como si antes de él hubiera sido imposible practicar todo esto, y como si al mismo tiempo Agamenón no supiese cuántos pies tenía, puesto que si hemos de creerle, no sabía ni aun contar? ¿Qué idea crees que debería formarse de un general semejante?

–Si eso es cierto, se tendría de él una idea muy desventajosa.

–¿Y hay, a juicio tuyo, una ciencia más necesaria a un guerrero que la de los números y del cálculo?

–Le es indispensable si quiere entender algo sobre el modo de ordenar un ejército; o más bien, si quiere ser hombre.

–¿Tienes la misma idea que yo con relación a esta ciencia?

–¿Qué idea?

–Me parece, que tiene la ventaja que buscamos, la de elevar el alma al puro conocimiento y conducirla a la contemplación del ser; pero nadie sabe servirse de ella como es debido.

–No entiendo.

–Trataré de explicarte lo que pienso. A medida que vaya yo distinguiendo las cosas que creo propias para elevar el alma, de las que no lo son, considera tú sucesivamente el mismo objeto que yo; después concede o niega según lo tengas por conveniente, y por este medio veremos mejor si la cosa es tal como yo me imagino.

–Habla.

–Mira si no es cierto que, entre las cosas sensibles, unas no invitan en manera alguna al entendimiento a fijar en ellas su atención, porque los sentidos son los jueces competentes en este caso; y otras obligan al entendimiento a reflexionar, porque los sentidos no podrían pronunciar un juicio sano sobre ellas.

–¿Hablas sin duda de los objetos lejanos y que se ven en lontananza?

–No has comprendido bien lo que quiero decir.

–¿Pues de qué quieres hablar?

–Entiendo por objetos que no invitan al alma a la reflexión, aquellos que no excitan al mismo tiempo dos sensaciones contrarias; y por objetos que invitan al alma a reflexionar, entiendo aquellos que dan origen a dos sensaciones contrarias, cuando los sentidos no se dan cuenta de que sea tal cosa o tal otra opuesta, ya hiera el objeto los sentidos de cerca o de lejos. Para hacerte comprender mejor mi pensamiento, he aquí tres dedos: el pequeño, el siguiente y el del medio.

–Muy bien.

–Ten entendido, que los supongo vistos de cerca; y ahora haz conmigo esta observación.

–¿Qué observación?

–Cada uno de ellos nos parece igualmente un dedo; poco importa en este concepto que se le vea en medio o al extremo, blanco o negro, gordo o delgado y así de lo demás. Nada de esto obliga al alma a preguntar al entendimiento qué es un dedo; porque jamás la vista ha atestiguado al mismo tiempo que un dedo fuese otra cosa que un dedo.

–No, sin duda.

–Tengo, pues, razón para decir que en este caso nada excita ni despierta al entendimiento.

–Sí.

–Pero ¿la vista juzga como es debido de la magnitud o de la pequeñez de estos dedos? Para juzgar bien, ¿es indiferente que el uno de ellos esté en medio o a los extremos? Lo mismo digo de lo grueso y de lo delgado, de la blancura y de la dureza que se nota al tacto. En general la relación de los sentidos sobre todos estos puntos ¿no es muy defectuosa? ¿Lo que pasa con cada uno de ellos no es lo siguiente? El sentido destinado a juzgar lo que es duro no puede haberlo, sino después de haber juzgado lo que es blando, y dice al alma, que el cuerpo que la afecta es al mismo tiempo duro y blando.

–Así es.

–¿No es inevitable entonces, que el alma se encuentre embarazada con esta relación del tacto, que le dice que la misma cosa es dura y blanda? La sensación de la pesantez y de la ligereza, ¿no produce en el alma igual incertidumbre acerca de la naturaleza de la pesantez y de la ligereza, cuando la misma sensación le dice que el mismo cuerpo es pesado y ligero?

–Semejantes testimonios deben parecer bien extraños al alma, y exigen de su parte un serio examen.

–No estará fuera de razón, que el alma, llamando entonces en su auxilio al entendimiento y a la reflexión, trate de examinar si cada uno de estos testimonios recae sobre una sola cosa o sobre dos.

–No, sin duda.

–Si juzga que son dos cosas, cada una de ellas le parecerá una y distinta de la otra.

–Sí.

–Si cada una de ellas le parece una, y la una y la otra, dos, las concebirá ambas aparte; porque si las concibiese como no separadas, no sería ya la concepción de dos cosas, sino la de una sola.

–Muy bien.

–La vista, decíamos, percibe la magnitud y la pequeñez, no como dos cosas separadas, sino como cosas confundidas; ¿no es cierto?

–Sí.

–Y para distinguir esta sensación confusa, el entendimiento, haciendo lo contrario de lo que hace la vista se ve precisado a considerar la magnitud y la pequeñez no confundidas, sino como distintas la una de la otra.

–Es cierto.

–Y así ve aquí la causa de que nos preguntemos a nosotros mismos qué es magnitud y qué es pequeñez.

–Sí.

–Por esto también hemos podido distinguir en estas sensaciones una parte de visible y otra parte de inteligible.

–Muy bien.

–Aquí tienes lo que yo quería hacerte comprender cuando decía que, entre los objetos sensibles, hay unos que excitan al alma a la reflexión, que son los que producen a la vez dos sensaciones contrarias, y otros, que no invitan al espíritu a reflexionar, porque sólo producen una sensación.

–Comprendo ahora, y pienso como tú.

–¿En cuál de estas dos clases colocas el número y la unidad?

–Yo no sé nada de eso.

–Juzga por lo que acabamos de decir. Si obtenemos un conocimiento suficiente de la unidad por la vista o por cualquier otro sentido, este conocimiento no podría dirigirnos hacia la contemplación de la esencia, como dijimos antes del dedo. Pero si la vista nos ofrece siempre en la unidad alguna contradicción, de suerte que nos parezca más bien una reunión de unidades que la unidad, en este caso hay necesidad de un juez que decida; el alma, embarazada, despierta al entendimiento, y se ve precisada a hacer indagaciones y a preguntarse a sí misma lo que es la unidad. El conocimiento de la unidad en este caso es una de las cosas que elevan el alma, y la vuelven hacia la contemplación del ser.

–Pero la vista de la unidad produce en nosotros el efecto de que hablas; porque vemos la misma cosa a la par una y múltiple hasta el infinito.

–Lo que sucede con la unidad ¿no sucede igualmente con todo número, cualquiera que él sea?

–Sin duda.

–Pero la aritmética y la ciencia del cálculo tienen por objeto el número.

–Sí.

–Por consiguiente, una y otra conducen al conocimiento de la verdad.

–Perfectamente.

–He aquí ya dos de las ciencias que buscamos. En efecto, ellas son necesarias al guerrero para disponer bien un ejército, y al filósofo para salir de lo que nace y muere y elevarse hasta la esencia misma de las cosas, porque sin esto no será nunca un verdadero aritmético.

–Tienes razón.

–Pero aquél, a quien confiamos la guarda de nuestro estado, es a la vez guerrero y filósofo.

–Sí.

–Demos por tanto una ley a los que hemos destinado en nuestro plan a ocupar los primeros puestos, para que se consagren a la ciencia del cálculo, para que la estudien, no superficialmente, sino hasta que por medio de la pura inteligencia hayan llegado a conocer la esencia de los números, no para servirse de esta ciencia en las compras y ventas, como hacen los mercaderes y negociantes, sino para aplicarla a las necesidades de la guerra y facilitar al alma el camino que debe conducirla desde la esfera de las cosas perecibles hasta la contemplación de la verdad y del ser.

–Muy bien.

–Ahora advierto cuán preciosa es esta ciencia del cálculo y cuán útil al objeto que nos proponemos, cuando se la estudia en sí misma, y no para hacer un negocio

–¿Qué es lo que tanto admiras en ella?

–La virtud que tiene de elevar el alma, como acabamos de decir, obligándola a razonar sobre los números, tales como son en sí mismos, sin consentir jamás que sus cálculos recaigan sobre números visibles y palpables. Sabes sin duda lo que hacen los que están versados en esta ciencia. Si intentas dividir en su presencia la unidad propiamente dicha, se burlan de ti y no te escuchan; y si la divides, ellos la multiplican otras tantas veces, temiendo que la unidad no parezca como ella es, es decir, una, sino un conjunto de partes.

–Tienes razón.

–Si se les pregunta: ¿de qué número habláis; dónde están esas unidades tales como suponéis, perfectamente iguales entre sí, sin que haya la menor diferencia, y que no se componen de partes, mi querido Glaucón, qué crees que responderán?

–Creo que responderían que ellos hablan de estos números, que no son perceptibles por los sentidos, y que no se pueden comprender de otra manera que por el pensamiento.

–Ya ves, mi querido amigo, que no podemos absolutamente pasar sin esta ciencia, puesto que es evidente que obliga al alma a servirse del entendimiento para conocer la verdad.

–Cierto que es maravillosamente propia para producir este efecto.

–¿No has observado también, que los que han nacido para calculistas y con espíritu de combinación tienen mucha facilidad para aprender casi todas las ciencias, y que hasta los espíritus tardos, cuando se han ejercitado con constancia en el cálculo, alcanzan por lo menos la ventaja de adquirir mayor facilidad y penetración para aprender?

–Así es.

–Por lo demás, difícil te sería encontrar muchas ciencias más penosas de aprender y de profundizar que ésta.

–Lo creo.

–Por todas estas razones no debemos despreciarla y sí dedicar a ella desde muy temprano a los que nazcan con un excelente natural.

Consiento en ello.

–Por consiguiente, la adoptamos. Veamos si esta otra ciencia, que se relaciona con aquélla, nos conviene o no.

–¿Cuál es? ¿Será la geometría?

–La misma.

–Es evidente que nos conviene, por lo menos en cuanto tiene relación con las operaciones de la guerra; porque en condiciones iguales un geómetra podrá mejor que ningún otro sentar unos reales, tomar plazas fuertes, concentrar o desplegar un ejército, y hacer que ejecute todas las evoluciones que están en uso en una acción o en una marcha.

–A decir verdad, no se necesita mucha geometría ni mucho cálculo para *todo* esto. Es preciso ver si la parte más elevada de esta ciencia tiende a hacer más fácil para el espíritu la contemplación de la idea del bien, porque éste es, según dijimos, el resultado de las ciencias que obligan al alma a volverse hacia el lugar donde se encuentra este ser, que es el más dichoso de los seres, y que el alma debe esforzarse en contemplar en todos conceptos.

–Tienes razón.

–Luego si la geometría mueve al alma a contemplar la esencia de las cosas, nos conviene; si se detiene en sus accidentes, no nos conviene.

–Sin duda.

–Ninguno de los que tienen la más pequeña tintura de geometría nos negará que el objeto de esta ciencia es directamente contrario al lenguaje que usan los que la tratan.

–¿Cómo?

–Su lenguaje es ridículo, aunque no pueden menos de servirse de él. Hablan de cuadrar, prolongar, añadir, y así de lo demás, como si ellos obrasen realmente, y como si todas sus demostraciones tendiesen a la práctica, siendo así que esta ciencia, toda ella, no tiene otro objeto que el conocimiento.

–Es cierto.

–Has de convenir también en otra cosa.

–¿En qué cosa?

–En que tiene por objeto el conocimiento de lo que existe siempre, y no de lo que nace y perece.

–No tengo dificultad en convenir en ello, porque la geometría tiene por objeto el conocimiento de lo que existe siempre.

–Por consiguiente, la geometría atrae al alma hacia la verdad, forma en ella el espíritu filosófico, obligándola a dirigir a lo alto sus miradas, en lugar de abatirlas, como suele hacerse, sobre las cosas de este mundo.

–Nada más cierto.

–Por tanto, ordenaremos muy expresamente a los ciudadanos de nuestro estado que no desprecien el estudio de la geometría, tanto más cuanto que, además de esta ventaja principal, tiene otras que no son despreciables.

–¿Cuáles son?

–Por lo pronto, las relativas a la guerra, de que hablaste antes. Además da al espíritu facilidad para aprender las otras ciencias, y así vemos que hay bajo este punto de vista una completa diferencia entre el que está versado en la geometría y el que no lo está.

–La diferencia es, en efecto, muy grande.

–Por tanto, haremos que aprendan también esta ciencia nuestros jóvenes alumnos.

–Está bien.

–La astronomía será la tercera ciencia. ¿Qué te parece?

–Soy de tu opinión, tanto más cuanto que no es menos necesario al guerrero que al labrador y al piloto tener un exacto conocimiento de las estaciones, de los meses y de los años.

–Verdaderamente eres demasiado bondadoso. Parece *como* que temes que el vulgo te eche en cara que incluyes ciencias inútiles en tu plan de educación. Las ciencias, de que hablamos, tienen una ventaja inmensa pero que pocos sabrán apreciar; y consiste en que purifica y reanima un órgano del alma extinguido y embotado por las demás ocupaciones de la vida; órgano, cuya conservación nos invita mil veces más que los ojos del cuerpo, puesto que sólo por él se percibe la verdad. Cuando digas esto, los que piensan como nos*otros* en esta materia, te aplaudirán; pero no te atengas al voto de los que jamás se han empleado en reflexiones de esta clase, y que no ven en estas ciencias otra utilidad que aquélla de que tú hablaste. Mira ahora para quién hablas, a no ser que tú no razones ni en consideración a los unos ni en consideración a los otros, sino para ti mismo, sin que por eso lleves a mal la utilidad que los demás puedan sacar de tus palabras.

–Es cierto que, pensando principalmente en mí, deseo interrogar y responder.

–Si es así, volvamos atrás, porque no hemos tomado la ciencia que sigue inmediatamente a la geometría.

–¿Pues qué es lo que hemos hecho?

–De las superficies hemos pasado a los sólidos en movimiento, antes de ocuparnos de los sólidos en sí mismos. El orden exigía que, después de lo que tiene dos dimensiones, hubiéramos tomado los sólidos que tienen tres, es decir, el cubo y todo lo que tiene profundidad.

–Eso es cierto. Pero me parece, Sócrates, que en esta ciencia aún no se ha hecho ningún descubrimiento.

–Eso procede de dos causas. La primera es que ningún estado hace aprecio de estos descubrimientos, y que se trabaja en ellos débilmente, porque son penosos. La segunda es, porque los que se dedican a ella tendrían necesidad de un guía, sin el cual sus indagaciones serán inútiles. Encontrar uno bueno es difícil, y aun cuando se encontrase, en el estado actual de cosas los que se ocupan en estas indagaciones tienen demasiada presunción, para querer obedecerle. Pero si un estado presidiese estos trabajos, y les diera estimación, los individuos se prestarían a sus miras, y mediante trabajos concertados y sostenidos no se tardaría en descubrir la verdad; puesto que hoy mismo, a pesar del desprecio que se hace de esta ciencia por no comprender su utilidad los pocos que a ella se consagran, sólo por la fuerza del encanto que produce, triunfa de todos los obstáculos y hace cada día nuevos progresos. No es extraño que haya llegado al punto en que la vemos.

–Convengo en que no hay un estudio más atractivo que ése. Pero explícame, te lo suplico, lo que decías antes. Pusiste en primer término la geometría o la ciencia de las superficies.

–Sí.

–Inmediatamente después la astronomía; y luego volviste atrás.

–Es porque queriendo apresurarme demasiado, retrocedo en lugar de avanzar. Después de la geometría debí hablar de la formación de los sólidos; pero viendo que en esta materia no se han hecho descubrimientos, la he dejado aparte, para pasar a la astronomía, es decir, a los sólidos en movimiento.

–Muy bien.

–Pongamos la astronomía en cuarto lugar, suponiendo la ciencia de los sólidos descubierta desde el momento en que un estado se ocupe de ella.

–Es, en efecto, muy probable. Pero como me has echado en cara el haber hecho un elogio indebido de la astronomía, voy a alabarla de una manera conforme con tus ideas. Es evidente, a mi parecer, para todo el mundo, que la astronomía obliga al alma a mirar a lo alto, y a pasar de las cosas de la tierra a la contemplación de las del cielo.

–Eso quizás es evidente para cualquiera otro que no sea yo, porque no pienso lo mismo.

–¿Pues cuál es tu opinión?

–Creo que de la manera que la estudian los que la erigen en filosofía, hace mirar, no hacia arriba, sino hacia abajo.

–¿Qué quieres decir con eso?

–Me parece, que te formas una idea muy singular de lo que yo llamo conocimiento de las cosas de lo alto. ¿Crees, que si uno distinguiese algo al considerar de abajo arriba los adornos de un cielo raso, miraría con los ojos del alma y no con los ojos del cuerpo? Quizá tengas razón y yo me engaño groseramente. Pero yo no puedo reconocer otra ciencia, que haga al alma mirar a lo alto, que la que tiene por objeto lo que es (el ser) y lo que no se ve, ya se adquiera esta ciencia mirando a lo alto con la boca abierta, ya bajando la cabeza y teniendo medio cerrados los ojos; mientras que si alguno mira a lo alto con la boca abierta para aprender algo sensible, niego que aprenda nada, porque nada de lo sensible es objeto de la ciencia, y sostengo que su alma no mira a lo alto sino hacia abajo, aunque esté acostado boca arriba sobre la tierra o sobre el mar.

–Tienes razón en reprenderme, porque bien lo merezco. Pero dime; ¿qué es lo que encuentras de reprensible en la manera con que se enseña hoy la astronomía, y que variación convendría hacer que fuera útil a nuestro designio?

–La siguiente. Que se admire la belleza y el orden de los astros que adornan el cielo, nada más justo; pero como después de todo no dejan de ser objetos sensibles, quiero que se ponga su belleza muy por bajo de la belleza verdadera, de la que producen la velocidad y la lentitud reales en sus relaciones mutuas y en los movimientos que comunican a los astros, según el verdadero número y todas las verdaderas figuras. Estas cosas escapan a la vista, y no pueden comprenderse sino por el entendimiento y por el pensamiento: ¿crees tú lo contrario?

–De ninguna manera.

–Quiero, pues, que la belleza del cielo visible no sea más que la imagen de la del cielo inteligible, y que nos sirva para nuestra instrucción como servirían a un geómetra las figuras ejecutadas por Dédalo o por cualquier otro escultor o pintor. Considerándolas como obras maestras de arte, un geómetra tendría por ridículo estudiarlas seriamente, para descubrir en ellas la verdad absoluta de las relaciones de igualdad, de la mitad al todo, o cualquiera otra.

–Seguramente sería ridículo.

–El verdadero astrónomo, ¿no pensará lo mismo respecto a las revoluciones celestes? Creerá, sin duda, que el que ha hecho el cielo ha dado a su obra la belleza que el artista humano ha dado a la suya;

pero en cuanto a las relaciones del día a la noche, de los días a los meses, de los meses a los años, en fin, de unos astros con otros, o de ellos con la luna y el sol, ¿no crees que mirará como una extravagancia que se imagine, que estas relaciones sean siempre las mismas y que jamás muden, cuando sólo se trata de fenómenos materiales y visibles y de buscar por todos los medios en todo esto el descubrimiento de la verdad misma?

–Ahora ya te entiendo, y creo que tienes razón.

–Y así nos serviremos de los astros en el estudio de la astronomía, como nos servimos de las figuras en la geometría, sin detenernos en lo que pasa en el cielo, si queremos hacernos verdaderos astrónomos, y sacar algún provecho de la parte inteligente de nuestra alma, que sin esto no nos sería de utilidad alguna.

–De esa manera haces el estudio de la astronomía mucho más difícil que lo es en la actualidad.

–Me parece que debemos prescribir el mismo método respecto a las demás ciencias, pues de no ser así, ¿qué ventaja tendrían nuestras leyes? ¿Puedes recordarme aún alguna otra ciencia, que pueda servir a nuestros planes?

–Ninguna viene ahora a mi memoria.

–Sin embargo, el movimiento, a mi parecer, no presenta una sola forma, porque tiene muchas. Un sabio podría enumerarlas todas, pero nosotros sólo nombraremos las dos que conocemos.

–¿Cuáles son?

–La astronomía es la primera, la otra es la que corresponde con ésta.

–¿Cuál es esa otra?

–Parece que los oídos han sido hechos para los movimientos armónicos, como los ojos para los movimientos astronómicos; y los pitagóricos dicen, que estas dos ciencias, la astronomía y la música, son hermanas, y nosotros somos de su opinión; ¿no es así?

–Sí.

–Como la cuestión es grave, adoptaremos esta misma opinión de los pitagóricos, y algunas otras si es preciso, pero observando cuidadosamente nuestra máxima.

–¿Qué máxima?

–Vigilar para que no se den a nuestros discípulos enseñanzas en esta materia, que serían imperfectas y no conducirían al punto adonde deben ir a parar todos nuestros conocimientos, como dijimos antes con motivo de la astronomía. ¿No sabes que la música no es hoy mejor tratada que su hermana? Se limita esta ciencia a la medida de los tonos y de los acordes sensibles, trabajo tan inútil como el de los astrónomos.

–Es cierto que no hay nada más ridículo. Nuestros músicos hablan sin cesar de matices diatónicos, extienden su oído como para sorprender los sonidos al paso; y unos dicen que oyen un sonido medio entre dos tonos, y que este sonido es el más pequeño intervalo que los separa; otros sostienen, por el contrario, que estos dos tonos son perfectamente semejantes; y todos prefieren el juicio del oído al del espíritu.

–Hablas de esos famosos músicos, que no dan descanso a las cuerdas, que las ponen en tortura, y las atormentan por medio de las clavijas. Podría llevar más adelante esta descripción y hablar de los golpes que con el arco dan a las cuerdas, y de las acusaciones que dirigen a éstas por su obstinación en no producir ciertos sones o en producir los que no se les pide; pero dejando este punto, declaro que no es de éstos de los que quiero hablar, sino de aquéllos a quienes nos hemos propuesto interrogar sobre la armonía. Estos, por lo menos, hacen lo mismo que los astrónomos; indagan los números de que resultan los acordes que hieren el oído; pero no llegan a ver solamente en estos acordes un medio de descubrir cuáles números son armónicos y cuáles no lo son, ni de dónde procede esta diferencia.

–Esa indagación sería verdaderamente sublime.

–Ella conduce indudablemente al descubrimiento de lo bello y de lo bueno; pero si se lleva a cabo con otro fin, no servirá de nada.

–Lo creo.

–Pienso, en efecto, que si el estudio de todas las ciencias de que acabamos de hablar, tuviese por objeto hacer conocer las relaciones íntimas y generales, que tienen unas con otras, este estudio sería entonces un gran auxiliar para el fin que nos hemos propuesto, pues en otro caso no merecería la pena de consagrarse a él.

–Soy de tu opinión; pero, Sócrates, semejante trabajo será muy largo y muy penoso.

–¿Qué quieres decir? Pues eso no es más que el preludio. ¿No sabes que todo esto no es más que una especie de preludio del canto que debemos aprender? En efecto; ¿son a tu parecer dialécticos todos los que están versados en estas ciencias?

–No, ciertamente; he encontrado muy pocos entre ellos.

–Y bien, el que no está en posición de dar o de entender la razón de cada cosa, ¿crees que pueda conocer jamás lo que, según hemos dicho, era necesario saber?

–No lo creo.

–Aquí tienes, mi querido Glaucón, el canto de que acabo de hablarte; es la dialéctica. Esta ciencia, completamente espiritual, puede ser representada por el órgano de la vista, que, según hemos demostrado, se eleva gradualmente del espectáculo de los animales al de los astros, y en fin, a la contemplación del mismo sol. Y así el que se dedica a la dialéctica, renunciando en absoluto al uso de los sentidos, se eleva, sólo mediante la razón, hasta la esencia de las cosas; y si continúa sus indagaciones hasta que haya percibido mediante el pensamiento la esencia del bien, ha llegado al término de los conocimientos inteligibles, así como el que ve el sol ha llegado al término del conocimiento de las cosas visibles.

–Es cierto.

–¿No es esto lo que tú llamas marcha dialéctica?

–Sin duda.

–Recuerda al hombre de la caverna; comienza por verse libre de sus cadenas; después, abandonando las sombras, se dirige hacia las figuras artificiales y hacia la luz que las alumbra. En fin, sale de este lugar subterráneo para subir hasta los sitios que ilumina el sol; y como sus ojos débiles y ofuscados no pueden fijarse desde luego ni en los animales, ni en las plantas, ni en el sol, recurre a las imágenes de los mismos, pintadas en la superficie de las aguas y en sus sombras, pero estas sombras pertenecen a seres reales y no a objetos artificiales como sucedía en la caverna, y no están formadas por aquella luz, que nuestro prisionero tomaba por el sol. El estudio de las ciencias de que hemos hablado, produce el mismo efecto. Eleva la parte más noble del alma hasta la contemplación del más excelente de los seres; como en el otro caso, el más penetrante de los órganos del cuerpo se eleva a la contemplación de lo más luminoso que hay en el mundo material y visible.

–Estoy conforme en todo lo que dices; sin embargo, bajo cierto punto de vista me parece difícil de admitir, y bajo otro me parece difícil de desechar. Pero como no es ésta la única vez que hablaremos de esta materia, y más adelante volveremos muchas veces a ella, doy por sentado que así sea; y ahora pasemos a nuestro canto y estudiémoslo con el mismo esmero que el preludio. Dinos, pues, en qué consiste la dialéctica, en cuántas especies se divide, y por qué camino se llega a ella. Porque hay trazas de que el término adonde van a parar estos caminos, es el reposo del alma y el fin de su viaje.

–No podrías seguirme hasta ese punto, mi querido Glaucón; por más que no te faltara mi decidida voluntad. No sería ya la imagen del bien la que yo te haría ver, sino el bien mismo, por lo menos tal como yo lo pienso. Si al pensar así me engaño o no, eso no hace al caso; lo que se trata de probar es que existe algo semejante a ese bien, ¿no es así?

–Sí.

–Y no es cierto que sólo la dialéctica puede descubrirlo a un espíritu ejercitado en las ciencias que la sirven de preparación, sin que se conozca otro camino.

–Eso es efectivamente lo que se trata de probar.

–Por lo menos hay un punto que nadie puede negar, y es que este método es el único por el que puede llegarse con regularidad a descubrir la esencia de cada cosa; porque, por lo pronto, la mayor parte de las artes sólo se ocupan de las opiniones de los hombres y de sus gustos, de la producción y de la fabricación, y si se quiere, sólo de la preparación de los productos de la naturaleza o del arte. En cuanto a las otras artes, como la geometría y todas las de la misma clase, que a nuestro parecer tienen alguna relación con el ser vemos que el conocimiento que de éste tienen se parece a un sueño, que les será siempre imposible verlo con esa vista clara que distingue la vigilia del ensueño, mientras no se eleven por encima de sus hipótesis de las que no dan la razón. ¿Cómo es posible dar el nombre de ciencia a demostraciones fundadas en principios inciertos, y que sirven, sin embargo, de base a las conclusiones y proposiciones intermedias?

–No es posible

–El método dialéctico es el único que, dejando a un lado las hipótesis, se eleva hasta el principio para establecerlo firmemente, sacando poco a poco el ojo del alma del cieno en que estaba sumido, y elevándole a lo alto con el auxilio y por el ministerio de las artes de que hemos hablado. Hemos distinguido éstas muchas veces con el nombre de ciencias, para conformarnos al uso; pero sería preciso darlas otro nombre, que ocupase un medio entre la oscuridad de la opinión y la evidencia de la ciencia. Antes nos servimos del nombre de conocimiento razonado. Pero a mi juicio tenemos cosas demasiado importantes de que tratar, para que nos detengamos ahora en una disputa de palabras.

–Tienes razón.

–Mi dictamen es, que continuemos llamando ciencia a la primera y más perfecta manera de conocer; conocimiento razonado, a la segunda; fe, a la tercera; conjetura, a la cuarta; comprendiendo las dos últimas bajo el nombre de opinión, y las dos primeras bajo el de inteligencia; de suerte que lo perecedero sea el objeto de la opinión, y lo permanente el de la inteligencia; y que la inteligencia sea a la opinión, la ciencia a la fe, el conocimiento razonado a la conjetura, lo que la esencia es a lo perecedero. Dejemos por ahora, mi querido Glaucón, el examen de las razones en que se funda esta analogía, así como la manera de dividir en dos especies la clase de objetos sometidos a la opinión y la que pertenece a la inteligencia, para no vernos envueltos en discusiones más largas que todas aquellas de que ya hemos salido.

–En cuanto he podido seguirte, me adhiero a todo lo que has dicho.

–¿No llamas dialéctico al que conoce la razón de la esencia de cada cosa? ¿Y no dices de un hombre que no tiene inteligencia de una cosa, cuando no puede dar razón de ella ni a sí mismo ni a los demás?

–¿Cómo podría decir otra cosa?

–Razonemos del mismo modo respecto al bien. Un hombre que no puede separar por el entendimiento la idea del bien de todas las demás, ni dar de ella una definición precisa, ni vencer todas las objeciones, como un hombre de corazón en un combate, ni demostrar esta idea de una manera real, destruyendo todos los obstáculos mediante un razonamiento irresistible, ¿no dirás de él que ni conoce el bien por esencia, ni ningún otro bien; que si percibe algún fantasma de bien, no es mediante la ciencia sino mediante la opinión como él la comprende; que su vida se pasa en un profundo sueño, acompañado de ensueños, del que no saldrá en este mundo antes de bajar a los infiernos, donde dormirá un sueño verdadero?

–Sí, ciertamente, lo diré.

–Pero si alguna vez te encargases de la educación de estos mismos discípulos, que formas aquí de palabra, no los pondrías a la cabeza del estado y no les revestirías con un gran poder para disponer de los negocios públicos, si eran incapaces de dar razón de sus pensamientos, siendo estos para ellos como en geometría las líneas que se llaman irracionales.

–No, seguramente.

–Les ordenarías, por consiguiente, que se dedicasen especialmente a la ciencia de interrogar y de responder de la manera más sabia posible.

–Sí, se lo prescribiré de concierto contigo.

–Por tanto, juzgas que la dialéctica es, por decirlo así, el coronamiento y el colmo de las demás ciencias que no hay ninguna que pueda colocarse por encima de ella, y que cierra la serie de las ciencias que importa aprender.

–Sí.

–Por consiguiente, te falta ahora designar las personas a quienes debemos hacer partícipes de estas ciencias, y de qué manera se las enseñaremos.

–Es evidente.

–¿Recuerdas cuál es el carácter de los que hemos escogido para gobernar?

–Sí.

–Tú mismo pensabas que debíamos escoger hombres de este temple, y que era preciso preferir los más firmes, los más valientes, y, si es posible, los más hermosos; pero estas ventajas corporales y la nobleza de sentimientos no eran bastante, y se exigió que tuviesen las disposiciones convenientes para la educación que queríamos darles.

–¿Cuáles son estas disposiciones?

–La sagacidad necesaria para el estudio de las ciencias y la facilidad para aprender; porque al alma repugnan más presto las dificultades que presentan las ciencias abstractas, que las que ofrece la gimnasia, porque el trabajo es sólo para el alma, que no lo comparte con el cuerpo.

–Es cierto.

–Además, es preciso que tengan memoria y voluntad, que amen el trabajo y toda especie de trabajo sin distinción; pues de no ser así ¿cómo crees que habrían de consentir la amalgama de tantos ejercicios del cuerpo y tantas reflexiones y trabajos del espíritu?

–Jamás lo consentirían al no haber nacido dotados de las condiciones más felices.

–La falta, en que se incurre en nuestros días y que tanto daño ha causado a la filosofía, procede, como ya hemos dicho, de la poca consideración en que se tiene la dignidad de esta ciencia, porque no está hecha para espíritus bastardos, sino para verdaderos y legítimos talentos.

–¿Cómo entiendes eso?

–Por lo pronto, los que quieran dedicarse a ella, deben ser de tal suerte que nada haya que decir de ellos en razón de amor al trabajo. No basta que en parte sean laboriosos y en parte indolentes, que es lo que sucede cuando un joven, lleno de ardimiento por la gimnasia, por la caza y por todos los ejercicios del cuerpo, rechaza todo estudio y las conversaciones e indagaciones científicas, esquivando esta clase de trabajos. Otro tanto digo de los que tienen un carácter enteramente opuesto.

–Nada más cierto.

–¿No deberemos colocar en el rango de las almas imperfectas, con relación al estudio de la verdad, las que, detestando la mentira voluntaria y no pudiendo sufrirla sin sentir repugnancia dentro de sí e indignación para las demás, no tienen el mismo horror por la mentira involuntaria, ni se consideran rebajados a sus propios ojos, cuando se los convence de su ignorancia, y antes bien se revuelcan en ella con la misma complacencia que un puerco en el fango?

–Sí, sin duda.

–No menos atención es preciso prestar para discernir los caracteres francos de los caracteres bastardos en razón de la templanza, de la fuerza, de la grandeza de alma y de las demás virtudes. Por no saber distinguirlos, los particulares y los estados someten sus intereses, éstos, a magistrados débiles e incapaces, y aquéllos, a amigos de iguales condiciones.

–Eso sucede con demasiada frecuencia.

–Tomemos, pues, todas las precauciones para hacer una buena elección, porque si sólo dedicamos a los estudios y ejercicios de esta importancia a personas a quienes nada falte ni con relación al cuerpo ni con relación al espíritu, la misma justicia nada tendrá que echarnos en cara, y nuestro estado y nuestras leyes se mantendrán firmes; pero si dedicamos a estos trabajos personas indignas, sucederá todo lo contrario, y pondremos en completo ridículo a la filosofía.

–Eso sería para nosotros una vergüenza.

–Sin duda, pero no me hago cargo de que yo mismo estoy dando lugar a que se rían a mi costa.

–¿Por qué?

–Porque olvido que todo esto no es más que un proyecto en el aire, y hablo con el mismo calor que si la cosa se estuviese ejecutando ante mis ojos. Lo que me ha irritado es que al echar una mirada sobre la filosofía, mientras hablaba, y al verla tratada con el mayor desprecio, no he podido contener mi indignación contra los que la ultrajan.

–Tu auditorio no advierte que te hayas excedido.

–No lo cree así el orador. Pero sea de esto lo que quiera, no olvidemos que nuestra primera elección recaía sobre ancianos, y que aquí no estaría muy en su lugar, porque no hay que creer a Solón, cuando dice que "un anciano puede aprender muchas cosas"; más fácil sería para él correr. No; todos los grandes trabajos están reservados a la juventud.

–Es cierto.

–Desde la edad más tierna es preciso destinar a nuestros discípulos al estudio de la aritmética, de la geometría y demás ciencias, que sirven de preparación a la dialéctica; pero es necesario desterrar de la enseñanza todo lo que sean trabas y coacciones.

–¿Por qué razón?

–Porque un espíritu libre no debe aprender nada como esclavo. Que los ejercicios del cuerpo sean forzosos o voluntarios, no por eso el cuerpo deja de sacar provecho; pero las lecciones que se hacen entrar por fuerza en el alma, no tienen en ella ninguna fijeza.

–Es cierto.

–No emplees la violencia con los niños cuando les des las lecciones; haz de manera que se instruyan jugando y así te pondrás mejor en situación de conocer las disposiciones de cada uno.

–Lo que dices me parece muy sensato.

–Acuérdate también de que, según dijimos antes, es preciso llevar a los niños a la guerra a caballo, hacer que presencien el combate, y hasta aproximarlos a la pelea cuando no haya en ella gran peligro y procurar en cierta manera que gusten la sangre como se hace con los perros jóvenes de caza.

–Me acuerdo de eso.

–Pondrás a un lado los que hayan mostrado más paciencia en los trabajos, más valor en los peligros y más ardor en las ciencias.

–¿A qué edad?

–Cuando hayan concluido su curso de ejercicios gimnásticos, porque durante este tiempo, que será de dos a tres años, les es imposible dedicarse a otra cosa, porque no hay nada más enemigo de las ciencias que la fatiga y el sueño. Por otra parte, los ejercicios gimnásticos son una prueba a la que importa mucho someterlos.

–Lo pienso así.

–Pasado este tiempo, y cuando hayan llegado a los veinte años, concederás a los que hayas escogido distinciones honrosas, y les presentarás en conjunto las ciencias que hayan estudiado en detalle durante la infancia, a fin de que se acostumbren a ver de una ojeada, y desde un punto de vista general, las relaciones que las ciencias tienen entre sí, y a conocer la naturaleza del ser.

–Este método es el único que puede afirmar en ellos los conocimientos que habrán adquirido.

–También es el medio más seguro de distinguir el espíritu dialéctico de cualquier otro espíritu; porque el que sabe reunir los objetos bajo un punto de vista general ha nacido para la dialéctica; los que no están en este caso, no.

–Soy del mismo parecer.

–Después de haber observado los mejores espíritus de este género, los que hayan mostrado más constancia y firmeza, ya en el estudio de las ciencias, ya en los trabajos de la guerra, ya en las demás pruebas prescritas, cuando hayan llegado a los treinta años, les concederás mayores honores; y dedicándolos a la dialéctica, distinguirás los que, sin auxiliarse de los ojos y de los demás sentidos, puedan por la sola fuerza de la verdad elevarse hasta el conocimiento del ser; y aquí es, mi querido Glaucón, donde es preciso tomar las mayores precauciones.

–¿Por qué?

–¿No has fijado tu atención en el gran mal que reina en nuestros días en la dialéctica?

–¿Qué mal?

–El desorden.

–Es cierto.

–¿Crees que haya nada de sorprendente en este desorden? ¿No excusas a los que se entregan a él?

–¿En qué concepto son excusables?

–Les sucede lo mismo que a un hijo supuesto que, educado en el seno de una familia noble y opulenta, en medio del fausto y rodeado de aduladores, se diese cuenta cuando fuese ya mayor que los que se dicen sus padres no lo son, sin poder descubrir los verdaderos. ¿Podrías decirme qué pensaría de sus aduladores y de sus pretendidos padres antes de conocer su posición y después de haberla conocido? ¿O quieres saber lo que yo pienso?

–Mucho que lo quiero.

–Me imagino, que en el primer caso tendría más respeto a su padre, a su madre y a los demás que miraba como parientes, que no a sus aduladores, que estaría más dispuesto a socorrerlos, si los veía en la indigencia; que lo estaría menos a maltratarlos de palabra o de hecho; y, en una palabra, que en las cosas esenciales les obedecería antes que a sus aduladores durante todo el tiempo que ignorase su situación.

–Así parece.

–Pero apenas supiera la verdad, en el momento sus respetos y sus atenciones disminuirían para con los padres y aumentarían para con los aduladores; se entregaría a éstos con menos reserva que antes, siguiendo en todo sus consejos, y viviendo con ellos públicamente en la mayor familiaridad, mientras que nada le importarían, ni su padre ni sus supuestos parientes, a no estar dotado de un natural muy sabio.

–Las cosas no dejarían de pasar como dices, pero ¿cómo se hace la aplicación de este caso al desorden de que te quejas?

–De la manera siguiente: ¿no se nos educa desde la infancia en los principios de justicia y de honestidad, principios que honramos y obedecemos como a nuestros padres?

–Es cierto.

–¿No hay también máximas opuestas a estos principios; máximas, que sólo tienden a ensalzar el placer y que asedian nuestra alma como otros tantos aduladores, pero que no arrastran a los más sabios de nosotros que conservan siempre el mismo respeto y la misma sumisión a los principios en que han sido educados?

–Eso también es cierto.

–Ahora bien, si llega a preguntarse al que está en esta disposición de espíritu, qué es lo que se llama honroso, y si después de haber respondido conforme a lo que aprendió de boca del legislador, se le rebate su respuesta, se le confunde en repetidas ocasiones, y se le pone en la necesidad de dudar si existe algo que sea en sí mismo honrado; si se repite esta escena con respecto a lo justo, a lo bueno, y a las demás cosas que él reverenciaba, ¿qué partido te parece que tomará en razón del respeto y de la sumisión que prestaba antes a los principios?

–Necesariamente los honraría y obedecería menos que antes.

–Pero cuando llegue el caso de no sentir el mismo respeto por tales principios y de no reconocer las relaciones íntimas que con él tienen; y si por otra parte le es imposible descubrir por sí mismo la verdad, ¿cómo puede menos de abrazar las otras máximas que le lisonjean?

–No puede menos.

–Se hará, por consiguiente, rebelde a las leyes, a que era antes sumiso.

–Sin duda.

–Por consiguiente, los que se dedican a la dialéctica de esta manera deben caer en este inconveniente, y después de todo, merecen que se los perdone.

–Y además que se les tenga compasión.

–Para no exponer nuestros discípulos al mismo inconveniente, cuando hayan llegado a los treinta años y antes de destinarlos a la dialéctica, procurarás tomar todas las precauciones necesarias.

–Muy bien.

–¿No es una excelente precaución prohibirles la dialéctica cuando son demasiado jóvenes? No ignoras, sin duda, que los jóvenes, cuando han recibido las primeras lecciones de la dialéctica, se sirven de ella como de un pasatiempo, y tienen fruición en provocar controversias sin cesar. A ejemplo de los que les han confundido en la disputa, ellos a su vez confunden a los demás y, semejantes a los perros jóvenes, se complacen en ladrar y despedazar con el razonamiento a cuantos se les aproximan.

–Los pintas al natural.

–Después de muchas disputas en que han salido unas veces vencidos y otras vencedores, concluyen, por lo ordinario, por no creer nada de lo que creían antes. De esta manera dan ocasión a que los demás los desacrediten a ellos y a la filosofía.

–Nada más cierto.

–En una edad más madura no se incurrirá en esta manía; se imitará más bien a los que trabajan para descubrir la verdad, que a los que contradicen sólo por entretenimiento y diversión. De esta manera se granjeará el dictado de hombre sabio y moderado, y se pondrá la profesión filosófica en un grado de estimación, que no tenía antes.

–Muy bien.

–Por vía de precaución dijimos antes que a los ejercicios de la dialéctica sólo debían admitirse espíritus sólidos y graves, en vez de admitir, como se hace en nuestros días, al primero que llega, aun cuando muchas veces no tenga disposición para ello.

–Tienes razón.

–¿Será bastante dar a la dialéctica un tiempo doble del que se ha dado a la gimnasia, y consagrarse a ella sin tregua y tan exclusivamente como se hizo con los ejercicios del cuerpo?

–¿Cuántos años? ¿Cuatro o seis?

–Pon cinco. Después de esto, los harás descender de nuevo a la caverna, obligándolos a pasar por los empleos militares y por las demás funciones propias de su edad, a fin de que no cedan a nadie en experiencia. Observarás si en todas estas pruebas se mantienen firmes, aunque estén distraídos y sean solicitados por todas partes, o si vacilan.

–¿Y cuánto tiempo han de durar estas pruebas?

–Quince años. Entonces es llegada la ocasión de conducir al término a aquellos que a los cincuenta años hayan salido puros de estas pruebas, y se hayan distinguido en las ciencias y en toda su conducta, precisándoles a dirigir el ojo del alma hacia el ser que alumbra todas las cosas, a contemplar la esencia del bien y a servirse de ella después como de un modelo para arreglar sus costumbres, las del estado y las de los particulares, ocupándose casi siempre del estudio de la filosofía, pero cargando, cuando toque el turno, con el peso de la autoridad y de la administración de los negocios sin otro fin que el bien público y en la persuasión de que se trata menos de ocupar un puesto de honor, que de cumplir un deber indispensable. Entonces es cuando, después de haber trabajado sin descanso en formar y dejar al estado sucesores dignos de reemplazarles, podrán pasar de esta vida a las islas afortunadas. El estado les erigirá magníficos mausoleos, y si el oráculo de Apolo lo autoriza, se les harán sacrificios como a genios tutelares o, por lo menos, como a almas bienaventuradas y divinas.

–Acabas, Sócrates, de fabricar, como un hábil escultor, perfectos hombres de estado.

–Di también mujeres, mi querido Glaucón; porque no creas que haya hablado yo más bien de hombres que de mujeres, siempre que estén dotadas de una aptitud conveniente.

–Así debe ser, puesto que en nuestro sistema es preciso que todo sea común entre los dos sexos.

–Y bien, amigos míos, ¿me concederéis ahora que nuestro proyecto de estado y de gobierno no es un simple deseo? La ejecución es difícil sin duda, pero es posible; y sólo lo es, como se ha dicho, cuando estén a la cabeza de los gobiernos uno o muchos verdaderos filósofos, que, mirando con desprecio los honores, que hoy con tanto ardor se solicitan, en la convicción de que no tienen ningún valor; no estimando sino el deber y los honores que son su recompensa; poniendo la justicia por encima de todo por su importancia y su necesidad; sometidos en todo a sus leyes y esforzándose en hacerlas prevalecer, emprendan la reforma del estado.

–¿De qué manera?

–Relegarán al campo todos los ciudadanos que pasen de diez años; y después de haber de esta suerte sustraído al influjo de las actuales costumbres a los hijos de estos ciudadanos, los educarán conforme a sus propias costumbres y a sus propios principios, que son los que nosotros hemos expuesto antes. Por este medio establecerán en el estado, en poco tiempo y sin dificultad, el gobierno de que hemos hablado, y le harán muy dichoso.

–Sin contradicción. Creo, Sócrates, que has encontrado la manera como debe llevarse a cabo nuestro proyecto, en el supuesto de que algún día se verifique.

–Demos aquí por terminado nuestro discurso sobre el estado y sobre el hombre que se le parece. Es fácil ver ahora cuál debe ser este hombre según nuestros principios.

–Muy fácil; y, como dices, la materia está agotada.

Libro octavo

–Es, pues, cosa reconocida por nosotros, mi querido Glaucón, que en un estado bien constituido todo debe ser común, mujeres, hijos, educación, ejercicios propios de la paz y de la guerra, y que deben designarse por jefes del mismo a hombres consumados en la filosofía y la ciencia militar.

–Sí.

–También hemos convenido en que los jefes, conforme con la índole de su institución, han de habitar con los guerreros de su mando en casas del género que hemos dicho, que serán comunes y en las que nadie tendrá nada propio. Además de la habitación recordarás lo que dispusimos sobre el mantenimiento de los guerreros.

–Recuerdo que nos pareció conveniente que ninguno de ellos fuese propietario de nada, que es lo contrario de lo que sucede actualmente con los guerreros; y que, considerándose como atletas destinados a combatir y vigilar por el bien público, debían proveer a su seguridad y a la de sus conciudadanos, y recibir de los demás en recompensa de sus servicios lo que necesitarán cada año para su manutención.

–Bien. Pero puesto que sobre esta materia hemos dicho ya cuanto había que decir, recordemos la altura a que estaba nuestra polémica, cuando dimos cabida a la presente digresión, y tomemos de nuevo el hilo del debate para continuarlo.

–Es fácil hacerlo. Parecía que habías agotado todo lo relativo al estado y concluías, poco más o menos lo mismo que ahora, diciendo que un estado, para ser perfecto, debía parecerse al que acabas de describir, y que sería hombre de bien el que se condujese conforme a los mismos principios, si bien te pareció posible dar del uno y del otro un modelo más acabado aún. Pero añadías, que si esta forma de gobierno era buena, todas las demás serían defectuosas. En cuanto alcanza mi memoria, recuerdo que contabas cuatro especies cuyos defectos era conveniente examinar, comparándolos con los de los individuos, cuyo carácter respondía a cada una de estas especies, a fin de que después de haberlos considerado todos con cuidado y de estar seguro acerca del carácter del hombre bueno y del malo, nos fuese posible juzgar si el primero es el más dichoso y el segundo el más desgraciado de los hombres, o si las cosas pasan de otra manera. Y en el punto mismo en que te suplicaba yo que nos dieras a conocer esas cuatro especies de gobiernos, Adimanto y Polemarco nos interrumpieron, y te comprometieron a entrar en la digresión que ha concluido en este momento.

–Tu memoria es muy feliz.

–Haz como los atletas; dame el mismo asidero, y responde ahora a la misma pregunta a que te proponías contestar entonces.

–Lo haré, si puedo.

–Deseo saber cuáles son esos cuatro gobiernos de que hablabas.

–No tendré dificultad en satisfacerte, porque todos cuatro son bien conocidos. El primero y más alabado es el de Creta y Lacedemonia. El segundo, que ocupa también el segundo rango, es la oligarquía, gobierno expuesto a un gran número de males. El tercero, opuesto enteramente al segundo y poco estimado, es la democracia En seguida viene la tiranía, que no se parece a ninguno de los otros tres gobiernos, y que es la mayor enfermedad que puede padecer un estado. ¿Puedes nombrarme algún otro gobierno que tenga una forma propia y distinta de éstos? Porque las soberanías y los principados venales entran como intermedios entre esos mismos, de que hemos hablado, y no se hallan menos entre los bárbaros que entre los griegos.

–Efectivamente se citan muchos y muy extraños.

–Sabes ahora que hay necesariamente otros tantos caracteres de hombres como especies de gobiernos; porque no creerás que la forma gubernamental de los estados "proceda de las encinas y de las rocas", sino de las costumbres mismas de los miembros que los componen, y de la dirección que este conjunto de costumbres imprime a todo lo demás.

–Efectivamente.

–Por tanto, puesto que hay cinco especies de gobiernos, debe haber cinco caracteres del alma que corresponden a aquéllos.

–Sin duda.

–Ya hemos tratado del carácter que corresponde a la aristocracia, y hemos dicho con razón que es bueno y justo.

–Sí.

–Ahora tenemos que recorrer los caracteres viciados; en primer lugar el que es celoso y ambicioso, formado según el modelo del gobierno de Lacedemonia: y en seguida los caracteres oligárquico, democrático y tiránico. Cuando hayamos reconocido cuál es el más injusto de estos caracteres, le pondremos frente a frente del más justo, y comparando la justicia pura con la injusticia también sin mezcla, concluiremos por ver hasta qué punto la una y la otra nos hacen dichosos o desgraciados, y si deberemos acogernos a la injusticia, siguiendo el consejo de Trasimaco, o rendirnos a la fuerza de las razones, que nos precisan a abrazar el partido de la justicia.

–Es preciso hacerlo así.

–Hemos comenzado a examinar las costumbres del estado antes de pasar a las de los individuos, porque hemos creído que este método era más claro; mas ahora, ¿qué será más conveniente, que continuemos en la misma forma y que después de haber considerado desde luego el gobierno ambicioso, porque no sé qué otro nombre darle como no sea quizás el de timocracia o de timarquía, pasemos en seguida al hombre que se le parece? La misma conducta observaremos respecto a la oligarquía y al hombre oligárquico. Luego, después de haber echado una mirada sobre la democracia, nos fijaremos en el hombre democrático. Y, por último, llegaremos al gobierno tiránico y examinaremos su constitución; después de lo que estudiaremos el carácter tiránico, y trataremos de pronunciar nuestro fallo con conocimiento de causa sobre la cuestión que nos hemos propuesto resolver.

–No puede procederse con más orden en este examen y en este juicio.

–Procuremos por lo pronto explicar de qué manera puede tener lugar el paso de la aristocracia a la timocracia. ¿No es cierto, en general, que los cambios de todo gobierno político tienen su origen en el partido que gobierna, cuando se suscita en él alguna escisión, y que por pequeño que se suponga este partido, mientras mantenga en su seno la armonía, es imposible que tenga lugar alguna innovación en el estado?

–Eso es muy cierto.

–Por consiguiente, ¿cómo un estado de las condiciones del nuestro mudará de faz? ¿Por dónde la discordia, infiltrándose entre los guerreros y los jefes, armará cada una de estas clases contra la otra y contra sí misma? ¿Quieres que, a imitación de Homero, conjuremos a las musas para que nos expliquen el origen de la querella, y que las hagamos hablar en tono trágico y sublime, en parte festivamente tratándonos como niños, y en parte seriamente?

–¿Cómo?

–Poco más o menos de la manera siguiente. Es difícil que la constitución de un estado como el vuestro se altere; pero como todo lo que nace está destinado a perecer, vuestro sistema de gobierno no subsistirá eternamente, se disolverá algún día, y he aquí cómo. Hay, no sólo para las plantas que nacen del seno de la tierra, sino también para el alma y cuerpo de los animales que viven sobre su superficie, cambios de fertilidad y de esterilidad. Estos cambios tienen lugar cuando cada especie termina y vuelve a comenzar su revolución circular, la cual es más corta o más larga según que la vida de cada especie es más larga o más corta. Vuestros magistrados, por hábiles que sean y por mucho que los auxilien la experiencia y el cálculo, podrán no fijar exactamente el instante favorable o contrario a la propagación de su especie. Se les escapará este instante, y darán al estado hijos en épocas desfavorables. Las generaciones divinas tienen un período, que comprende un número perfecto, pero respecto a la raza humana hay un número geométrico, cuya virtud preside las buenas y malas generaciones. Ignorando la virtud de este número, vuestros magistrados harán contraer en épocas indebidas matrimonios de que nacerán bajo funestos auspicios hijos de mala índole. Sus padres escogerán, es cierto, los mejores de entre ellos para que ocupen su lugar; pero como serán indignos de sucederles en sus puestos, apenas se vean elevados, cuando ya comenzarán a despreciarnos, no haciendo de la música el caso que debieran, y despreciando en igual forma la gimnasia, de donde resultará que la educación de vuestros jóvenes será mucho menos perfecta. Y así los magistrados que fueren escogidos de entre ellos, no tendrán el talento de discernir las razas de oro, de plata, de bronce y de hierro, de que habla Hesíodo, y que se encuentran entre vosotros. Llegando, pues, a mezclar el hierro con la plata y el bronce con el oro, resultará de esta mezcla una falta de conveniencia, de regularidad y de armonía, defecto que allí donde aparece engendra siempre la enemistad y la guerra. Este es el origen de la escisión en todas partes donde surge.

–Y nosotros diremos que las musas no se engañan.

–¿Cómo pueden las musas engañarse?

–Pues bien, ¿qué es lo que dicen después?

–"Una vez producida la escisión, las dos razas de hierro y de bronce tratarán de enriquecerse y de adquirir tierras, casas, oro y plata, mientras que las razas de oro y plata, ricas por naturaleza y no estando desprovistas, tenderán a la virtud y al sostenimiento de la constitución primitiva. Después de muchas luchas y violencias, las gentes de guerra y los magistrados convendrán en dividir entre sí las tierras y las casas, destinarán como esclavos al cuidado de sus tierras y sus casas el resto de los ciudadanos, a quienes consideraban antes como hombres libres, como sus amigos y como proveedores de su mantenimiento, y continuarán ellos mismos haciendo la guerra y proveyendo a la común seguridad."

–Me parece que semejante revolución no tendrá otra causa.

–Un gobierno de esta clase, ¿será un término medio entre la aristocracia y la oligarquía?

–Sí.

–La revolución se hará, pues, del modo que yo he explicado; pero ¿cuál será la forma de este nuevo gobierno? ¿No es evidente que retendrá algo de lo antiguo y que tomará algo del gobierno oligárquico, puesto que ocupa un lugar intermedio entre uno y otro, y que, en fin, tendrá algo que sea propio y distintivo?

–Sin duda.

–Conservará de la aristocracia el respeto a los magistrados, la aversión de los guerreros a la agricultura, a las artes mecánicas y a las profesiones lucrativas, la costumbre de las comidas públicas y el cuidado de practicar los ejercicios gimnásticos y militares.

–Sí.

–Lo que tendrá de propio será el temor de elevar a los sabios a las primeras dignidades, porque ya no se formarán en su seno caracteres de una virtud sencilla y pura sino que aparecerán caracteres compuestos de diversos elementos; el elegir para el mando espíritus poco ilustrados, dominados por la cólera, y nacidos más para la guerra que para la paz; el tener muy en cuenta las estratagemas y ardides de la guerra, y el estar siempre con las armas en la mano.

–Sí.

–Hombres de esta condición estarán ansiosos de riquezas, como en los estados oligárquicos. Ciegos adoradores del oro y de la plata, los honrarán en la oscuridad, y los tendrán secretamente encerrados en cofres. Ellos mismos, atrincherados en el recinto de sus casas como en otros tantos nidos, gastarán en mujeres y en todo lo que halague sus pasiones.

–Es muy cierto.

–Serán, pues, avaros de su dinero, porque lo aman y lo poseen clandestinamente, y al mismo tiempo serán pródigos de los bienes de los demás a causa del deseo que tienen de satisfacer sus pasiones. Entregados en secreto a todos los placeres, se ocultarán de la ley, como un hijo relajado se oculta de su padre; y todo esto, gracias a una educación fundada, no en la persuasión, y sí en la fuerza, por haber despreciado la verdadera musa, la que preside a la dialéctica y a la filosofía, y por haber preferido la gimnasia a la música.

–Esa es la imagen de un gobierno mezclado de bien y de mal.

–Tú lo has dicho. Como la cólera domina aquí, lo que más sobresale es la ambición y la sed de empleos.

–Es cierto.

–Tales serían el origen y las costumbres de este gobierno. No he hecho una pintura exacta de él y sí sólo un bosquejo, porque esto basta a nuestro propósito, que es conocer al hombre justo y al injusto; y porque, por otra parte, tendríamos que entrar en interminables pormenores si quisiéramos describir con completa exactitud cada gobierno y cada carácter.

–Tienes razón.

–¿Cuál es el hombre que corresponde a este gobierno? ¿Cómo se forma y cuál es su carácter?

–Me imagino –dijo Adimanto– que debe parecerse a Glaucón, por lo menos en punto a ambición.

–Podrá ser –le dije yo–; pero me parece que difiere bajo otros muchos conceptos.

–¿Cuáles?

–Debe ser más vanidoso y menos educado para las musas, aunque las ama bastante. Oirá con gusto, pero no tendrá ningún talento para hacer uso de la palabra. Duro con los esclavos, en vez de no hacer aprecio de ellos, como hacen los que han recibido buena educación, será dulce con sus iguales y respetuoso con sus superiores. Aspirará a los honores y dignidades, no por la elocuencia ni por ningún otro medio del mismo género, sino por las virtudes guerreras, y así tendrá pasión por la caza y por los ejercicios gimnásticos.

–He ahí pintadas al natural las costumbres de los ciudadanos de ese estado.

–Durante su juventud podrá muy bien despreciar las riquezas, pero su apego a ellas crecerá con la edad porque su carácter le inclina a la avaricia, y porque destituida su virtud de su fiel guardiana, no es pura ni desinteresada.

–¿Qué guardiana es ésa?

–La dialéctica moderada por la música, porque sólo ella puede conservar la virtud en un corazón que la posee.

–Dices bien.

–Tal es el joven ambicioso, imagen del gobierno timocrático.

–En efecto.

–He aquí ahora de qué manera se forma. Tendrá por padre un hombre de bien, ciudadano en un estado mal gobernado, que huye de los honores, de las dignidades, de las magistraturas y de todas las molestias que los cargos llevan consigo; y en fin, que prefiere su reposo a su encumbramiento.

–¿Cómo se forma el carácter de este joven?

–En primer lugar por los discursos de su madre, a quien oye

quejarse a todas horas de que su marido no tiene cargo alguno en el estado; que así es ella menos considerada entre las demás mujeres; que su marido no se afana por aumentar su capital; que sufre cualquiera daño primero que pelearse con nadie; y que ella ve claramente que, consagrado a sí propio, tiene para ella la mayor indiferencia. Esta madre, resentida de una conducta semejante, repite sin cesar al hijo que su padre es un hombre indolente y sin carácter, y otras cien frases semejantes de las que las mujeres acostumbran decir en tales ocasiones.

–Es cierto que se valen de tales lamentos, porque están en su carácter.

–Tampoco ignoras, que también los criados, creyendo dar una prueba de celo para con el hijo de la casa, usan con él en secreto el mismo lenguaje. Cuando ven, por ejemplo, que el padre no entabla reclamación para el pago de una deuda o la reparación de alguna injuria, le dicen al hijo: "Cuando seas grande, haz valer tus derechos, y procura ser más hombre que tu padre". Cuando sale de casa, oye por todas partes el mismo lenguaje; ve que son despreciados y considerados como imbéciles los que se ocupan en lo que les importa, mientras que son honrados y alabados los que se mezclan en lo que no les interesa. Este joven, que escucha y ve todo esto y que oye de boca de su padre un lenguaje enteramente distinto, y que observa que la conducta de éste es opuesta a la de los demás, es atraído a la vez por dos fuerzas; por su padre, que cultiva y fortifica la parte racional de su alma, y por los demás, que inflaman su cólera y sus deseos. Como su natural no es de por sí mala, y si es solicitado por el mal es sólo por los hombres malos con quienes trata, adopta un término medio entre los dos partidos extremos, y entrega el mando de su alma a esta parte de sí mismo, en que residen la cólera y el espíritu de disputa, que ocupa un término medio entre la razón y las pasiones, y de esta manera se hace un hombre ambicioso y altanero.

–Me parece que has explicado perfectamente el origen y desenvolvimiento de este carácter.

–Tenemos, pues, la segunda especie de hombre y de gobierno.

–Sí.

–Pasemos revista, como dice Esquilo, a "otro hombre junto con otro estado", y para seguir el mismo orden, comencemos por el estado.

–Conforme.

–El gobierno que corresponde examinar ahora, creo que es la oligarquía.

–¿Qué entiendes tú por oligarquía?

–Entiendo una forma de gobierno donde el censo decide de la condición de cada ciudadano; donde los ricos, por consiguiente, ejercen el mando sin que los pobres participen de él.

–Comprendo.

–¿No deberemos decir ante todo cómo la timarquía se convierte en oligarquía?

–Sí.

–No hay nadie, por poca perspicacia que tenga que no vea cómo se verifica la transición de la una a la otra.

–¿Cómo?

–Estas riquezas, acumuladas en los cofres de cada particular, son causa de la ruina de la timarquía. Su primer efecto es arrastrar a cada ciudadano a gastar en lujo para sí y para su mujer, y, por consiguiente, a desconocer y eludir la ley.

–Así debe suceder.

–En seguida, excitados los unos con el ejemplo de los demás y queriendo imitarles, en poco tiempo el contagio se hace general.

–También debe de suceder eso.

–En fin, se dejan dominar más y más por la pasión de amontonar riquezas, y cuanto más aumenta el crédito de éstas, tanto más disminuye el de la virtud. ¿El oro y la virtud no son como dos pesos puestos en una balanza, no pudiendo subir el uno sin que el otro baje?

–Sí.

–Por consiguiente, la virtud y los hombres de bien son menos estimados en un estado a proporción que se estiman más los ricos y las riquezas.

–Eso es evidente.

–Pero se busca lo que se estima, y se desprecia lo que se desestima.

–Sin duda.

–Por consiguiente, en la timarquía los ciudadanos, de ambiciosos e intrigantes que eran, concluyen por hacerse avaros y codiciosos. Reservan todos sus elogios y toda su admiración para los ricos; los empleos son para ellos solos, y basta ser pobre para verse despreciado.

–Sin contradicción.

–Entonces se fijan por una ley las condiciones necesarias para participar del poder oligárquico, y estas condiciones se resumen en la cuota de la renta. La cuota, que se requiere, es más o menos grande, según que el principio oligárquico está más o menos en vigor, y está prohibido aspirar a los cargos públicos a todos aquellos cuya renta no ascienda a la tasa señalada. Los ricos hacen que pase esta ley valiéndose de la fuerza y de las armas, o bien se acepta por temor de que ellos cometan alguna violencia. ¿No pasan así las cosas?

–Sí.

–He aquí, pues, cómo se establece poco más o menos esta forma de gobierno.

–Sí; ¿pero cuáles son sus costumbres y cuáles los vicios que nosotros le echamos en cara?

–El primero es el principio mismo de este estado. Escucha lo que voy a decir. Si en la elección de un piloto se atendiese únicamente al censo, y se excluyese del gobierno del timón al pobre a pesar de su experiencia, ¿qué resultaría?

–Que las naves serían muy mal gobernadas.

–¿No será lo mismo respecto a otra gobernación, cualquiera que ella sea?

–Lo creo así.

–¿Y deberemos exceptuar el gobierno de un estado?

–Menos que ningún otro, porque es el más difícil y el más importante de todos los gobiernos.

–Luego la oligarquía tiene este vicio capital.

–Sí.

–¿Y es menos grave este otro?

–¿Cuál?

–Este estado no es uno por su naturaleza, sino que encierra necesariamente dos estados: uno compuesto de ricos y otro de pobres, que habitan el mismo suelo y que se esfuerzan sin cesar en destruirse los unos a los otros.

–Ciertamente este vicio no es menos grave que el primero.

–Tampoco es una gran ventaja para este gobierno la impotencia en que está de hacer la guerra, porque necesita para ello o armar la multitud a la que tiene que temer más que al enemigo, o no servirse de ella y entrar en lucha con un ejército verdaderamente oligárquico, prescindiendo de que los ricos se niegan por avaricia a pagar los gastos de la guerra.

–Está muy lejos de ser una ventaja.

–Además, ¿no ves que los mismos ciudadanos son a la vez en este gobierno labradores, guerreros y comerciantes? ¿Y no hemos proscrito esta acumulación de muchos oficios en manos de un solo individuo?

–Razón hemos tenido para ello.

–Mira ahora si el mayor vicio de esta constitución no es el que voy a decir.

–¿Qué vicio?

–La libertad en que se deja a cada uno de deshacerse de sus bienes o de adquirir los de los demás; de permanecer en el estado el que los ha vendido sin tener ninguna ocupación, sin ser artesano, ni comerciante, ni soldado, ni otro título, en fin, que el de pobre e indigente.

–Tienes razón.

–En los gobiernos oligárquicos no se trata de impedir este desorden, porque si se hiciese, los unos no poseerían riquezas inmensas mientras los otros se ven reducidos a la última miseria.

–Es cierto.

–Fija tu atención en lo que voy a decir. Cuando este hombre, rico en otro tiempo, se arruinaba haciendo gastos insensatos, ¿qué ventaja sacaba de ello el estado? ¿Pasaba por uno de sus jefes, o no era ni jefe ni servidor, ni tenía otro destino que el de gastar sus bienes?

–Era un pródigo y nada más.

–¿Quieres que digamos de este hombre, que es en el estado lo que un zángano en la colmena, es decir, una plaga?

–Así es, Sócrates.

–Pero hay esta diferencia, mi querido Adimanto: que el dios ha querido que los zánganos alados nazcan sin aguijón, mientras que si entre los zánganos de dos pies los hay que no tienen aguijón, otros, por el contrario, le tienen muy punzante. Los que no lo tienen viven y mueren en la indigencia; y entre los que lo tienen se encuentran todos los malhechores.

–Nada más cierto.

–Es claro, que en todo estado en que veas pobres, hay ladronzuelos, rateros, sacrílegos y malvados de todas especies.

–No puede ponerse en duda.

–Pero en los gobiernos oligárquicos ¿no hay pobres?

–Casi todos los ciudadanos lo son a excepción de los jefes.

–Por consiguiente, ¿no estamos autorizados para creer que en tales estados se encuentran muchos malhechores armados de aguijón, a quienes los magistrados vigilan y contienen por la fuerza?

–Sí.

–Pero, si se nos pregunta quién ha creado esta mala gente, ¿no diremos que la ignorancia, la mala educación y el vicio mismo del gobierno?

–Sin duda.

–Tal es el carácter del estado oligárquico, tales son sus vicios, y quizá tiene aún más.

–Quizá.

–De esta manera resulta acabado el cuadro de este gobierno, que se llama oligarquía, en el que según el censo se obtienen los diferentes grados del poder. Pasemos ahora al hombre oligárquico. Veamos cómo se forma y cuál es su carácter.

–Veámoslo.

–El cambio del espíritu timárquico en oligárquico en un individuo, ¿no se verifica de esta manera?

–¿De qué manera?

–El hijo quiere, por lo pronto, imitar a su padre y seguir sus pasos; pero viendo después que su padre se ha estrellado contra el estado, como una nave contra un escollo; que después de haber prodigado sus bienes y su persona, ya a la cabeza de los ejércitos, ya en otro cargo importante, es conducido delante de los jueces, calumniado por impostores, condenado a muerte, al destierro, a la pérdida de su honor o de sus bienes...

–Eso sucede con frecuencia.

–Viendo, digo, caer sobre su padre tantas desgracias, que también llegan a él; despojado de su patrimonio, y temiendo por su propia vida, arroja aquella ambición y aquellos elevados sentimientos del trono que les había levantado en su alma; y humillado por el estado de indigencia en que se encuentra, ya no piensa sino en amontonar bienes de fortuna, y por medio de un trabajo asiduo y de mezquinos ahorros consigue al cabo enriquecerse. ¿No crees que entonces hará subir a ese mismo trono, de que ha arrojado la ambición, el espíritu de codicia y de avaricia, convirtiéndole en su gran rey, y ciñéndole la diadema, el collar y la cimitarra?

–Lo creo.

–Poniendo en seguida a los pies de este nuevo señor, de una parte la razón, de otra el valor, y encadenados ambos como viles esclavos, obliga a la una a no reflexionar, a no pensar sino en los medios de acumular nuevos tesoros: y obliga al otro a no admirar ni honrar más que las riquezas y a los ricos, a poner toda su gloria en la posesión de una gran fortuna y en el arte de acumularla.

–En un joven no hay cosa más rápida y violenta que el paso de la ambición a la avaricia.

–¿No es éste el carácter oligárquico?

–Por lo menos la metamorfosis que ha sufrido es semejante a la revolución que, según hemos visto, concluye en el gobierno oligárquico.

–Veamos si se parece a la oligarquía.

–Lo deseo.

–Por lo pronto, ¿no tiene como primer rasgo de semejanza el colocar las riquezas por encima de todo?

–Sin contradicción.

–Además se le parece por el espíritu de ahorro y por la industria; no concede a la naturaleza más que la satisfacción de los deseos necesarios, se priva de todo otro gasto, y domina todos los demás deseos considerándolos como insensatos.

–Es cierto.

–Es sórdido, de todo hace dinero, no piensa más que en atesorar; en fin, es de aquellos a quienes el vulgo admira, ¿No es éste un retrato fiel del carácter análogo al gobierno oligárquico?

–Sí, porque ni de una ni de otra parte se ve nada que deba ser preferido a las riquezas.

–Sin duda que este hombre apenas si ha pensado en instruirse.

–No hay trazas de ello, porque en tal caso no se dejaría conducir por un guía ciego.

–Atiende a lo que voy a decir. ¿No podremos afirmar que la falta de educación ha hecho nacer en él deseos que corresponden a la naturaleza de los zánganos, unos siempre indigentes, otros inclinados siempre a obrar mal, deseos que contienen con gran dificultad?

–Así es.

–¿Sabes en qué ocasiones se mostrarán sus deseos maléficos?

–¿En qué ocasiones?

–Cuando se encargue de una tutela o de cualquiera otra comisión, en que tenga libertad de obrar mal.

–Tienes razón.

–¿No es claro, que si en otras circunstancias de la vida pasa por un hombre de honor y de probidad, si contiene sus malos deseos y los oculta bajo el velo de la equidad y de la moderación, no es claro, repito, que no lo hace ni por virtud ni por exigencias de la razón sino por necesidad o por temor de perder sus bienes al querer apoderarse de los de los demás?

–Es cierto.

–Pero cuando se trata de gastar bienes ajenos, entonces es, mi querido amigo, cuando descubrirás en los hombres de esta condición deseos propios de la naturaleza de los zánganos.

–Estoy convencido de ello.

–Un hombre de tal carácter experimentará necesariamente rebeliones dentro de sí mismo; habrá en él dos hombres diferentes, cuyos deseos combatirán entre sí, y de ordinario los buenos podrán más que los malos.

–Bien.

–Por esta razón en el exterior aparecerá más moderado y más dueño de sí mismo que muchos otros. Pero la verdadera virtud, la que produce la armonía y la unidad, está muy distante de encontrarse en su alma.

–Pienso como tú.

–Si se suscita alguna cuestión de honor entre particulares o una lucha entre conciudadanos, este hombre económico no lo toma a pecho. No gusta de gastar su dinero por cosas de honor ni por esta clase de combates, porque teme despertar en su alma deseos pródigos y llamarlos en su auxilio. Se presenta, pues, en lid sobre una base oligárquica, es decir, con una pequeña parte de sus fuerzas; queda casi siempre debajo; pero ¿qué le importa si se enriquece?

–Convengo en ello.

–¿Dudaremos aún de la perfecta semejanza que hay entre el hombre avaro y económico y el gobierno oligárquico?

–No.

–Me parece que corresponde ahora examinar el origen y las costumbres de la democracia, y observar después estas mismas cualidades en el hombre democrático, a fin de que podamos compararlos entre sí y juzgarlos.

–Eso es, si hemos de seguir nuestro método acostumbrado.

–Se pasa de la oligarquía a la democracia a causa del deseo insaciable de estas mismas riquezas, que se miran como el primero de todos los bienes en el gobierno oligárquico.

–¿Cómo?

–Los jefes, que deben los cargos que ocupan a las inmensas riquezas que poseen, se guardan bien de reprimir mediante la severidad de las leyes el libertinaje de los jóvenes corrompidos, ni de impedir que se arruinen con sus despilfarros, porque su plan es comprarles los bienes, hacerles préstamos con crecidos intereses y aumentar por este medio sus riquezas y su crédito.

–Sin duda.

–Es evidente, que en todo gobierno, cualquiera que él sea, es imposible que los ciudadanos estimen las riquezas y practiquen al mismo tiempo la templanza, sino que es una necesidad que sacrifiquen una de estas dos cosas a la otra.

–Eso es completamente evidente.

–Así es que los magistrados en las oligarquías, por su negligencia y la anchura que dan al libertinaje, han reducido muchas veces a la indigencia a hombres bien nacidos.

–Sin duda.

–Esto da origen a que haya en el estado gentes provistas de aguijones, unos oprimidos con las deudas, otros notados de infamia, y algunos que han perdido a la vez los bienes y el honor, todos los que se hallan en permanente hostilidad contra los que se han enriquecido con los despojos de su fortuna y contra el resto de los ciudadanos, no aspirando más que a promover una revolución en el gobierno.

–Así es.

–Sin embargo, estos usureros ávidos, preocupados con su negocio y sin reparar en los que han arruinado, continúan prestando con un interés exorbitante y enriqueciéndose, abriendo brechas terribles en el patrimonio de sus muchas víctimas y multiplicando por este medio en el estado la raza de los zánganos y de los pobres.

–¿Cómo no ha de multiplicarse?

–No quieren, a pesar de eso, contener esta plaga creciente, ya impidiendo a los particulares disponer de sus bienes a su capricho, o ya empleando otro cualquier medio que impida igualmente el progreso del mal.

–¿Y cuál es ese otro?

–El que es natural emplear a falta del primero, y que obligaría a los ciudadanos a ser hombres de bien por amor a sus intereses; porque si los contratos de este género se celebrasen a riesgo y ventura del prestamista, la usura se ejercería con menos impudencia, y el estado se vería libre de este diluvio de males de que he hablado.

–Convengo en ello.

–Así se ven los ciudadanos reducidos a este triste estado por culpa de los gobernantes, y como una consecuencia necesaria, estos mismos se corrompen y corrompen a sus hijos, los cuales, pasando una vida voluptuosa sin ejercitar su espíritu ni su cuerpo, se hacen débiles e incapaces de resistir al placer y al dolor.

–Es cierto.

–Ocupados sus padres únicamente en enriquecerse, desprecian todo lo demás, y no toman más interés por la virtud que los que ellos han reducido a la indigencia.

–Sin duda.

–Con esta disposición de espíritu, cuando gobernantes y gobernados se encuentran juntos en viajes, en una teoría, en el ejército, tanto en mar como en tierra, o en cualquiera otra coyuntura, y se observan mutuamente en circunstancias peligrosas, los ricos entonces no tienen ningún motivo para despreciar a los pobres; por el contrario, cuando un pobre, flaco y quemado por el sol, se ve en una pelea al lado de un rico educado a la sombra y muy obeso, viéndole desalentado e inquieto por su suerte, ¿qué pensamientos crees que le vienen en tal momento al espíritu? ¿No se dice a sí mismo que estas gentes sólo deben sus riquezas a la cobardía de los pobres? Y cuando se encuentran juntos, ¿no se dicen unos a otros: "En verdad, nuestros hombres de importancia son bien poca cosa"?

–Estoy persuadido de que hablan y piensan de esa manera.

–Y así como un cuerpo enfermo cae al suelo al más pequeño accidente, y en ocasiones cae sin que sobrevenga ninguna causa exterior, así un estado, que se encuentra en la situación en que acabo de decir, no tarda en ser presa de sediciones y guerras intestinas, en el momento en que con el menor pretexto los ricos y los pobres, queriendo fortificar su partido, llaman en su auxilio, éstos a los habitantes de una República vecina, aquéllos a los jefes de cualquier estado oligárquico; y algunas veces las dos facciones se despedazan con sus propias manos, sin que los extranjeros tomen parte en sus querellas.

–Sí, ciertamente.

–El gobierno se hace democrático cuando los pobres, consiguiendo la victoria sobre los ricos, degüellan a los unos, destierran a los otros y reparten con los que quedan los cargos y la administración de los negocios, reparto que en estos gobiernos se arregla de ordinario por la suerte.

–Así es, en efecto, cómo la democracia se establece, sea por la vía de las armas, sea que los ricos, temiendo por sí mismos, tomen el partido de retirarse.

–¿Cuáles serán las costumbres, cuál la constitución de este nuevo gobierno? Veremos luego el hombre que se parece a él, y podremos llamarle el hombre democrático.

–Ciertamente.

–Por lo pronto, todo el mundo es libre en este estado; en él se respira la libertad y se vive libre de toda traba; cada uno es dueño de hacer lo que le agrada.

–Así se cuenta.

–Pero dondequiera que existe este poder, es claro que cada ciudadano dispone de sí mismo y escoge a su placer el género de vida que más le agrada.

–Sin duda.

–Por consiguiente, en un gobierno de esta clase debe haber hombres de toda especie de profesiones.

–Sí.

En verdad esta forma de gobierno tiene trazas de ser la más bella de todas, y esta diversidad prodigiosa de caracteres es de admirable efecto, como las flores bordadas que hacen resaltar la belleza de una tela.

–¿Por qué no?

–Por lo menos lo será para aquellos que juzgan de las cosas como las mujeres y los niños juzgan los objetos abigarrados.

–No tengo dificultad en creerlo.

–En este estado, mi querido amigo, puede cada uno buscar el género de gobierno que le acomode.

–¿Por qué?

–Porque los comprende todos, y cada cual tiene la libertad de vivir como quiera. Efectivamente, si alguno quisiera formar el plan de un estado, como antes hicimos nosotros, no tendría más que trasladarse a un estado democrático, porque es éste un mercado donde se vende toda clase de gobiernos. No tendría más que escoger, y después realizar su proyecto bajo el plan que hubiere preferido.

–No le faltarían modelos.

–Si hemos de juzgar a primer golpe de vista, ¿no es una condición agradable y cómoda en semejante gobierno el no poder ser uno obligado a desempeñar un cargo público, aunque tenga méritos para ello; el no estar sometido a ninguna autoridad, si no se quiere; el no ir a la guerra cuando los otros van; el vivir en guerra, si hay gusto en ello, mientras los demás viven en paz; y el de ser juez o magistrado si se le pone en la cabeza, por más que la ley le prohiba el ejercicio de tales funciones?

–A primera vista, sin duda, así parece.

–¿No tiene también algo de admirable la dulzura con que en estos gobiernos se trata a algunos penados? ¿No has visto hombres condenados a muerte o al destierro permanecer y pasearse en público, con una desenvoltura y un continente de héroes, como si nadie fijase la atención ni debiera enterarse de ello?

–Yo he visto a muchos.

–¡Y esta indulgencia, esta manera de pensar ajena a todo escrúpulo mezquino, que hace que tal estado desdeñe aquellas máximas de que nosotros hemos tratado con tanto respeto al trazar el plan de nuestro estado, cuando dijimos que a no estar dotado de una naturaleza extraordinaria, ninguno podía hacerse virtuoso, si desde la infancia no se le había inspirado las ideas de lo bello y de lo bueno si después no hacía sobre estas ideas un estudio serio!… ¡Ah! ¡Con qué grandeza de alma se pisotean todas estas máximas, sin tomarse el trabajo de examinar cuál ha sido la educación de los que se ingieren en el manejo de los negocios públicos! ¡Qué empeño, por el contrario, en acogerlos y en honrarlos, con tal que se digan muy celosos por los intereses del pueblo!

–Supone lo que dices, en efecto, mucha magnanimidad.

–Tales son, entre otras muchas, las ventajas de la democracia. Es, como ves, un gobierno muy cómodo donde nadie manda, en el que reina una mezcla encantadora y una igualdad perfecta, lo mismo entre las cosas desiguales, que entre las iguales.

–Nada dices que no sepa todo el mundo.

–Considera ahora este carácter en un individuo, o más bien, para seguir siempre el mismo orden, ¿no debemos ver antes cómo se forma?

–Sí.

–¿No se forma de esta manera? El hombre avaro y oligárquico tiene un hijo que educa en sus mismas ideas.

–Muy bien.

–Este hijo, a ejemplo de su padre, domina por la fuerza los deseos, que podrían conducirle al despilfarro y que son enemigos de la ganancia, los que se llaman superfluos.

–Así debe suceder.

–¿Quieres que para poner más en claro este asunto, comencemos por distinguir bien los deseos necesarios de los deseos superfluos?

–Sí lo quiero.

–¿No hay razón para llamar deseos necesarios a aquellos que no podemos cercenar, ni reprimir y cuya satisfacción por otra parte nos es útil? Porque evidentemente estos deseos son necesidades de nuestra naturaleza. ¿No es así?

–Sí.

–Con justa razón los llamaremos, por consiguiente, deseos necesarios.

–Sin duda.

–En cuanto a aquellos de que es fácil deshacerse, si en tiempo se toman precauciones, y cuya presencia, lejos de producir en nosotros ningún bien, nos causa muchas veces grandes males, ¿qué nombre puede convenirles mejor que el de deseos superfluos?

–Ningún otro.

–Tomemos un ejemplo de unos y otros, para formarnos de ellos una idea más exacta.

–Bien.

–El deseo de comer algo condimentado, en cuanto es indispensable para mantener la salud y las fuerzas, ¿no es necesario?

–Creo que sí.

–El simple deseo de alimentarse es necesario por dos razones: porque es útil comer, y porque en otro caso sería imposible vivir.

–Sí.

–El del condimento no es necesario, sino en cuanto y viene bien a la salud

–Es cierto.

–Pero el deseo de toda clase de comidas y de guisados, deseo que se puede reprimir y hasta quitar por entero mediante una buena educación, deseo dañoso al cuerpo y al alma, a la razón y a la templanza, ¿no debe ser comprendido entre los deseos superfluos?

–Sin duda.

–Diremos, por tanto, que éstos son deseos pródigos, y aquéllos deseos provechosos, porque nos sirven para hacernos más capaces de obrar.

–Sí.

–El mismo juicio formaremos de los placeres del amor y de todos los demás placeres.

–Sí.

–¿No hemos dicho de aquel a quien hemos dado el nombre de zángano, que estaba dominado por los deseos superfluos, mientras que el hombre económico y oligárquico sólo es gobernado por los deseos necesarios?

–Sí, lo hemos dicho.

–Expliquemos de nuevo cómo este hombre oligárquico se hace democrático; y he aquí de qué manera, a mi juicio, se verifica esto ordinariamente.

–¿Cómo?

–Cuando un joven mal educado, en la forma que hemos dicho, y alimentado en el amor del lucro, llega a gustar la miel de los zánganos y a vivir en relación con estos insectos ávidos y hábiles para excitar en él deseos de todas clases, ¿no sufre entonces el gobierno interior de su alma un cambio, pasando de oligárquico que era a democrático?

–Es una necesidad inevitable.

–Así como el estado ha mudado de forma, porque la facción del pueblo, auxiliada por extranjeros que favorecían sus designios, ha vencido a los ricos, del mismo modo ¿no es una necesidad que este joven mude también de costumbres a causa del apoyo que sus pasiones encuentran en las pasiones de la misma naturaleza?

–Sí.

–Si su padre o sus parientes enviasen por su parte auxilios a la facción de los deseos oligárquicos, y para sostenerla empleasen consejos saludables y la reprensión, ¿no sería su corazón entonces teatro de una guerra intestina?

–Sin duda.

–Algunas veces sucede que la facción oligárquica triunfa de la democrática, y entonces los deseos malos son en parte destruidos, en parte arrojados del alma, efecto de un pudor generoso que se despierta en el joven que entra así en la senda del deber.

–Algunas veces sucede eso.

–Pero bien pronto, a causa de la mala educación que ha recibido de su padre, nuevos deseos, más fueres y numerosos, suceden a los que ha desterrado.

–Nada más frecuente.

–Estos nuevos deseos le arrastran otra vez a buscar los mismos compañeros, y de esta relación clandestina nace una multitud de otros deseos.

–Sí.

–Por último, se apoderan de la ciudadela del alma de este joven, después de haber visto que estaba vacía de ciencia, de nobles costumbres, de máximas verdaderas, que son la salvaguardia más segura y más fiel de la razón de los mortales amados de los dioses.

–Sin duda.

–Bien pronto juicios falsos y presuntuosos y opiniones atrevidas acuden en tropel y entran en la ciudadela.

–¡Ay de mí!, es cierto.

–¿No es entonces cuando vuelve a unirse a sus primeros compañeros, cuando embriagándose con lotos, no se ruboriza ya de mantener relación íntima con ellos? Si de parte de sus amigos o de sus parientes llega algún refuerzo al partido de la economía y del ahorro, las máximas presuntuosas, cerrando prontamente las puertas del castillo real, niegan la entrada a este socorro; ni siquiera escuchan los consejos, que a manera de embajada envían ancianos llenos de buen sentido y de experiencia. Secundadas estas máximas presuntuosas por una multitud de perniciosos deseos, consiguen la victoria y calificando el pudor de imbecilidad, le rechazan ignominiosamente, destierran la templanza después de haberla ultrajado dándole el nombre de cobardía, y exterminan la moderación y la frugalidad a las que dan el dictado de rusticidad y de bajeza.

–Sí, verdaderamente.

–Después de haber purgado a su modo y creado este vacío en el alma del desgraciado joven, que se ve sitiado de esta manera, suponen que le inician en los más grandes misterios, y para ello introducen en su alma, con numeroso acompañamiento, ricamente adornadas y con coronas sobre la cabeza, la insolencia, la anarquía, el libertinaje y la desvergüenza, de los que hacen mil elogios, encubriendo su fealdad con los nombres más preciosos, la insolencia, con el de cultura; la anarquía, con el de libertad; el libertinaje, con el de magnificencia; la desvergüenza, con el de valor. ¿No es de esta manera como un joven, acostumbrado desde la infancia a no satisfacer otros deseos que los necesarios, pasa al estado, no sé si de libertad o de esclavitud, en el que se deja dominar por una infinidad de deseos superfluos y perniciosos?

–No puede exponerse este cambio de una manera más patente.

–Después de todo esto, ¿cómo vive? No distinguiendo los placeres superfluos de los placeres necesarios, se entrega a los unos y a los otros, y no ahora, para satisfacer los bienes, cuidados ni tiempo. Si tiene la fortuna de no llevar el desorden al exceso, y si la edad, habiendo apaciguado un tanto sus pasiones, le obliga a llamar del destierro a la facción perseguida y a no entregarse sin reserva al partido vencedor, entonces establece una especie de equilibrio entre sus deseos, y haciéndoles, por decirlo así, echar suertes, entrega su alma al primero que ha sido por ésta favorecido. Satisfecho este deseo, se somete al imperio de otro, y así sucesivamente; y sin fijarse en ninguno, atiende a todos por igual.

–Es cierto.

–Si alguno llega a decirle que hay placeres de dos clases, unos que son resultado de deseos inocentes y legítimos, y otros que son fruto de deseos criminales y prohibidos, y que es preciso estimar y buscar los primeros, reprimir y domar los segundos, cierra todas las avenidas de la ciudadela a estas sabias máximas, sólo responde a ellas por signos desdeñosos, y sostiene que todos los placeres son de la misma naturaleza y merecen ser satisfechos.

–Tal debe ser, en efecto, su conducta, dada la disposición de espíritu en que se encuentra.

–Vive al día. El primer deseo que se presenta, es el primero que satisface. Hoy tiene deseo de embriagarse entre canciones dionisíacas, y mañana ayunará y no beberá más que agua. Tan pronto se ejercita en la gimnasia, como está ocioso y sin cuidarse de nada. Algunas veces es filósofo, las más es hombre de estado; sube a la tribuna, habla y obra sin saber lo que dice ni lo que hace. Un día envidia la condición de los guerreros y hele aquí convertido en guerrero; otro día se convierte en comerciante. En una palabra, en su conducta no hay nada fijo, nada arreglado; no permite que se le oponga resistencia en nada, y llama a la vida que pasa, vida libre y agradable, vida dichosa.

–Nos has pintado al natural la vida de un amigo de la igualdad.

–Este hombre, que reúne en sí toda clase de costumbres y de caracteres, tiene todo el placer y toda la variedad del estado popular; y no es extraño que tantas personas de uno y otro sexo encuentren tan encantador un género de vida, en el que aparecen reunidas todas las clases de gobiernos y de caracteres.

–Lo concibo.

–Pongamos, pues, frente a frente de la democracia a este hombre, que se puede con razón llamar democrático.

–Pongámoslo.

–Ahora nos queda por examinar la forma más bella de gobierno y el carácter más acabado; quiero decir la tiranía y el tirano.

–Sin duda.

–Veamos, mi querido Adimanto, cómo se forma el gobierno tiránico, y por lo pronto si debe su origen a la democracia.

–Es cierto.

–¿El paso de la democracia a la tiranía, no se verifica poco más o menos lo mismo que el de la oligarquía al de la democracia?

–¿Cómo?

–Lo que en la oligarquía se considera como el mayor bien, y lo que puede decirse que es el origen de esta forma de gobierno, son las riquezas excesivas de los particulares, ¿no es así?

–Sí.

–Lo que causa su ruina, ¿no es el deseo insaciable de enriquecerse, y la indiferencia que por esto mismo se siente por todo lo demás?

–También es eso cierto.

–Por la misma razón, para la democracia es la causa de su ruina el deseo insaciable de lo que mira como su verdadero bien.

–¿Cuál es ese bien?

–La libertad. Penetra en un estado democrático, y oirás decir por todas partes, que la libertad es el más precioso de los bienes, y que por esta razón todo hombre que haya nacido libre fijará en él su residencia antes que en ningún otro punto.

–Nada más frecuente que oír semejante lenguaje.

–¿No es, y esto es lo que quería decir, este amor a la libertad, llevado hasta el exceso y acompañado de una indiferencia extremada por todo lo demás, lo que pierde al fin este gobierno y hace la tiranía necesaria?

–¿Cómo?

–Cuando un estado democrático, devorado por una sed ardiente de libertad, está gobernado por malos escanciadores, que la derraman pura y la hacen beber hasta la embriaguez, entonces, si los gobernantes no son complacientes, dándole toda la libertad que quiere, son acusados y castigados, so pretexto de que son traidores que aspiran a la oligarquía.

–Seguramente.

–Con el mismo desprecio trata el pueblo a los que muestran aún algún respeto y sumisión a los magistrados, echándoles en cara que para nada sirven y que son esclavos voluntarios. Pública y privadamente alaba y honra la igualdad que confunde a los magistrados con los ciudadanos. En un estado semejante, ¿no es natural que la libertad se extienda a todo?

–¿Cómo no ha de extenderse?

–¿No penetrará en el interior de las familias, y al fin, el espíritu de independencia y anarquía no se comunicará hasta a los animales?

–¿Qué quieres decir?

–Que los padres se acostumbran a tratar a sus hijos como a sus iguales y si cabe a temerlos; éstos a igualarse con sus padres, a no tenerles ni temor ni respeto, porque en otro caso padecería su libertad; y que los ciudadanos y los simples habitantes y hasta los extranjeros aspiran a los mismos derechos.

–Así sucede.

–Y si bajamos más la mano, encontraremos que los maestros, en semejante estado, temen y contemplan a sus discípulos, éstos se burlan de sus maestros y de sus ayos. En general los jóvenes quieren igualarse con los viejos, y pelearse con ellos ya de palabra ya de hecho. Los viejos, a su vez, quieren remedar a los jóvenes, y hacen estudio en imitar sus maneras, temiendo pasar por personas de carácter altanero y despótico.

–Es cierto.

–Pero el abuso más intolerable que la libertad introduce en este gobierno es que los esclavos, varones y hembras, son tan libres como los que los han comprado. Y ya casi se me olvidaba decir qué grado de libertad y de igualdad alcanzan las relaciones entre los hombres y las mujeres.

–No olvidemos nada, y, según la expresión de Esquilo, "digamos todo lo que nos venga a la boca".

–Muy bien; es lo mismo que estoy haciendo. Dificultad habrá en creer, a no haberlo visto, que los animales domésticos son en este gobierno más libres que en ningún otro. Los perritos falderos, según el proverbio, están bajo el mismo pie que sus dueñas; y los caballos y los asnos, acostumbrados a marchar con la cabeza erguida y sin agacharse, chocan con todos los que encuentran, si no se les permite el paso. En fin, todo goza aquí de una plena y entera libertad.

–Me refieres lo mismo que yo pienso. Jamás voy al campo que no suceda eso.

–¿No ves los males que resultan de todo esto? ¿No ves cómo se hacen suspicaces los ciudadanos hasta el punto de rebelarse e insurreccionarse a la menor apariencia de coacción? Y por último llegan, como tú sabes, hasta no hacer caso de las leyes, escritas o no escritas, para no tener así ningún señor.

–Lo sé.

–De esta forma de gobierno tan bella y tan encantadora es de donde nace la tiranía, por lo menos a mi entender.

–Encantadora en verdad; pero continúa explicándome sus efectos.

–El mismo azote que ha perdido la oligarquía, tomando nuevas fuerzas y nuevos crecimientos a causa de la licencia general, arrastra a la esclavitud al estado democrático; porque puede decirse con verdad que no se puede incurrir en un exceso sin exponerse a caer en el exceso contrario. Esto mismo es lo que se observa en las estaciones, en las plantas, en nuestros cuerpos y en los estados lo mismo que en todas las demás cosas.

–Así debe suceder.

–Por consiguiente, lo mismo con relación a un estado, que con relación a un simple particular, la libertad excesiva debe producir, tarde o temprano, una extrema servidumbre.

–También debe suceder así.

–Por tanto, es natural que la tiranía tenga su origen en el gobierno popular; es decir, que a la libertad más completa y más ilimitada suceda el despotismo más absoluto y más intolerable.

–Está en el orden de las cosas.

–Pero no es esto lo que tú me preguntas. Quieres saber cuál es ese azote, que formado en la oligarquía y aumentado después en la democracia, conduce a la tiranía.

–Tienes razón

–Por este azote entiendo esa muchedumbre de personas pródigas y ociosas, unos, más valientes, que marchan a la cabeza, y otros, más cobardes, que los siguen. Hemos comparado los valientes a los zánganos armados de aguijón, y los cobardes a zánganos sin aguijón.

–Me parece exacta esa comparación.

–Estas dos especies de hombres causan en el cuerpo político los mismos estragos que la flema y la bilis en el cuerpo humano. Un legislador sabio, como médico hábil del estado, tomará respecto de ellos las mismas precauciones que un hombre que cuida abejas, toma respecto a los zánganos. Su primer cuidado será impedir que entren en la colmena, y si a pesar de su vigilancia se le escurren dentro, procurará destruirlos lo más pronto posible así como las celdillas que han infectado.

–No puede hacerse otra cosa.

–Para comprender mejor aún lo que queremos decir, hagamos una cosa.

–¿Qué cosa?

–Separemos con el pensamiento el estado popular en las tres clases de que efectivamente se compone. La primera comprende esos mismos de que acabo de hablar. La licencia pública hace que su número sea tan grande como en la oligarquía.

–Así es la verdad.

–Sin embargo, hay la diferencia de que en un estado democrático son mucho más maléficos.

–¿Por qué razón?

–Porque como en el otro estado no tienen ningún crédito y se procura alejarlos de los cargos públicos, quedan sin acción y sin fuerza; mientras que en el estado democrático son ellos los que exclusivamente están a la cabeza de los negocios. Los más ardientes hablan y obran; los demás murmujean alrededor de la tribuna, y cierran la boca a todo el que intente manifestar una opinión contraria; de suerte que en este gobierno todos los negocios pasan por sus manos con raras excepciones.

–Es cierto.

–La segunda clase vive aparte y no se comunica con la multitud.

–¿Cuál es?

–Como en este estado todo el mundo trabaja para enriquecerse, los más entendidos y los más prudentes en su conducta son también de ordinario los más ricos.

–Así debe ser.

–De éstos sin duda son de los que los zánganos sacan más miel y con más facilidad.

–¿Qué podrían sacar de los que tienen poco o nada?

–Así es que dan a los ricos el nombre de "pasto para los zánganos".

–Ordinariamente lo hacen.

–La tercera clase es la plebe, compuesta de artesanos, ajenos a los negocios públicos y que apenas tienen con qué vivir. En la democracia, esta clase es la más numerosa y la más poderosa cuando está reunida.

–Sí, pero no se reúne, como no tenga esperanza de recibir alguna miel.

–Por esto los que presiden a estas asambleas hacen los mayores esfuerzos por proporcionársela. Con esta idea se apoderan de los bienes de los ricos, que reparten con el pueblo, procurando siempre quedarse ellos con la mejor parte.

–Ese es el origen de las distribuciones que se hacen al pueblo.

–Sin embargo, los ricos, viéndose despojados de sus bienes, sienten la necesidad de defenderse, se quejan al pueblo, y emplean todos los medios posibles para poner sus bienes al abrigo de tales rapiñas.

–Sin duda.

–Los otros, a su vez, los acusan, inocentes y todo como son, de querer introducir la turbación en el estado, de conspirar contra la libertad del pueblo y de formar una facción oligárquica.

–No dejan de emplear esos medios.

–Pero cuando los acusados se percatan de que el pueblo, más que por mala voluntad, por ignorancia y seducido por los artificios de sus calumniadores, se pone de parte de estos últimos; entonces, quieran ellos o no quieran, se hacen de hecho oligárquicos. No es a ellos a quienes hay que culpar por esto, sino a los zánganos que los pican con sus aguijones, y los lanzan en tales extremos.

–Sin contradicción.

–En seguida vienen las denuncias los procesos y las luchas entre los partidos.

–Es cierto.

–¿No es natural que el pueblo tenga alguno a quien confíe especialmente sus intereses, y a quien procure engrandecer y hacer poderoso?

–Sí.

–Es evidente que de esta estirpe de protectores del pueblo es de la que nace el tirano, y no de ninguna otra.

–La cosa es clara.

–Pero el protector del pueblo ¿por dónde principia a hacerse tirano? ¿No será evidentemente cuando comienza a hacer una cosa parecida a lo que se dice que pasa en Arcadia en el templo de Zeus Liceo?

–¿Qué dicen que pasa allí?

–Se dice que el que ha comido entrañas humanas mezcladas con las de las otras víctimas, se convierte en lobo. ¿No has oído decirlo?

–Sí.

–En la misma forma, cuando el protector del pueblo, encontrando a éste completamente sumiso a su voluntad, empapa sus manos en la sangre de sus conciudadanos; cuando, en virtud de acusaciones calumniosas, que son demasiado frecuentes, arrastra a sus adversarios ante los tribunales y hace que expiren en los suplicios, bañando su lengua y su boca impía en la sangre de sus parientes y de sus amigos; diezma el estado valiéndose del destierro y de las cadenas, y propone la abolición de las deudas y una nueva división de tierras; ¿no es para él una necesidad el perecer a manos de sus enemigos, o hacerse el tirano del estado y convertirse en lobo?

–No hay medio.

–Ya le tienes aquí en guerra abierta con los que poseen grandes bienes.

–Es cierto.

–Y si se consiguiese expulsarlo y volviese a pesar de sus enemigos, ¿no vendría hecho un tirano completo?

–Sin duda.

–Pero si los ricos no pueden conseguir echarlo ni hacer que le condenen a muerte acusándole delante del pueblo, naturalmente conspirarán sordamente contra su vida.

–No puede menos de suceder así.

–Entonces el hombre ambicioso, que ha llegado a este punto extremo, aprovecha la ocasión para hacer al pueblo una petición. Le pide una guardia para proteger al defensor del pueblo.

–Sí, verdaderamente.

–El pueblo se la concede, temiéndolo todo por su defensor, y no temiendo nada por sí mismo.

–Sin duda.

–Cuando las cosas llegan a este punto, todo hombre que posee grandes riquezas y que por esta razón pasa por enemigo del pueblo, toma para sí el oráculo dirigido a Creso: "Huye hacia el río Hermos de lecho pedregoso, y no teme la tacha de cobardía".

–Tiene razón; no tendría ocasión de temerlo dos veces.

–En efecto, si le prenden en su huida, le cuesta la vida.

–No es otra la suerte que le espera.

–En cuanto al protector del pueblo, no creas que se duerme en medio de su poderío; sube descaradamente al carro del estado, destruye a derecha e izquierda a todos aquellos de quienes desconfía, y se declara abiertamente tirano.

–¿Quién puede impedírselo?

–Veamos ahora cuál es la felicidad de este hombre y la del estado que le sufre.

–Me agrada.

–Por lo pronto, en los primeros días de su dominación, ¿no sonríe graciosamente a todos los que encuentra, y no llega hasta decir que ni remotamente piensa en ser tirano? ¿No hace las más pomposas promesas en público y en particular, librando a todos de sus deudas, repartiendo las tierras entre el pueblo y sus favoritos y tratando a todo el mundo con una dulzura y una terneza de padre?

–Es natural que empiece de esa manera.

–Cuando se ve libre de sus enemigos exteriores, en parte por transacciones, en parte por victorias, y se cuenta seguro por este lado, tiene cuidado de mantener siempre en pie algunas semillas de guerra, para que el pueblo sienta la necesidad de un jefe.

–Así debe ser.

–Y sobre todo, para que los ciudadanos, empobrecidos por los impuestos que exige la guerra, sólo piensen en sus diarias necesidades, y no se hallen en estado de conspirar contra él.

–Sin contradicción.

–Y también hace esto para tener un medio seguro de deshacerse de los de corazón demasiado altivo para someterse a su voluntad, exponiéndolos a los ataques del enemigo. Por todas estas razones es preciso que un tirano tenga siempre entre manos algún proyecto de guerra.

–Sin duda.

–Pero semejante conducta no puede menos de hacerle odioso a sus súbditos.

–Muy odioso.

–Y algunos de los que contribuyeron a su elevación, y que son los que, después de él, tienen mayor autoridad, ¿no hablarán entre sí con mucha libertad de lo que pasa, y los más atrevidos no irán hasta quejarse a él mismo?

–Parece que sí.

–Es preciso que el tirano se deshaga de ellos, si quiere reinar en paz; y que sin distinguir amigos de enemigos, haga que desaparezcan todos los hombres de algún mérito.

–Es evidente.

–Debe de ser muy perspicaz para distinguir los que tienen valor, grandeza de alma, prudencia y riquezas; y es tal su fortuna, que se ve obligado, quiera o no quiera, a hacer a todos la guerra, y tenderles lazos sin tregua hasta que haya purgado de ellos al estado.

–¡Extraña manera de limpiar!

–Hace lo contrario de los médicos, que purgan el cuerpo, quitándole lo malo y dejándole lo bueno.

–Tiene que obrar así o renunciar a la tiranía.

–En verdad, ¿no es para él una magnífica alternativa la de perecer o vivir con canalla, que tampoco puede evitar que le aborrezca?

–Tal es su situación.

–¿No es claro, que cuanto más odioso se haga a sus conciudadanos a causa de sus crueldades, tanta más necesidad tendrá de una fiel y numerosa guardia?

–Sin duda.

–Pero ¿dónde encontrará esas gentes fieles? ¿De dónde las hará venir?

–Si paga bien, acudirán en gran número de todas partes.

–Ya te entiendo; acudirán enjambres de zánganos de todos los países.

–Has comprendido perfectamente mi pensamiento.

–¿Por qué no confiará la guarda de su persona a gentes de su país?

–¿Cómo?

–Formando su guardia con esclavos, a quienes declararía libres después de haber hecho morir a sus dueños.

–Muy bien, porque tales esclavos le serían enteramente adictos.

–Una observación aún. Muy digna de lástima es la condición de un tirano, si se ve obligado a destruir a los mejores ciudadanos, y a convertir los esclavos de éstos en sus amigos y confidentes.

–No puede tener otros.

–Estos nuevos ciudadanos le admiran y viven con él en la más íntima familiaridad, mientras que los hombres de bien le aborrecen y huyen de él.

–Así debe de suceder.

–Con razón se alaba la tragedia como una escuela de sabiduría, y particularmente las de Eurípides.

–¿A propósito de qué dices eso?

–Porque de Eurípides es esta máxima que tiene un sentido profundo: "Los tiranos se hacen hábiles mediante el trato con gentes hábiles", con lo que sin duda ha querido decir que los que componen su sociedad son gentes hábiles.

–Es cierto que Eurípides y los demás poetas califican la tiranía de divina en muchos pasajes de sus obras.

–Así los poetas trágicos tienen demasiado buen sentido para tener por malo que en nuestro estado y en todos aquellos que están gobernados según principios análogos, se rehuse admitirlos a causa de los elogios que ellos tributan a la tiranía.

–En cuanto yo alcanzo, creo que los más razonables de ellos no se ofenderán por esto.

–Pero nadie les quita de recorrer como quieran los demás estados. Allí, reuniendo al pueblo y pagando las voces más elocuentes, más enérgicas y más insinuantes, inspiran a la multitud el gusto de la tiranía y de la democracia.

–Sin duda.

–Con esto conseguirán dinero y honores, en primer lugar de parte de los tiranos, como es natural que suceda; y en segundo lugar de parte de las democracias. Pero a medida que remonten su vuelo hacia gobiernos más perfectos, su nombradía se debilitará, perderá su empuje y no podrá seguirles.

–Tienes razón.

–Pero dejemos esta digresión; volvamos al tirano y veamos cómo podrá proveer al sostenimiento de su preciosa y numerosa guardia, renovada a cada momento.

–Es evidente que comenzará por despojar los templos, y mientras dure la venta de las cosas sagradas y le produzca lo suficiente, no impondrá al pueblo grandes contribuciones.

–Muy bien; pero cuando le falte este recurso, ¿qué hará?

–Entonces vivirán con los bienes de su padre, él, los suyos, sus convidados, sus favoritos y sus queridas.

–Entiendo; es decir, que el pueblo, que ha engendrado al tirano, le alimentará a él y a los suyos.

–Así tendrá que suceder.

–Pero si el pueblo se cansase al fin y le dijese que no es justo que un hijo ya grande y fuerte sea una carga para su padre; que, por el contrario, a él le toca procurar el mantenimiento a su padre; que al formarle y educarle, no ha sido su ánimo que se convirtiera en dueño cuando fuera grande, ni ser el pueblo esclavo de sus esclavos, ni alimentarle a él y a esa muchedumbre de extranjeros que le rodean; que lo que se propuso fue solamente libertarse por su medio del yugo de los ricos y de los que se llaman en la sociedad hombres de bien; ¿no deberá en este concepto mandarle que se retire con sus amigos, con la misma autoridad que un padre arroja de casa a su hijo con sus compañeros de libertinaje?

–Entonces, ¡por Zeus!, el pueblo verá qué hijo ha engendrado, acariciado y encumbrado, y que los que intenta arrojar son más fuertes que él.

–¿Pero qué dices? ¿Se atrevería el tirano a emplear la violencia con su padre y hasta maltratarle si no cedía?

–¿Quién puede dudarlo, si antes lo ha desarmado?

–¿El tirano es, por consiguiente, un hijo desnaturalizado, un parricida? Y he aquí que hemos llegado a lo que todo el mundo llama tiranía. El pueblo, queriendo evitar, como suele decirse, el humo de la esclavitud de los hombres libres, cae en el fuego del despotismo de los esclavos, y ve que la servidumbre más dura y más amarga sucede a una libertad excesiva y desordenada.

–Castigo casi siempre irremediable.

–Y bien, Adimanto, ¿podremos lisonjearnos de haber explicado de una manera satisfactoria la transición de la democracia a la tiranía y a las costumbres de este gobierno?

–La explicación es completa.

Libro noveno

–Nos queda que examinar el carácter del tirano en el individuo, cómo del hombre democrático sale el hombre tiránico, cuáles son sus costumbres y si su suerte es dichosa o desgraciada.

–Es lo único que nos falta por considerar.

–¿Sabes lo que echo de menos ahora?

–¿Qué?

–No hemos expuesto, a mi parecer, con bastante claridad la naturaleza y las diferentes especies de deseos. Mientras falte algo que decir sobre este punto, el descubrimiento de lo que buscamos quedará siempre envuelto en tinieblas.

–Aún estamos a tiempo de tratarlo.

–Sin duda. He aquí principalmente lo que yo querría conocer de una manera más clara. Entre los deseos y los placeres superfluos los hay que son ilegítimos. Estos deseos nacen en el alma de todos los hombres; pero en unos, reprimidos por las leyes o por otros deseos mejores, se desvanecen enteramente, gracias a la razón, o son débiles o pocos en número; mientras que en otros, por el contrario, estos deseos son más numerosos y al mismo tiempo los más fuertes.

–¿De qué deseos hablas?

–Hablo de los que se despiertan durante el sueño; cuando esta parte del alma, que es racional, pacífica y a propósito para mandar, está como dormida, y la parte animal y feroz, excitada por el vino y por la buena comida, se rebela, y rechazando el sueño, intenta escaparse y satisfacer sus apetitos. Sabes que en tales momentos esta parte del alma a todo se atreve, como si se hubiera libertado violentamente de todas las leyes de la conveniencia y del pudor; no distingue nada, ni dios, ni hombre, ni bestia. Ningún asesinato, ningún alimento indigno le causa horror; en una palabra, no hay acción, por extravagante y por infame que sea, que no esté pronta a ejecutar.

–Dices verdad.

–Pero cuando un hombre observa una conducta sobria y arreglada; cuando antes de entregarse al sueño reanima la antorcha de su razón, alimentándola con reflexiones saludables, conversando consigo mismo; cuando sin saciar a la parte animal le concede lo que no puede rehusarle, para que se tranquilice y no turbe con su alegría o su tristeza la parte inteligente del alma sino antes bien la deje sola, desprendida de los sentidos, para continuar en sus curiosas observaciones sobre lo que ignore de lo pasado, de lo presente y de lo venidero; cuando este hombre, apaciguada así la parte en que reside la cólera, se acuesta tranquilo y sin resentimiento contra nadie; en fin, cuando todo duerme en él menos su razón, que se mantiene despierta, entonces el espíritu ve más en claro la verdad, se intima con ella, y no se siente turbado por fantasmas impuros y sueños criminales.

–Estoy persuadido de eso.

–Quizá me he extendido demasiado. Lo único que importa saber es que hay en cada uno de nosotros, incluyendo a los que parecen más dueños de sus pasiones, una especie de deseos crueles, brutales, sin freno, como lo prueban los ensueños. Examina si lo que digo es cierto o no.

–Estoy conforme.

–Recuerda ahora el retrato que hemos hecho del hombre democrático. Dijimos que había sido educado en su juventud por un padre avaro, que sólo estimaba los deseos interesados, cuidando poco de satisfacer los deseos superfluos, cuyo objeto no es otro que el lujo y los placeres, ¿no es así?

–Sí.

–Que encontrándose después en relación con gentes frívolas y entregadas a esos placeres superfluos, de que acabo de hablar, sentía aversión a las lecciones de su padre y se entregaba a la embriaguez y al libertinaje; que sin embargo, como su índole era mejor que la de sus corruptores, viéndose atraído en dos direcciones opuestas, tomaba un término medio entre la de sus corruptores y la de su padre; que proponiéndose seguir ya una, ya otra, con moderación, creía observar un género de vida igualmente lejano, a su juicio, de una sumisión servil y del desorden que no conoce ley, y que de esta manera de oligárquico que era se convertía en democrático.

–Es cierto. Tal es la idea que nosotros nos hemos formado de él.

–Supón ahora que este hombre, ya anciano, tiene un hijo educado en las mismas máximas.

–Muy bien.

–Imagina en seguida que le sucede lo mismo que a su padre; quiero decir que se encuentra empeñado en una vida licenciosa, que llaman libre los que le seducen; que, de una parte, su padre y sus parientes apoyan de firme a la facción de los deseos moderados, mientras que, de otra, estos encantadores hábiles, que poseen el secreto de hacer tiranos, secundan con todo su poder la facción contraria. Cuando desesperen de encontrar otro medio de retener a este joven en su partido, harán nacer en su corazón, por medio de artificios, el amor que preside a los deseos ociosos y pródigos, y que en mi opinión no es más que un gran zángano alado. ¿Crees tú que sea otra cosa?

–No lo creo.

–Bien pronto los demás deseos, coronados de flores, perfumados, brillantes, embriagados con licores y acompañados de placeres frenéticos, vienen a zumbar alrededor de este zángano, le alimentan, le engrandecen, y, por último, le arman del aguijón de la ambición, y desde aquel acto el tirano del alma no tiene ningún freno. Escoltado por la demencia, extermina y arroja fuera de sí todos los sentimientos honestos, todos los deseos virtuosos, hasta que, después de haber borrado de su alma todo vestigio de pudor y de templanza, la ve henchida de un furor que no conocía antes.

–Es ésa una fiel pintura de la manera como se forma el hombre tiránico.

–¿No es ésta la razón, por qué se ha dado después al amor el nombre de tirano?

–Así parece.

–El hombre embriagado, ¿no tiene tendencias tiránicas?

–Sí.

–En igual forma, un hombre demente, ¿no se imagina que es capaz de mandar a los hombres y también a los dioses?

–Sin duda.

–Mi querido amigo, ¿qué es, hablando propiamente, el hombre tirano, sino aquel a quien la educación o la naturaleza o ambas han hecho borracho, enamorado y loco?

–Es cierto.

–Acabas de ver cómo se forma el hombre tiránico. ¿Pero cómo vive?

–Te responderé como se acostumbra decir en broma: "Tú eres el que me lo has de decir".

–Sea así. Todo se volverán fiestas, juegos, festines, francachelas y placeres de todo género, a que le arrojará el amor tiránico, que ha dejado penetrar en su alma y que dirige todas sus facultades.

–Necesariamente,

–¿No sentirá nacer en sí mismo, día y noche, una multitud de deseos tan indómitos como insaciables?

–Sí.

–Y así sus rentas, si es que las tiene, se verán bien pronto agotadas en satisfacerlos.

–Sin duda

–Detrás vendrán los préstamos y como consecuencia la disipación de su fortuna

–Así tiene que suceder.

–Y cuando no tenga ya nada, ¿no será importunado por los gritos tumultuosos de esta muchedumbre de deseos que se agitan en su alma como en su nido? Estrechado por sus aguijones, y sobre todo por el del amor, al que sirven los demás deseos, por decirlo así, como de escolta, ¿no correrá de un lado para otro como un furioso buscando por todas partes alguna presa, que pueda sorprender por artificio o arrancar por la fuerza?

–Sí, ciertamente.

–Y así será para él una necesidad o agarrar cuanto se le venga a las manos, o verse despedazado por los más crueles dolores.

–No hay medio.

–Y lo mismo que las nuevas pasiones han suplantado a las antiguas en su corazón, enriqueciéndose con sus despojos, así, aunque más joven, ¿no querrá apoderarse de los bienes de su padre y de su madre y aprovecharse del patrimonio que queda a éstos después de haber disipado su parte?

–Sí.

–Y si sus padres rehusan satisfacer sus deseos, ¿no empleará por de pronto contra ellos el hurto y el fraude?

–Sin contradicción.

–Si por este medio no consigue nada, ¿no apelará al robo y a la fuerza?

–Lo creo.

–Si se oponen a la violencia, si resisten, ¿respetará su ancianidad? ¿Dejará de cometer con ellos algún acto tiránico?

–Temo mucho por los padres de un joven semejante.

–Por consiguiente, mi querido Adimanto, tú crees que por una libertina, a quien por capricho obsequia desde la víspera, o por un joven a quien persigue también desde el día anterior y por capricho, será capaz de poner las manos en su padre o en su madre, en sus amigos más antiguos y más necesarios, sin miramiento a sus muchos años; y llegará hasta someterlos a esta mujer y a este joven, que habrá introducido en la casa de sus padres.

–En manera alguna lo dudo.

–Luego ¿es una gran fortuna para los padres el haber dado a luz un hijo de este carácter?

–Nada de eso.

–¡Pero qué! Cuando haya consumido todos los bienes de su padre y de su madre, y el enjambre de pasiones se haya multiplicado y fortificado en su corazón, ¿no se verá reducido a forzar las casas, despojar de noche a los transeúntes y robar los templos? Los sentimientos de honor y de probidad que le habían sido inspirados en su infancia, desaparecerán entonces delante de las pasiones desentrenadas, con el amor a la cabeza, y se harán dueñas de su alma. Estas mismas pasiones, que cuando estaba él sometido a la autoridad de las leyes y a la voluntad de su padre, apenas se atrevían a emanciparse en los sueños de la noche, hoy que el amor se ha hecho su tirano, le conducirán cien veces al día a las mismas acciones que antes experimentaba raras veces durante el sueño. Ni los asesinatos, ni las horribles orgías, ni los crímenes de ninguna clase le detendrán, porque reinando en su alma sólo el amor tiránico, le inspirará la licencia y el des precio a las leyes, y mirando esta alma como un estado sometido a su imperio, le obligará a emprenderlo todo, para tener con qué alimentarle a él y a esa plaga de pasiones tumultuosas que lleva tras de sí, venidas las unas de fuera por las malas compañías y nacidas otras dentro, todas desencadenadas por su propia audacia o libertadas por él mismo. ¿No será ésta la vida que hará este joven?

–Sí.

–Si en un estado se encuentran pocos ciudadanos de este carácter, siendo todos los demás prudentes y arreglados en sus costumbres, entonces esos pocos saldrán y se pondrán al servicio de cualquier tirano extranjero, o para venderse como auxiliares dondequiera que haya guerra; y si en todas partes hay paz y tranquilidad, producirán en su patria un número infinito de pequeños males.

–¿Qué males?

–Por ejemplo, robar, forzar las casas, escamotear las bolsas, despojar a los transeúntes, cometer raptos y sacrilegios. Si son elocuentes, harán el oficio de acusadores, presentarán testigos falsos y se venderán al que más les dé.

–¡Y son ésos los que llamas pequeños males, y es eso lo que esos hombres harán a pesar de su corto número!

–Sí, ya sabes que las cosas pequeñas lo son en comparación con las grandes; y todos estos males, puestos al lado de los que sufre un estado oprimido por un tirano, son una bagatela. Pero cuando en un estado hay muchos ciudadanos de este carácter, y aumentándose cada día su partido, ven que tienen mayoría, entonces es cuando, apoyados en un populacho insensato dan al estado por tirano a aquel de entre ellos que tiene más tiranizado su corazón por las más fuertes y las más imperiosas pasiones.

–Sí. Semejante hombre debe saber perfectamente el oficio de tirano.

–El mejor partido que el estado puede tomar en tal caso, es no oponer ninguna resistencia; porque, si no, al menor movimiento que haga, el tirano cometerá contra su patria las mismas violencias que usó contra su padre y su madre; la maltratará, la entregará al poder de los jóvenes relajados que le rodean y reducirá a la esclavitud más dura a esta patria, a esta madre sirviéndome de la expresión de los cretenses. A este punto irán a parar los deseos del tirano.

–Tienes razón.

–Por lo demás, no es necesario que llegue al poder para hacerse conocer tal cual es; su carácter se deja ver en su condición privada de la manera siguiente; o bien se ve rodeado por una multitud de aduladores, dispuestos a obedecerle en todo; o arrastrándose él mismo, cuando tiene necesidad de los demás, no habrá cosa que no haga para convencerles de su decidido afecto; pero apenas habrá obtenido lo que deseaba cuando les volverá la espalda.

–Nada más común.

–Y así estos hombres pasan su vida sin ser amigos de nadie, siendo dueños o esclavos de voluntades ajenas, porque es un sino del carácter tiránico el no conocer ni la verdadera libertad, ni la verdadera amistad.

–Es cierto.

–¿No puede llamarse a estos hombres con razón hombres sin fe?

–Sí.

–¿Y no puede decirse también que son injustos en sumo grado, si lo que hemos dicho antes a propósito de la justicia es verdadero?

–No puede dudarse que lo es.

–Resumamos, pues, los rasgos que constituyen al perfecto criminal. Si existe, debe de ser el hombre que acabamos de describir.

–Sin duda.

–Es el hombre que, teniendo el carácter más tiránico que puede concebirse, está además revestido con la autoridad tiránica; y cuanto más tiempo ejerza la tiranía, será más malo.

–Esa es una consecuencia muy necesaria –exclamó Glaucón.

–Y si es el más malo de los hombres, ¿no será también el más desgraciado, y no lo será tanto más cuanto por más tiempo y de una manera más absoluta haya ejercido la tiranía? Hablo aquí conforme a la verdad pura, y no según la opinión del vulgo.

–No puede ser de otra manera.

–La condición del hombre tiranizado por sus pasiones es la misma que la de un estado oprimido por un tirano, como la condición del hombre democrático se parece a la de un estado democrático, y lo mismo sucede con los demás.

–Sin contradicción.

–Y lo que un estado es con relación a otro estado, en razón, ya de la virtud, ya de la felicidad, un hombre lo es con relación a otro hombre.

–Tienes razón.

–Pero ¿cuál es la relación del estado gobernado por un tirano con el estado gobernado por un rey [aristocrático], tal como nosotros lo describimos al principio?

–Estos dos gobiernos son enteramente opuestos; el uno es el mejor, el otro, el peor.

–No te preguntaré cual de los dos es el mejor o el peor, porque es cosa clara; lo que yo te pregunto es si el que tienes por mejor es también el más dichoso y el que tienes por peor el más desgraciado. No nos alucinemos en este punto por fijarnos sólo en el tirano y en el corto número de favoritos que le rodean; entremos en el estado mismo, examinémosle todo entero, penetremos en él por todas partes, y en seguida demos nuestro fallo con arreglo a lo que hubiésemos observado.

–Pides una cosa muy justa. Es cosa evidente para todo el mundo que no hay un estado más desgraciado que el que obedece a un tirano, ni más dichoso que el que está gobernado por un rey.

–¿No tendré razón para exigir que se vaya con el mismo pulso cuando se trate de dar parecer sobre la felicidad de los individuos, y para querer que nos atengamos a la decisión del que pueda penetrar con el pensamiento hasta el interior del hombre, sin dejarse llevar como los niños de apariencias, ni tampoco de las exterioridades fastuosas de que el poder tiránico se reviste para imponer a la multitud, sino penetrando en el fondo de las cosas? ¿Si pretendiese yo, por consiguiente, que en la cuestión presente no deberíamos dar oídos a otro juez que al que a las luces del espíritu une las de la experiencia, al que ha vivido con los tiranos, que los ha visto en su interior despojados del aparato y pompa teatral con que aparecen en público, que sabe la impresión que les causan las crisis políticas; si comprometiese a este hombre a dar su fallo sobre la felicidad o la desgracia de la condición del tirano, comparada con todas las demás?…

–No podrías escoger un juez mejor.

–¿Quieres que supongamos, por un momento, que nosotros mismos nos encontramos en estado de juzgar, y que hemos vivido con los tiranos, para que de esta manera tengamos alguien que responda a nuestras preguntas?

–Sí lo quiero.

–Sígueme, pues, y recordando la semejanza que existe entre el estado y el individuo, considera el uno después del otro, y dime cuál debe ser la situación de ambos.

–Te sigo.

–Comenzando por el estado, dime: un estado sometido a un tirano, ¿es libre o esclavo?

–Digo que es todo lo esclavo que puede ser.

–Sin embargo, en semejante estado ¿hay personas que son dueños de lo que tienen y libres en sus acciones?

–Sí; los hay, pero en muy corto número; pues a decir verdad, la mayor y más sana parte de los ciudadanos se ve reducida a la más dura y vergonzosa esclavitud.

–Luego si con el individuo pasa lo mismo que con el estado, ¿no es una necesidad que se verifiquen en él las mismas cosas, que su alma gima en una servidumbre baja y vergonzosa, que la parte más excelente de esta alma esté sometida a los caprichos de la parte más despreciable, más depravada y más furiosa?

–Así debe suceder.

–¿Qué dirás de un alma que se halla en este estado? ¿Es libre o esclava?

–Digo que es esclava.

–Pero un estado esclavo y dominado por un tirano no hace lo que quiere.

–No, ciertamente.

–A decir verdad, un alma tiranizada tampoco hace lo que quiere, sino que arrastrada sin cesar por la violencia de sus pasiones, se sentirá llena de turbación y de arrepentimiento.

–Sin duda.

–El estado en que reina un tirano, ¿es rico o pobre?

–Es pobre.

–¿Luego un alma tiranizada es también siempre pobre e insaciable?

–Sí.

–¿No es una necesidad que este estado y este individuo estén en un temor y en un terror continuo?

–Seguramente.

–¿Crees que sea posible encontrar ningún otro estado en que sean más las quejas, las lágrimas, los gemidos y los amargos dolores que en éste?

–No.

–¿Ni ningún otro individuo en quien lo sean más que en este hombre tiránico, a quien el amor y las demás pasiones hacen furioso?

–No lo creo.

–O bien, pensando en todos estos males y en otros mil, has creído que este estado era el más desgraciado de todos los estados.

–¿No he tenido razón?

–Sin duda, pero colocándote en el mismo punto de vista, ¿qué dices del hombre tiránico?

–Digo que es el más desgraciado de los hombres.

–Te engañas.

–¿Por qué?

–Porque no es aún todo lo desgraciado que puede ser.

–¿Pues quién lo será entonces?

–El que te voy a citar te parecerá más desgraciado quizá.

–¿Quién?

–Aquel que, estando ya tiranizado por sus pasiones, no pasa su vida en la esfera privada, sino que su mala estrella le presenta la ocasión de hacerse tirano de un estado.

–Visto lo que hemos dicho, conjeturo que tienes razón.

–Esto puede suceder; pero en una materia de esta importancia, donde se trata nada menos que de examinar de qué depende la felicidad o la desgracia de la vida, no hay que andar con conjeturas, sino llegar, si puede ser, hasta una completa certidumbre.

–Muy bien.

–Mira si razono con exactitud. Para juzgar bien la condición de un tirano, he aquí, a mi parecer, cómo es preciso considerarle.

–¿Cómo?

–Sucede con un tirano lo que con esos particulares ricos, que tienen muchos esclavos; porque tienen de común con él que mandan a muchos; la diferencia está sólo en el número.

–Es cierto.

–Ya sabes que estos particulares viven tranquilos, y no temen nada de parte de sus esclavos.

–¿Pues qué han de temer?

–Nada, pero ¿sabes la razón?

–Sí; es porque todo el estado cuida de la seguridad de cada ciudadano.

–Muy bien. Pero si algún dios, arrancando del seno de esta sociedad a uno de estos hombres, que tienen a su servicio cincuenta esclavos o más, con su mujer y sus hijos, le trasportara con su casa y bienes a un desierto, donde no pudieran esperar auxilio de ningún hombre libre, ¿no estaría continuamente temiendo que iban a perecer a manos de sus esclavos, él, su mujer y sus hijos?

–No tengo dificultad en creerlo.

–Se vería precisado a agasajar a algunos de entre ellos, a ganarlos a fuerza de promesas, y a darles libertad, aunque no la mereciesen; en una palabra, a convertirse en adulador de sus esclavos.

–Tendría que hacer eso o perecer.

–¿Y qué sucedería, si ese mismo dios colocase alrededor de la estancia de ese rico un gran número de gentes decididas a no sufrir que un hombre ejerciera imperio alguno sobre sus semejantes, y a castigar con el último suplicio al que sorprendieran intentando una cosa semejante?

–Rodeado por todas partes de tantos enemigos, sería para él un motivo mayor aún para temer por sus días.

–¿No está encadenado en una prisión semejante el tirano? Suponiéndole con el carácter con que le hemos pintado, ¿no debe verse devorado incesantemente por temores y deseos de toda clase? Por viva que sea su curiosidad, no puede viajar como los demás ciudadanos, ni ir a ver mil cosas que llamen su atención. Encerrado en el recinto de su palacio, como una mujer envidia la felicidad en sus súbditos cuando sabe que hacen algún viaje, y que van a ver cosas que excitan su curiosidad.

–Es cierto.

–Tales son los males que vienen a aumentar los sufrimientos del hombre que vive tiranizado por sus pasiones, y que has considerado tú como el más desgraciado de los hombres; tales son los nuevos tormentos que vienen a asaltarle, cuando la suerte le obliga a renunciar a la vida privada, y le eleva a la condición de tirano; es incapaz de conducirse a sí mismo, y habrá de conducir a los demás. Su condición se parece a la de un enfermo, que no teniendo bastantes fuerzas propias, en lugar de pensar sólo en su salud, se viese precisado a pasar toda su vida en combates atléticos.

–Esa comparación, Sócrates, es muy exacta y muy verdadera.

–Semejante situación, mi querido Glaucón, ¿no es la más triste que puede imaginarse, y la condición de tirano no añade un aumento de desgracia al mismo, que en tu opinión era ya el más desgraciado de los hombres?

–Convengo en ello.

–Y así, en realidad y cualesquiera que sean las apariencias, el tirano no es más que un esclavo, esclavo sometido a la más dura y baja servidumbre, y el adulador de lo más abyecto de la sociedad. Jamás podrá satisfacer por completo sus pasiones, porque lo que le falta excede a lo que posee; y el que pudiera penetrar en el fondo de su alma, encontraría que es verdaderamente pobre, y vive siempre sobresaltado, y siempre presa de dolores y angustias; tal es su situación, si es cierto que es parecida a la del estado de que él es dueño, porque creo que es parecida; ¿no lo crees así?

–Sí.

–A tantas miserias añadamos lo que ya hemos dicho; que de día en día y en razón del rango que ocupa, se hace necesariamente más envidioso, mas pérfido, más injusto, más impío, más dispuesto a recibir y alimentar en su corazón todos los vicios, siguiéndose de aquí que es el más desgraciado de los hombres, y que comunica su desgracia a los mismos que le rodean.

–Ningún hombre de buen sentido te puede contradecir en este punto.

–Revístete ahora con el carácter de juez, y decide quiénes de entre los cinco caracteres, el real, el timocrático, el oligárquico, el democrático y el tiránico, son más dichosos y quiénes lo son menos.

–El fallo es fácil de pronunciar. Doy a cada uno más o menos virtud, más o menos felicidad, según el orden en que se nos han presentado, como los coros que entran en la escena.

–¿Quieres que hagamos venir un heraldo, o que publique yo en voz alta, que el hijo de Aristón ha declarado que el más dichoso de los hombres es el más justo y más virtuoso, es decir, el que reina sobre sí mismo y que se gobierna según los principios del estado monárquico; y que el más desgraciado es el más injusto y más depravado, es decir, aquel que, teniendo el carácter más tiránico, ejerce sobre sí mismo y sobre los demás la tiranía más absoluta?

–Te permito publicarlo.

–¿Y podré añadir, que uno y otro son lo que hemos dicho, aun cuando ni los hombres ni los dioses tengan conocimiento alguno de la justicia del primero y de la injusticia del segundo?

–Añádelo.

–Por consiguiente, he aquí que hemos llegado al término de la primera demostración de lo que era objeto de nuestras indagaciones. Voy, si quieres, a darte una segunda demostración.

–¿Cuál es?

–Si el alma de cada uno de nosotros se divide en tres partes, a la manera que el estado se divide en tres cuerpos, da lugar, a mi parecer, a deducir de aquí una nueva demostración.

–Dímela.

–Es la siguiente. A estas tres partes del alma corresponden tres placeres propios de cada una de ellas; y por consiguiente, tres clases de deseos y de dominaciones.

–Explícate.

–La primera de estas partes es aquélla por la que el hombre conoce; la segunda es aquélla por la que el hombre se irrita; la tercera tiene demasiadas formas para que pueda ser comprendida bajo un nombre particular, pero ya la hemos designado por lo más notable y por lo que más predomina en ella. La hemos llamado apetito concupiscible a causa de la violencia de los deseos que nos arrastran a comer, beber, al amor y a los demás placeres de los sentidos, y la hemos llamado amiga de las riquezas, porque el dinero es el medio más eficaz para satisfacer esta clase de deseos.

–Razón hemos tenido para ello.

–Si añadiésemos que el placer propio de esta facultad es el placer del lucro, ¿no sería fijar la idea y designarla con toda claridad? ¿Qué otro nombre, en verdad, puede convenirle mejor que el de amor a las riquezas y al lucro?

–No veo otro mejor.

–La parte del alma que hace al hombre irascible, ¿no nos arrastra a la dominación, a la superioridad sobre los demás hombres y a la adquisición de la gloria?

–Sí.

–Luego podemos con razón llamarla amiga del orgullo y de la ambición.

–Este nombre la conviene perfectamente.

–En cuanto a la parte que conoce, es evidente que tiende sin cesar y por completo a conocer la verdad, dondequiera que se halle, importándole poco las riquezas y la gloria.

–Es cierto.

–¿No tendremos, por tanto, razón para llamarla filosófica y amiga de la instrucción?

–Sí.

–¿No es cierto, igualmente, que según la diferencia de caracteres, los unos se dejan dominar por esta parte, los otros por una de las otras dos?

–Sí.

–En este concepto diremos que hay tres principales caracteres entre los hombres, que son el filósofo, el ambicioso y el interesado.

–Muy bien.

–Y tres especies de placeres análogos a estos caracteres.

–Sin duda.

–Si preguntas a cada uno de estos hombres en particular cuál es la vida mas dichosa, ya conocerás que habrá de decir que la suya; y que el interesado colocará el placer del lucro por cima de todos los demás placeres, y que despreciará la ciencia y los honores, a menos que no crea que son un medio de reunir dinero.

–Es cierto.

–Por su parte, ¿qué dirá el ambicioso? ¿No tratará de bajeza el placer de acumular tesoros, y de humo vano el estudio de las ciencias, a excepción de las que puedan conducirle a los honores y a la gloria?

–Así es.

–En cuanto al filósofo, diremos resueltamente que de nada hace aprecio en comparación del placer que le proporciona el conocimiento de la verdad, y que por su aplicación continua a este estudio tiende a proporcionarse más y más este goce; y con respecto a los demás placeres, si los llama necesidades, es porque no se los procuraría, si la naturaleza no los exigiese.

–Estoy convencido de ello.

–Ahora, puesto que se trata de decidir cuál de estas tres especies de placeres y de condiciones es, no digo la más honesta y la mejor en sí, sino la más agradable y la más dulce, ¿cómo podremos saber, entre estas pretensiones opuestas, de qué lado se encuentra la verdad?

–Yo no podría decirlo

–Veamos la cuestión de esta manera: ¿cuáles son las cualidades que se requieren para juzgar bien? ¿No son la experiencia, la reflexión y el razonamiento? ¿Es posible seguir mejores guías, cuando se trata de formar un juicio?

–No.

–¿Y cuál de nuestros tres hombres tiene más experiencia de las tres clases de placeres de que acabamos de hablar? ¿Crees que el hombre interesado, si se dedicase al conocimiento de la verdad, sería más capaz de juzgar de la naturaleza del placer que acompaña a la ciencia, que lo es el filósofo de juzgar el placer que causa el lucro?

–De ninguna manera, porque el filósofo se ha encontrado desde la infancia en la necesidad de gustar otros placeres que los de la inteligencia; mientras que ninguna necesidad ha tenido el hombre interesado de experimentar, al estudiar la verdad, la dulzura del placer de conocer y de adquirir la experiencia, pues que estando este placer fuera de su alcance, serían vanos todos sus esfuerzos para conseguirlo.

–Luego el filósofo tiene mayor experiencia que el hombre interesado respecto de ambos placeres.

–Sin comparación.

–¿No conoce también el filósofo por experiencia el placer que va unido a los honores, mejor que conoce el ambicioso el placer que produce la sabiduría?

–Sin duda, puesto que cada uno de estos tres hombres está seguro de la honra que le resultará, si llega a conseguir el objeto que se propone, porque las riquezas tienen sus admiradores como los tienen el valor y la sabiduría. Y así respecto al placer que resulta de verse honrado, los tres tienen igual experiencia. Pero es imposible que ningún otro, como no sea el filósofo, guste el placer que resulta de la contemplación de la esencia de las cosas.

–Por consiguiente, si sólo se atiende a la experiencia, el filósofo está en mejor posición de juzgar que los otros dos.

–Sin contradicción.

–Es el único que a las luces de la experiencia une las de la reflexión.

–Eso es incontestable.

–En cuanto al instrumento, que es la tercera condición para juzgar bien, no pertenece en propiedad ni al interesado, ni al ambicioso, y si sólo al filósofo.

–¿Cuál es ese instrumento?

–¿No hemos dicho, que es preciso emplear el razonamiento en los juicios?

–Sí.

–Pero el razonamiento, hablando con propiedad, es el instrumento del filósofo.

–Es cierto.

–Si la riqueza y el lucro fuesen la regla más segura para juzgar bien de cada cosa, lo que el hombre interesado estima o desprecia sería efectivamente lo más digno de estimación o de desprecio.

–Convengo en ello.

–Si fuesen los honores, el valor o las victorias, ¿No sería preciso someterlos a la decisión del hombre intrigante y ambicioso?

–Es evidente.

–Pero puesto que a la reflexión, a la experiencia y a la razón pertenece declarar…

–No puede menos de reconocerse, que lo que merece la estimación del filósofo, del amigo de la razón, es verdaderamente estimable.

–Luego de los tres placeres de que se trata, el más dulce es el que depende de esta parte del alma, por la que adquirimos conocimientos; y el hombre, que da a esta parte el mando sobre sí mismo, pasa la vida más dichosa.

–Estoy conforme, y cuando el sabio alaba la felicidad de su estado tiene razón para hacerlo.

–¿Qué vida y qué placer deberán ponerse en segundo lugar?

–Es claro que será el placer del guerrero y del ambicioso, el cual se aproxima mucho más al del filósofo que el del hombre interesado.

–Según todas las apariencias a éste le corresponderá el último lugar.

–Sin duda.

–Por tanto, he aquí dos victorias consecutivas que el justo consigue sobre el injusto. Pero va a conseguir una tercera verdaderamente olímpica, por la que deberá dar gracias a Zeus Libertador y Olímpico. Es la siguiente: todo otro placer, que no sea el del sabio no es un placer real, un placer puro, sino que, por el contrario, no es más que una sombra, un fantasma de placer, según lo que he oído decir a un sabio. Y si es así, la derrota del injusto es entera y completa.

–Seguramente, pero ¿cómo lo pruebas?

–Basta para ello que me respondas. Vamos a examinar juntos la cuestión.

–Interroga.

–El dolor ¿no es lo contrario del placer?

–Sí.

–¿No se reconoce en el alma un estado, en el que aquélla no experimenta placer ni dolor?

–Lo pienso así.

–Este estado, que es un medio entre aquellos dos contrarios, ¿no consiste en un cierto reposo en que se encuentra el alma respecto de los otros? ¿No te parece así?

–Sí.

–¿Recuerdas lo que dicen de ordinario los enfermos en los accesos de su mal?

–¿Qué dicen?

–Que el bien más grande es la salud, pero que no han conocido todo su valor antes de enfermar.

–Lo recuerdo.

–¿No oyes a todos los que sufren, que nada hay más dulce que no sufrir?

–Es cierto.

–Y observarás, que en todos los sucesos desgraciados de la vida los hombres usan el mismo lenguaje. ¿Están tristes? Pues el estar libres de la tristeza es para ellos un bien preferible; no es la alegría la que miran como la cosa más deliciosa, sino la cesación de la tristeza y el reposo.

–Es porque esta situación les sería agradable en comparación de aquélla en que se encuentran.

–Por la misma razón la cesación del placer debe ser un dolor para aquel que disfrutaba antes del placer.

–Así debe ser.

–Por consiguiente, esa calma del alma, que según dijimos antes, ocupa un término medio entre el placer y el dolor, nos parece ahora que es lo uno y lo otro.

–Sí.

–Pero ¿es posible, que lo que no es ni lo uno ni lo otro, sea a la vez lo uno y lo otro?

–Yo no lo pienso así.

–El placer y el dolor ¿no son ambos un movimiento del alma?

–Sí.

–Pero ¿no acabamos de decir que este estado, en que no se siente ni placer ni dolor, es un reposo del alma y cierta cosa intermedia entre estos dos sentimientos?

–Es cierto.

–¿Cómo, pues, se puede creer racionalmente, que la negación del dolor sea un placer, y la negación de un placer un dolor?

–No puede creerse.

–Por consiguiente, este estado no es en sí mismo ni agradable ni desagradable; pero se le juzga agradable por oposición al dolor, y desagradable por oposición al placer. En todos estos fantasmas no hay placer real; todo esto no es más que un alucinamiento.

–Por lo menos, el razonamiento lo demuestra.

–Para que no te sientas tentado a creer que en esta vida la naturaleza del placer y del dolor se reduce a no ser más que, el uno, la cesación del dolor, y el otro, la cesación del placer, considera los placeres que no son resultado de ningún dolor

–¿Dónde están, y cuál es su naturaleza?

–Son numerosos y de diferentes especies; fíjate por ejemplo, en los placeres del olfato. La viva sensación que causan en el alma, no es precedida de dolor alguno; y cuando cesan, no deja tampoco ninguno tras de sí.

–Eso es muy cierto.

–No nos dejemos, pues, persuadir de que el placer puro no sea más que una simple cesación de dolor, y el dolor puro una simple cesación de placer.

–No.

–Con todo eso, aquellos placeres, que pasan al alma por el cuerpo y que son quizá los mas numerosos y los más vivos, son de esta naturaleza; son verdaderas cesaciones de dolor.

–Convengo en ello.

–¿No sucede lo mismo respecto a los presentimientos de alegría y de dolor, causados por la esperanza de alguna sensación agradable o desagradable?

–Sí.

–¿Sabes lo que debe pensarse de estos placeres y con qué se los puede comparar?

–¿Con qué?

–No ignoras que en las cosas hay un punto alto, uno medio y uno bajo.

–No.

–El que pasa de una región inferior a una región media, ¿no se imagina subir a lo más alto? Y cuando ha llegado a la región media, y echa una mirada al punto de donde ha partido, ¿qué otra idea puede ocurrírsele sino que está en lo alto, porque no conoce aún la región verdaderamente alta?

–No creo que pueda imaginarse otra cosa.

–Si desde allí volviese a descender a la región baja, creería descender, y no se engañaría.

–No.

–¿A qué puede atribuirse su error, sino a la ignorancia en que está respecto a la región verdaderamente alta, verdaderamente media, verdaderamente baja?

–Es evidente que su error no tiene otro origen.

–¿Y es extraño que hombres, que no conocen la verdad, se formen ideas falsas de mil cosas, entre otras del placer, del dolor y de lo que es intermedio entre uno y otro, de suerte que cuando pasan al dolor, creen sufrir y sufren en efecto, y cuando del dolor pasan al estado intermedio, se persuaden que han llegado al pleno goce del placer? ¿Es extraño que gentes, que jamás han percibido el verdadero placer y que no consideran el dolor sino por oposición con la cesación del dolor, se engañen en sus juicios, poco más o menos, como si conociendo el color blanco, tomasen el color gris por blanco, comparándole con el negro?

–Todo eso no es extraño; y lo que me sorprendería sería que vieran lo contrario.

–Reflexiona sobre lo que voy a decir. El hambre, la sed y las demás necesidades naturales, ¿no producen una especie de vacío en el cuerpo?

–Sí.

–En igual forma, la ignorancia y la sinrazón, ¿no son un vacío en el alma?

–Sin duda.

–¿No se llena la primera clase de vacío tomando alimento, y la segunda adquiriendo conocimientos?

–Sí

–¿Cuál es la más real y verdadera plenitud? ¿La que proviene de las cosas que tienen más realidad, o la que proviene de las cosas que tienen menos?

–Es evidente que la primera.

–Pero el pan, la bebida, las viandas, y en general todo lo que alimenta el cuerpo, ¿tiene más realidad, participa más de la verdadera esencia que las opiniones ciertas, la ciencia, la inteligencia, en una palabra, todas las virtudes? He aquí el juicio que debe formarse. Lo que proviene del ser verdadero, inmortal, inmutable; lo que representa en sí estos caracteres y se produce en un objeto semejante, ¿no tiene más realidad que lo que nace de una naturaleza sujeta al cambio y a la corrupción, y se produce en una sustancia igualmente mortal y mudable?

–Lo que participa del ser inmutable tiene infinitamente más realidad.

–La ciencia ¿es menos esencial al ser inmutable que la existencia?

–No.

–¿Y la verdad?

–Tampoco.

–Si este ser tuviese menos verdad, tendría menos existencia.

–Sin duda.

–Luego, en general, todo lo que sirve para el sostenimiento del cuerpo participa menos de la verdad y de la existencia, que lo que sirve para el sostenimiento del alma.

–Estoy conforme.

–Fl cuerpo mismo ¿no tiene menos realidad que el alma?

–Sí.

–Luego la plenitud del alma es más real que la del cuerpo, a proporción que el alma misma tiene más realidad que el cuerpo, y a medida que lo que sirve para llenarla, tiene también más.

–Sin contradicción.

–Por consiguiente, si el placer consiste en llenarse de cosas conformes a su naturaleza, lo que puede llenarse verdaderamente de cosas, que tienen más realidad debe causar un placer más real y más sólido, y lo que participa de cosas menos reales debe satisfacerse de una manera menos verdadera y menos sólida y causar un placer menos seguro y menos verdadero.

–Todo eso es una consecuencia necesaria.

–Por consiguiente, los que no conocen ni la sabiduría ni la virtud, y están siempre entregados a los festines y demás placeres sensuales, pasan sin cesar de la región baja a la región media, y de la media a la baja viven errantes entre estos dos términos, sin poder nunca traspasarlos. Jamás se han elevado a la alta región ni han levantado hasta allí sus miradas; jamás han estado en posesión del ser; jamás han experimentado un gozo puro y verdadero. Sino que, inclinados siempre hacia la tierra como animales, y fijos sus ojos en el pasto que reciben, se entregan brutalmente al buen trato y al amor, y disputándose el goce de estos placeres, se cornean y cocean entre sí, concluyendo por matarse unos a otros con sus pezuñas de hierro y sus cuernos, llevados del furor de sus apetitos insaciables porque no se cuidan de llenar con objetos reales esta parte de ellos mismos que se relaciona con el ser, y que es la única capaz de una verdadera plenitud.

–Hablas como un oráculo, Sócrates, y acabas de pintar fielmente la vida de la mayor parte de los hombres.

–Es una necesidad que sólo gusten de placeres mezclados de dolores, fantasmas de placer verdadero, que sólo tienen color y brillo, cuando se les coteja entre sí y cuya vista excita en el corazón de los insensatos un amor tan vivo y transportes tan violentos, que se baten por poseerlos, como se batían los troyanos, según Tesícoro, por el fantasma de Elena, por no haber visto a la Elena verdadera.[79]

---

79. Según Herodoto, libro II, Paris y Elena, yendo de España a Troya, fueron arrojados por la tempestad sobre las costas de Egipto. Proteo, que entonces reinaba allí, dejo marchar a Paris y retuvo a Elena, que entregó a Menelao cuando de vuelta a Troya se vió obligado a tocar en las costas de Egipto. Tesicoro y ecoliasta de Licrofón *(Alexandra V.* 113) añaden que la sombra de Elena siguió a Paris a Troya. Eurípides adopta esta versión en su tragedia de Elena.

–Es imposible que sucedan las cosas de otra manera

–¡Pero qué! ¿No sucede lo mismo respecto a esta parte del alma, donde reside el valor, cuando la ambición secundada por los celos, el espíritu de querella secundado por la violencia, y el humor fanático por la cólera, hacen al hombre correr sin reflexión y sin discernimiento tras una vana plenitud de honor y de victoria y tras una vana satisfacción de sus resentimientos?

–Eso mismo tiene que suceder necesariamente.

–Por consiguiente, podemos decir con confianza que cuando los deseos, que pertenecen a estas dos partes del alma, la interesada y la ambiciosa, se dejan conducir por la ciencia y la razón, y bajo sus auspicios sólo van en busca de los placeres que les indica la sabiduría, entonces experimentan los verdaderos placeres y los más conformes con su naturaleza en todo lo posible; porque de una parte les guía la verdad, y por otra, todo lo que es más ventajoso a cada cosa, es igualmente lo que tiene más conformidad con su naturaleza.

–Nada más cierto.

–Cuando el alma entera marche guiada por la razón, sin que se suscite en ella rebelión alguna, sino que antes bien cada una de sus partes se mantenga en los justos límites de su acción, aún le queda el goce de los placeres que le son propios, de los placeres más puros y más verdaderos de que puede gozar.

–Sin contradicción.

–Mientras que, cuando una de las otras dos partes usurpa la autoridad, resulta de aquí necesariamente, en primer lugar, que el alma no puede proporcionarse los placeres que le convienen, y en segundo, que obliga a las otras partes a procurarse placeres falsos y que les son extraños.

–Convengo en ello.

–Lo que mas se aleja de la filosofía y de la razón es igualmente lo más capaz de producir estos funestos efectos.

–Sin duda.

–Pero lo que se separa más del orden y de la ley, ¿no se separa de la razón en la misma medida?

–Es cierto.

–¿No hemos dicho, que nada se alejaba más de la razón que los deseos tiránicos y amorosos?

–Sí.

–¿Y que nada se separaba menos que los deseos moderados y monárquicos?

–Sí.

–Por consiguiente, el tirano será el que esté más lejos del placer verdadero y propio del hombre, mientras que el rey se aproximará a él, cuanto es posible.

–Sin contradicción.

–Luego la condición del tirano será la menos dichosa, y la del rey la más dichosa que puede imaginarse.

–Es incontestable.

–¿Sabes hasta qué punto la condición del tirano es menos dichosa que la del rey?

–Lo sabré, si tú me lo dices.

–Nos parece, que hay tres especies de placeres: una de placeres verdaderos y dos de falsos; y el tirano, enemigo de la ley y de la razón, sitiado siempre por un cortejo de deseos esclavos y rastreros, está colocado a la extremidad de los placeres falsos. Ahora, hasta qué grados es inferior en felicidad al otro, es un punto difícil de determinar, a no ser de esta manera.

–¿De qué manera?

–El tirano es el tercero después del hombre oligárquico, porque entre los dos se encuentra el hombre democrático.

–Sí.

–Por consiguiente, si lo que dijimos antes es verdadero, el fantasma del placer, que goza el tirano, está tres veces más distante de la verdad que el que goza el hombre oligárquico.

–Así es.

–Pero si contamos por uno sólo al hombre regio y al hombre aristocrático, el oligárquico es igualmente el tercero después de él.[80]

80. El segundo es el timocrático.

–Lo es, en efecto.

–Luego el tirano está alejado del verdadero placer el triplo del triplo.

–Sí, a mi parecer.

–Por consiguiente, el fantasma de placer del tirano, conforme a este número lineal, puede expresarse por un número plano.

–Sí.

–Porque multiplicando este número por sí mismo, y elevándolo a la tercera potencia, es fácil ver cuántos grados está distante de la verdad el placer del tirano.

–Nada más fácil para un calculista.

–Ahora bien, si se considera al revés esta progresión, y se quiere averiguar en cuántos grados el placer del rey es más verdadero que el del tirano, resultará, hecho el cálculo, que el rey es setecientas veintinueve veces[81] más dichoso que el tirano, y que éste es más desgraciado en la misma proporción.

–Acabas de encontrar, por medio de un cálculo completamente sorprendente, el intervalo que separa la felicidad del hombre justo de la del injusto.

–Este número expresa exactamente la diferencia de la condición de ambos, si por una y otra parte están acordes en los días, las noches, los meses y los años.

–De acuerdo están por una y otra parte.

–Pero si la condición del hombre justo y virtuoso sobrepuja tanto

---

81. La felicidad del tirano tiene tres veces menos realidad que la del oligárquico; la del oligárquico tiene tres veces menos que la del rey. El número nueve es el número plano, puesto que es el cuadrado de tres. En seguida, Platón, considerando estas dos felicidades, la una real, la otra aparente, como dos sólidos, cuyas dimensiones todas son proporcionales, y sus distancias de la realidad, 1 y 9, como una de sus dimensiones, su longitud, por ejemplo, multiplica uno de estos números dos veces por si mismo, para tener la relación de estos dos sólidos, ypor este medio se encuentra que es la de 1 a 729, es decir que la felicidad del tirano es setecientas veitinueve veces menor que la del rey. Este cálculo está fundado sobre este teorema de geometría: "Los sólidos, cuyas dimensiones todas son proporcionales, están entre sí en razón triplicada o como los cubos de una de sus dimensiones."

en felicidad a la del malvado e injusto ¡cuánto más la sobrepujará en honestidad, en belleza y en mérito!

–Infinitamente.

–Ahora bien; puesto que hemos llegado ya a este punto, volvamos a lo que se dijo más arriba, y que dio ocasión a esta conversación. Se dijo, si mal no recuerdo, que la injusticia era ventajosa al perfecto malvado, con tal que pasase por hombre de bien. ¿No es esto mismo lo que se dijo?

–Sí.

–Examinemos si esta máxima es verdadera ahora que hemos convenido en los efectos que producen en el alma las acciones justas y las acciones injustas.

–¿Y cómo lo haremos?

–Para probar al que lo ha sostenido[82] que se ha engañado, formemos con el pensamiento una imagen del alma.

–¿Qué clase de imagen?

–Una imagen hecha por el modelo de la Quimera, de la Escila, del Cerbero y de otros monstruos que la tradición nos representa formados mediante la unión de muchas naturalezas diferentes.

–Muy bien.

–Forma, por lo pronto, un monstruo de muchas cabezas, unas de animales pacíficos, y otras de bestias feroces, daré también el poder de producir todas estas cabezas y de cambiarlas a su capricho.

–Una obra de esa calidad exige un artista muy entendido; pero como es más fácil trabajar con la imaginación que con cera o cualquiera otra materia semejante, me lo figuro tal como le pintas.

–Forma, en seguida, la imagen de un león y de un hombre; pero es preciso que la primera de estas tres imágenes sea más grande que las otras dos, y la segunda más grande que la última.

–Eso es más fácil, y dalo por hecho.

–Reúne estas tres imágenes de manera que constituyan un todo.

–Ya las he reunido.

82. Es decir, a Tasimaco.

—Por último, envuelve este compuesto con el exterior de un hombre, de manera que el que no pueda ver el interior, tome el todo por un hombre, juzgando sólo por las apariencias.

—Está hecho.

—Responde ahora al que sostiene que la injusticia es ventajosa al hombre formado de esta manera, y que de nada le sirve ser justo. Digamos que es como si se pretendiese que es ventajoso para él alimentar con esmero y fortificar al monstruo y al león, y debilitar al hombre dejándole morir de hambre, de manera que esté a merced de los otros dos, y puedan llevarle y traerle a donde les acomode; y añadiremos, ¿no equivale esto a sostener y afirmar que en lugar de acostumbrarles a vivir juntos en un perfecto acuerdo, vale más dejarles batirse, morderse y devorarse los unos a los otros?

—El que alaba la injusticia, en realidad no dice otra cosa.

—Recíprocamente, decir que es útil el ser justo, equivale a sostener que el hombre debe, con sus discursos y sus acciones, trabajar para dar una autoridad superior sobre sí mismo al hombre interior, y conducirse con este monstruo de muchas cabezas como un entendido labrador, auxiliándose de la fuerza del león, para impedir el crecimiento de los animales feroces, y alimentar y fomentar los animales pacíficos, distribuyendo sus cuidados entre todos, para que se mantenga una perfecta inteligencia entre unos y otros y entre todos y él mismo.

—He aquí precisamente lo que dice el partidario de la justicia.

—Por consiguiente, el que elogia la justicia tiene razón, y el que alaba la injusticia no la tiene. En efecto, ya se atienda al placer, o a la gloria y a la utilidad, la verdad toda está por entero de parte del defensor de la justicia. Nada sólido se encuentra en los razonamientos del que la combate, ni tiene idea ninguna de la cosa misma que combate.

—A mi parecer, ninguna.

—Como su error no es voluntario, tratemos de desengañarle suavemente. Le preguntaremos; mi querido amigo, ¿sobre qué fundamento descansa la distinción establecida entre lo honesto y lo inhonesto? ¿No consiste en que lo uno somete la parte animal de nuestra naturaleza a la parte humana, o más bien, divina, y que lo otro somete a la parte brutal y feroz la que es mansa y suave? ¿No convendrá en esto?

–Sí, si quiere creerme.

–Sentado esto, ¿puede ser útil a nadie tomar el oro injustamente, si no puede hacerlo sin someter la mejor parte de sí mismo a la más despreciable? ¡Qué! si por recibir este oro, tuviera que sacrificar la libertad de su hijo o de su hija, y ponerlos en mano de amos feroces y crueles, creería perder en ello y rehusaría adquirir por este medio las mayores riquezas; y cuando lo que hay en él de más divino se convierte en esclavo de lo más depravado y más enemigo de los dioses, ¿no había de ser esto para él el colmo de la desgracia? Y el oro que recibe a este precio, ¿no le cuesta más caro, que lo que costó a Erifile el collar fatal por que sacrificó la vida de su esposo?[83]

–Yo respondo por él que no cabe comparación.

–Dime, te lo suplico, ¿por qué razón se ha condenado en todos tiempos una vida licenciosa, sino porque el libertinaje afloja la rienda a este monstruo enorme, cruel, de muchas cabezas?

–Es claro que por esa razón.

–¿Por qué ofenden y se critican la insolencia y el humor irritables, sino porque desenvuelven en el hombre el modo de ser del león y de la serpiente?

–Sin duda.

–Si se condena la vida muelle y voluptuosa, ¿no es porque enerva y hace que degenere este mismo natural en cobardía?

–Sí.

–¿Por qué se vitupera la adulación y la bajeza, sino porque producen el efecto de sojuzgar la cólera y el valor de este monstruo turbulento, y porque la sed inextinguible de las riquezas, envileciéndole desde su juventud, hace que el león se convierta en mono?

–Es cierto.

---

83. Erifile, esposa del divino Afiarao, seducida por el regalo de un collar de oro, descubrió el sitio en que se había ocultado su marido, para no verse obligado a ir a la guerra de Tebas, donde había predicho que perecería, y donde pereció. *Odisea, XI,* 325.

–¿De dónde nace esa especie de ignominia que va unida a las artes mecánicas y a las profesiones serviles? ¿No es porque estas profesiones suponen en los que las ejercen una razón tan débil, que no pudiendo adquirir el ascendiente sobre esas bestias interiores, se ve precisada a servirlas, y que sólo ejercen la industria para inventar nuevos medios de satisfacerlas?

–Así parece.

–Luego si, para dar a tales hombres un dueño semejante al que gobierna al hombre virtuoso, exigiéramos que obedeciesen en todo a este hombre, que obedece él mismo interiormente a la voz de la divinidad, no pretenderíamos que esta obediencia vendría en su perjuicio, como Trasimaco pretendía al decir que era en perjuicio de los súbditos en general; sino que creemos, por el contrario, que nada es más ventajoso para todo hombre que dejarse conducir por un guía sabio y divino, ya lo tenga dentro de sí mismo y disponga de él como de un bien suyo propio, que sería lo mejor, o ya, a falta de esto, se someta a un guía extraño, porque nuestro designio es establecer entre los hombres esta conformidad de costumbres, que es el origen de la amistad, sometiendo a todos a un mismo régimen.

–No es posible dejar de aprobar un propósito semejante.

–No es menos evidente que la ley se propone el mismo objeto cuando presta igualmente su auxilio a todos los miembros del estado. La dependencia en que están los hijos, se funda en el mismo principio. No permitimos que dispongan de sí mismos hasta que hayamos establecido en su alma, como en un estado, una forma fija de gobierno; y hasta que su razón, cultivada por la nuestra, pueda, como ésta hace respecto a nosotros, vigilar sobre ellos y arreglar su conducta; entonces es cuando los abandonamos a sus propias luces.

–El designio de la ley es clara en este punto.

–¿En qué y por qué razón, mi querido Glaucón, podríamos decir que sea ventajoso a alguno cometer una acción injusta, contraria a las buenas costumbres y a la honradez, por más que al empeorar en maldad, se hiciera más rico y más poderoso?

–De ninguna manera puede ser eso ventajoso.

–¿De qué serviría que la injusticia quedase oculta e impune? La impunidad, ¿no hace al hombre malo más malo aún? Mientras que descubierto un crimen y castigado, la parte animal se apacigua y se humilla, y la razón recobra todos sus derechos. El alma entera, volviendo al régimen del principio mejor, se eleva mediante la adquisición de la templanza, de la justicia y de la prudencia a un estado tanto más superior al del cuerpo, que adquiriría también fuerza, belleza y salud, cuanto que el alma misma está muy por encima del cuerpo.

–Es cierto.

–Por consiguiente, todo hombre sensato dirigirá todas sus acciones a este mismo fin. En primer lugar, cultivará y estimará por encima de todo las ciencias propias para perfeccionar su alma, despreciando todas aquellas que no producen el mismo efecto.

–Sin contradicción.

–En segundo lugar, en su régimen corporal no buscará el goce de los placeres brutales e irracionales; buscará la salud, la fuerza y la belleza, en cuanto todas estas ventajas sean para él medios de ser más moderado; y en una palabra, no mantendrá una perfecta armonía entre las partes de su cuerpo, sino en cuanto pueda servir para mantener el acuerdo que debe reinar en su alma.

–No se propondrá otro objeto, si quiere ser verdaderamente músico.

–En consecuencia, buscará la misma armonía respecto a las riquezas, y no se dejará deslumbrar por la idea que la multitud se forma de la felicidad; ¿o bien aumentará sus riquezas hasta el infinito para aumentar sus males en la misma proporción?

–No lo creo.

–Pero teniendo siempre fijos sus ojos en el gobierno de su alma, atento a impedir que la opulencia de una parte y la indigencia de otra desarreglen los resortes hará estudio en conservar siempre el mismo plan de conducta en las adquisiciones y gastos que pueda hacer.

–Sin duda.

–Rigiéndose por estos mismos principios en razón de honores, ambicionará, y si se quiere, tendrá hasta un placer en obtener los que puedan hacerle mejor; y huirá, lo mismo en la vida privada que en la pública, de los que puedan turbar el orden que reina en su alma.

–Pero entonces esquivará el mezclarse en la administración de los negocios.

–No, ¡por el Can!, en su propio estado se encargará con gusto del gobierno; pero dudo que la haga así del de su patria, a no venir en su auxilio el cielo.

–Entiendo. Hablas de este estado cuyo plan hemos trazado y que sólo existe en nuestro pensamiento, porque no crees que exista uno semejante sobre la tierra.

–Por lo menos quizá hay en el cielo un modelo para los que quieran consultarle y arreglar por él la conducta de su alma. Por lo demás, poco importa que tal estado exista o haya de existir algún día; lo cierto es que el sabio no consentirá jamás gobernar otro que no sea éste.

–Es muy probable.

Libro décimo

–Entre todos los motivos que me obligan a creer que el plan de nuestro estado es tan perfecto cuanto es posible, nuestro reglamento sobre la poesía no es el que menos me llama la atención.

–¿Qué reglamento?

–El que prohibe admitir aquella parte de la poesía, que es puramente imitativa. Ahora que hemos fijado con toda claridad la distinción que existe entre las partes del alma, este reglamento me parece más que nunca de una incontestable necesidad.

–¿Cómo?

–Puedo decíroslo con confianza, porque no temo que vayáis a denunciarme a los poetas trágicos y a los demás poetas imitadores. Nada es más capaz de corromper el espíritu de los que lo escuchan que este género de poesía, cuando aquéllos no están provistos del antídoto conveniente, que consiste en saber apreciar este género tal cual es.

–¿Qué es lo que te obliga a hablar de esa manera?

–Voy a decírtelo, si bien mi lengua se ve contenida por cierta delicadeza y cierto respeto que desde mi juventud he tenido a Homero, porque éste es el maestro y el jefe de todos estos bellos poetas trágicos; pero como los miramientos debidos a un hombre son siempre menores que los que deben tenerse a la verdad, es preciso que yo hable.

–Muy bien.

–Escucha, pues; o más bien, respóndeme.

–Interroga.

–¿Puedes decirme lo que es la imitación en general? Por mi parte, te confieso que tengo dificultad en comprender su naturaleza.

–¿Y crees que pueda yo comprenderla mejor que tú?

–No tendría nada de extraño. Muchas veces los de vista débil perciben los objetos antes que los que la tienen muy penetrante.

–Quizá sea así. Pero jamás me atreveré a decir en tu presencia mi opinión sobre ninguna materia. Habla tú, te lo suplico.

–¿Quieres que procedamos en nuestra indagación según nuestro método ordinario? Tenemos costumbre de abrazar bajo una idea general esta multitud de seres, cada uno de los cuales tiene una existencia diferente, pero que se comprenden todos bajo un mismo nombre. ¿Entiendes?

–Entiendo.

–Tomemos de esta clase de seres la que tú quieras. Por ejemplo, hay multitud de camas y de mesas.

–Sin duda.

–Pero estas dos especies de muebles están comprendidas, la una, bajo la idea de cama y, la otra, bajo la idea de mesa.

–Sí.

–También tenemos costumbre de decir, que el obrero que fabrica una u otra de estas dos clases de muebles, no hace la cama o la mesa de que nos servimos, sino conformándose a la idea que de ellas tiene, porque no es la idea misma la que el obrero fabrica; esto es imposible.

–No, seguramente.

–Mira ahora qué nombre conviene dar al obrero que te voy a decir.

–¿A qué obrero?

–Al que hace él solo todo lo que los demás obreros hacen separadamente.

–En verdad que hablas de un hombre muy hábil y muy extraordinario.

–Aguarda, que aún te ha de causar mayor admiración. Este mismo obrero, no sólo tiene el talento de hacer todas las obras de arte, sino que hace también las obras de la naturaleza, las plantas, los animales, todas las demás cosas, y, en fin, hasta se hace a sí mismo. Y no para aquí, porque hace la tierra, el cielo, los dioses, todo lo que hay en el cielo y, bajo de la tierra, en los infiernos.

–He ahí un artista verdaderamente admirable.

–Figúraseme que dudas de lo que yo digo; pero respóndeme: ¿crees que no existe absolutamente un obrero semejante, o crees sólo que todo esto puede hacerse en cierto sentido, y que en otro sentido no pueda hacerse? ¿No ves que tú mismo podrías hacer todas estas cosas de cierta manera?

–Dime de qué manera, si te place.

–No es cosa difícil; se ejecuta frecuentemente y en muy poco tiempo. ¿Quieres hacer la prueba en el acto? Coge un espejo, dirígelo a todas partes, y en el momento harás el sol y todos los astros del cielo, la tierra, a ti mismo, los demás animales, las plantas, las obras de arte y todo lo que antes mencionamos.

–Sí, haré todo lo que dices en apariencia; pero nada de eso existirá, ni tendrá realidad.

–Muy bien. Comprendes perfectamente mi pensamiento. El pintor es un operario de esta especie. ¿No es así?

–Sin duda.

–Me dirás quizá, que no tiene realidad nada de lo que hace; sin embargo, el pintor hace también una cama en cierta manera.

–Sí, pero es una cama aparente.

–¿Y el carpintero qué hace? ¿No acabas de decir, que no hace la idea misma, que llamamos esencia de la cama sino una tal cama en particular?

–Lo he dicho y es la verdad.

–Luego si no hace la esencia misma de la cama, no hace nada real, sino tan sólo una cierta cosa, que representa lo que real y verdaderamente existe. Y si alguno sostuviese, que el artefacto del carpintero o de cualquiera otro obrero tiene una existencia real, muy probablemente se engañaría.

–Por lo menos ésa es la opinión de los versados en estas materias.

–Por lo mismo, no debemos extrañar que estas obras, comparadas con la verdad, valgan bien poco.

–No debemos extrañarlo.

–Conforme a lo que acabamos de decir, ¿quieres que examinemos qué idea debe formarse del imitador de esta clase de obras ?

–Convengo en ello, si lo crees oportuno.

–Hay tres clases de camas; una, que está en la naturaleza y cuyo autor podemos, a mi parecer, decir que es el dios. ¿A qué otro puede tampoco atribuirse?

–A ningún otro.

–La segunda es la que hace el carpintero.

–Sí.

–Y la tercera, la que es obra del pintor; ¿no es así?

–En buen hora.

–Por tanto, el pintor, el carpintero y el dios son los tres artistas que dirigen la elaboración de cada una de estas tres camas.

–Sin duda.

–Respecto del dios, ya lo haya querido o ya haya sido una necesidad para él el hacer una sola cama esencial, el resultado es que no ha hecho más que una, que es la cama propiamente dicha. Jamás ha producido ni dos ni muchas, ni nunca las producirá.

–¿Por qué razón?

–Porque si hiciese solamente dos, aparecería una tercera cuya idea sería común a las otras dos, y aquélla sería la verdadera cama y no las otras dos.

–Es cierto.

–Sabiendo el dios esto, y queriendo ser verdaderamente autor, no de tal cama en particular, lo cual le habría confundido con el fabricante de camas, sino de la cama verdaderamente existente, ha producido la cama, que es una por naturaleza.

–Así ha debido suceder.

–¿Daremos al dios el título de productor de la cama u otro semejante? ¿Qué crees tú?

–Ese título le pertenece, tanto más cuanto que ha hecho por sí mismo la esencia de la cama y la de todas las demás cosas.

–Y al carpintero ¿cómo le llamaremos? El obrador de la cama, sin duda.

–Sí.

–Respecto del pintor ¿diremos que es el obrador o el productor?

–De ninguna manera.

–¿Pues qué es con relación a la cama?

–El único nombre, que razonablemente se le puede dar, es el de imitador de la cosa, respecto de la que los otros son operarios.

–Muy bien. ¿Llamas, por tanto, imitador al autor de una obra que se aleja de la naturaleza tres grados?

–Justamente.

–En la misma forma el autor de tragedias, en calidad de imitador, está alejado tres grados del rey y de la verdad. Lo mismo sucede con todos los demás imitadores.

–Así parece.

–Puesto que estamos de acuerdo acerca de la idea que debe formarse del imitador, responde, te lo suplico, a la pregunta siguiente: ¿el pintor se propone como objeto de imitación lo que en la naturaleza es la esencia de cada cosa, o lo que sale de las manos del operario?

–Lo que sale de las manos del operario.

–¿Tal como es o tal como parece? Explícame este punto.

–¿Qué quieres decir?

–Lo siguiente: una cama ¿no es siempre la misma cama, ya se la mire directamente, ya de perfil? Pero aunque sea la misma en sí, ¿no parece diferente? Otro tanto digo de las demás cosas.

–Sí, la apariencia puede ser diferente, aunque el objeto sea el mismo.

–Fíjate ahora en lo que voy a decir. ¿Qué es lo que se propone la pintura? ¿Es representar lo que es, tal como es, o lo que parece, tal como parece? La pintura ¿es la imitación de la apariencia o de la realidad?

–De la apariencia.

–El arte de imitar está, por consiguiente, muy distante de lo verdadero, y si ejecuta tantas cosas, es porque no toma sino una pequeña parte de cada una; y aun esta pequeña parte no es más que un fantasma. El pintor, por ejemplo, nos representará a un zapatero, a un carpintero o a cualquiera otro artesano, sin conocer nada estos oficios. A pesar de esto, si es un excelente pintor, alucinará a los niños y al vulgo ignorante, mostrándoles de lejos al carpintero que haya pintado, de suerte que tomarán la imitación por la verdad.

–Seguramente.

–Y así, mi querido amigo, cuando alguno venga a decirnos, que ha encontrado a un hombre, que sabe todos los oficios y que reúne él solo en grado eminente todos los conocimientos repartidos entre los demás hombres, es preciso responderle que se equivoca; que se ha dejado engañar por un mago, por un imitador a quien ha creído un hombre hábil, por no poder distinguir la verdadera ciencia de la ignorancia, que sabe imitar a aquélla.

–Es muy cierto.

–Nos falta ahora examinar la tragedia y a Homero que es su padre. Como oímos decir todos los días a ciertas gentes, que los poetas trágicos están muy versados en todas las artes, en todas las ciencias humanas que tienen por objeto el vicio y la virtud, y lo mismo en todo lo concerniente a los dioses; que es indispensable a un buen poeta conocer perfectamente los asuntos que trata, si quiere hacerlo con buen éxito, y que, de no ser así, es imposible que triunfe; debemos nosotros averiguar si los que hablan de esta manera se han dejado engañar por esta clase de imitadores; si su error procede de que, al ver las producciones de estos poetas, han olvidado la observación de que están tres grados distantes de la realidad, y que, sin conocer la verdad, es fácil acertar con esta clase de obras, que en último término no son más que fantasmas, que no tienen ninguna realidad; o en otro caso, averiguar si hay algo de verdad en lo que estas personas dicen, y si efectivamente los buenos poetas entienden las materias sobre que el común de los hombres estima que han escrito bien.

–Es lo que debemos examinar cuidadosamente.

–¿Crees que si alguno fuese igualmente capaz de hacer la representación de una cosa y la cosa misma representada, preferiría consagrar su talento y su vida a no hacer más que vanas imágenes, como si no pudiera emplear el tiempo en otra cosa mejor?

–No lo creo.

–Porque si estuviera realmente versado en el conocimiento de lo que imita, creo que querría más dedicarse a producir por sí, que no imitar lo que hacen los otros; que haría un esfuerzo en distinguirse, dejando para la posteridad, como otros tantos monumentos, numerosos trabajos y preciosas obras; en una palabra, que preferiría merecer elogios a los demás a tener que tributarlos él a éstos.

–Lo creo así, porque esto le produciría más gloria y mayor ventaja.

–No exijamos, pues, de Homero ni de los demás poetas que nos den razón de las mil cosas de que nos han hablado. No les preguntemos si eran médicos o si sabían únicamente imitar el lenguaje de los mismos; si algún poeta antiguo o moderno ha curado enfermos como Esculapio, o si ha dejado a su muerte discípulos sabios en medicina, como el mismo Esculapio lo hizo con sus hijos. Demos de mano todas las demás artes, y no les hablemos de ellas. Pero como Homero se ha arrojado a hablar sobre las materias más importantes y más preciosas, tales como la guerra, la conducción de los ejércitos, la administración de los estados, la educación del hombre, es quizá justo interrogarle y decirle: "Querido Homero, si es cierto que eres un artista, alejado en tres grados de la verdad, incapaz de hacer otra cosa que fantasmas de virtud, porque tal es la definición que hemos dado del imitador; si eres un artista de segundo orden, si has podido conocer lo que puede mejorar o empeorar los estados o los particulares, dinos, ¿qué estado te debe la reforma de su gobierno, como Lacedemonia es deudora a Licurgo, y numerosos estados grandes y pequeños la deben a muchos otros? ¿Qué país habla de ti como de un sabio legislador, y se gloría de haber sacado ventajas de tus leyes? La Italia y la Sicilia han tenido un Carondas; nosotros, los atenienses, hemos tenido un Solón, pero ¿dónde está el pueblo que te reconoce por su legislador?"

–Creo que no hay ni uno solo; por lo menos, los partidarios de Homero nada dicen.

–¿Se hace mención de alguna guerra dirigida con fortuna por Homero mismo o según sus consejos?

–De ningún modo.

–¿Se distinguió por invenciones útiles en las artes o en los demás oficios, de que al parecer habla con tanta sabiduría, como se cuenta de Tales de Mileto y del escita Anacarsis?

–Nada de eso se cuenta de él.

–Si Homero no ha prestado ningún servicio a la sociedad, ¿lo ha hecho siquiera a los particulares? ¿Se sabe que haya influído en la educación de algunos jóvenes a él adictos, y que hayan trasmitido a la posteridad un plan de vida homérica, como se refiere de Pitágoras, que durante su vida fue buscado con este objeto, y que ha dejado sectarios que se distinguen aún hoy entre todos los demás hombres por el género de vida que llaman ellos mismos pitagórico?

–No, Sócrates; nada que se parezca a lo que dices se cuenta de Homero. Creófilo, su compañero, ha debido ser más ridículo aún por sus costumbres que por el nombre que llevaba, si lo que se cuenta es exacto.[84] Se dice, en efecto, que Homero fue durante su vida singularmente despreciado por este personaje.

–Así se cuenta efectivamente. Pero crees, Glaucón, que si Homero hubiera estado en situación de instruir a los hombres y de hacerlos mejores; si hubiera tenido un perfecto conocimiento de las cosas que sólo sabía imitar; ¿crees, digo, que no se hubiera atraído un gran número de personas que le habrían honrado y querido? ¡Qué! Protágoras de Abdera, Prodico de Ceos y tantos otros tienen toda la influencia necesaria sobre el espíritu de sus contemporáneos para convencerlos en conversaciones particulares de que jamás serán capaces de gobernar su patria, ni su familia, si no se hacen sus discípulos; son queridos y respetados por su saber hasta el punto de marchar, por decirlo así, en triunfo por los puntos por donde pasan; y al mismo tiempo, ¿los que vivían en tiempo de Homero y Hesíodo habrían permitido a estos poetas andar solos de ciudad en ciudad recitando sus versos, si hubieran podido sacar de ellos saludables lecciones de virtud? ¿No se habrían sentido atraídos hacia ellos más que a todo el oro del mundo? ¿No hubieran hecho los mayores esfuerzos por retenerles cerca de sí, y caso de no conseguirlo, no les habrían seguido a todas partes, como fieles discípulos, hasta ver terminada su educación?

–Lo que dices, Sócrates, me parece completamente cierto.

–Digamos, por tanto, de todos los poetas, comenzando por Homero, que ya traten en sus versos de la virtud o de cualquiera otra materia, no son más que imitadores de fantasmas, sin llegar jamás a la realidad. Y lo mismo que dijimos antes del pintor, el cual hará un retrato de un zapatero, aunque ningún conocimiento tenga de este oficio, con un parecido tal que los ignorantes, engañados por el dibujo y por el colorido, creerán ver a un verdadero zapatero…

---

84. El nombre de Creófilo se compone de dos palabras griegas, que significan la una *raza,* y la otra *vianda.* Parece que corrían en la antigüedad tradiciones relativas a este personaje, poco honrosas para él.

–Sin contradicción.

–En la misma forma, el poeta, sin otro talento que el de imitar, sabe, con un barniz de palabras y de expresiones figuradas, dar tan bien a cada arte los colores que le convienen, ya hable de zapatería, ya trate de la guerra o de cualquiera otro objeto, que con la medida, el número y la armonía de su lenguaje con vence a los que le escuchan, y que juzgan sólo por los versos, de que está perfectamente instruido en las cosas de que habla; ¡tan poderoso es el prestigio de la poesía! Por lo demás, ya sabes por otra parte el papel que hacen los versos cuando se les quita el colorido musical; no puedes menos de haberlo observado.

–Sí.

–¿No se parecen a esos semblantes, que no teniendo otra belleza que un cierto aspecto de juventud, llegan a perderlo?

–Esa comparación es exacta.

–Pasemos adelante. El autor de fantasmas, es decir, el imitador, sólo conoce la apariencia de los objetos, y de ninguna manera lo que tienen de real; ¿no es así?

–Sí.

–No nos contentemos con tratar someramente esta materia y examinémosla a fondo.

–Conforme.

–El pintor dijimos, pintará una brida y un bocado.

–Sí.

–El guarnicionero y el herrero los fabricarán.

–Muy bien.

–Pero en cuanto a la forma que es preciso dar a la brida y al bocado, ni el pintor, ni el guarnicionero, ni el herrero son competentes. El que sabe servirse de estas prendas, es decir, el picador, ¿no es el único que debe saberlo?

–Es cierto.

–¿No sucede lo mismo con todas las demás cosas?

–¿Cómo?

–Quiero decir que hay tres artes que responden a cada cosa: el arte que se sirve de ella, el que la construye y el que la imita.

–Es cierto.

–Pero ¿a qué tienen las propiedades, la belleza, la perfección de un mueble, de un animal, de una acción cualquiera, sino al uso a que cada cosa está destinada por su naturaleza o por la intención de los hombres?

–A ninguna otra cosa.

–Luego es una necesidad que el que se sirve de una cosa conozca sus propiedades mejor que ningún otro, y que dirija al obrero en su trabajo, enseñándole lo que su obra tiene de bueno y de malo con relación al uso que debe hacerse de ella. El tocador de flauta, por ejemplo, enseñará al que fabrica este instrumento cuáles son las flautas que ofrecen más ventajas, y le prescribirá la manera de hacerlas, y éste le obedecerá.

–Sin duda.

–Y así el primero hablará como un hombre que conoce lo que constituye una flauta buena o mala, y el segundo trabajará bajo la fe del primero.

–Sí.

–El conocimiento que todo obrero tiene de la bondad y de los defectos de su obra, no es, hablando propiamente, más que una simple fe, fundada en las instrucciones que recibió del que se sirve de ella, y a cuyos conocimientos tiene precisión de someterse; mientras que éste tiene un conocimiento especial de las cualidades y de los defectos del instrumento.

–Es cierto.

–En cuanto al imitador, ¿es mediante el uso de la cosa que imita cómo aprende a juzgar si es bella y si está bien o mal hecha? ¿Adquiere, por lo menos, una opinión exacta a causa de la necesidad en que se encuentra de conversar con el que conoce la materia y que le prescribe lo que debe imitar?

–Ni lo uno ni lo otro.

–Luego el imitador no tiene ni principios seguros, ni una opinión fija, tocante a lo que debe ser bueno o malo en todo lo que imita.

–No hay trazas de eso.

–Siendo así, el imitador debe estar sin duda muy versado en el conocimiento de las cosas que imita.

–Nada de eso.

–Sin embargo, no por eso dejará de imitar, aunque no sepa lo que hay de bueno y de malo en cada cosa; y se pondrá a imitar lo que parece bello a la multitud ignorante.

–Inevitablemente.

–Hemos demostrado suficientemente dos cosas: la primera, que todo imitador no tiene sino un conocimiento muy superficial de lo que imita, que su arte no tiene nada de serio, y que no es más que un juego de niños; y la segunda, que todos los que se dedican a la poesía dramática, ya compongan en versos yámbicos, ya en versos heroicos, son todo lo imitadores que se puede ser.

–Sin duda.

–Pero ¡qué!, ¿esta imitación no está distante de la verdad tres grados?

–Sí.

–Por otra parte, ¿sobre qué facultad del hombre ejerce la imitación el poder que tiene?

–¿De qué quieres hablar?

–Vas a saberlo. ¿No es cierto que el mismo grandor mirado de cerca o de lejos no parece igual?

–Sí.

–¿No lo es asimismo que lo que parece derecho o torcido, convexo o cóncavo, visto fuera del agua, no parece lo mismo cuando se ve dentro de ella a causa de la ilusión que los colores producen en los sentidos, lo cual ocasiona evidentemente una gran perturbación en el alma? Pues bien, a esta disposición de nuestra naturaleza es a la que el arte del dibujo, el de los charlatanes y otros semejantes tienden lazos, sin olvidar ningún artificio que pueda valer para seducirla.

–Tienes razón.

–¿Se ha encontrado contra esta ilusión preservativo más seguro que la medida, el número y el peso, para impedir que la relación de los sentidos, tocante a lo que es más o menos grande, más o menos numeroso, más o menos pesado, prevaleciese sobre el juicio de la parte del alma que calcula, que pesa y que mide?

–No.

–Todas estas operaciones ¿no son de la competencia de la razón?

–Sí.

–Pero cuando un hombre ha medido bien una cosa y ha reconocido que es más grande, más pequeña o igual, se dan entonces en nosotros dos juicios opuestos relativos a las mismas cosas.

–Sí.

–¿Y no hemos dicho que era imposible que la misma facultad del alma formase al mismo tiempo y sobre la misma cosa dos juicios contrarios?

–Sí, y hemos tenido razón para decirlo.

–Por consiguiente, lo que juzga en nosotros sin consideración a la medida es diferente de lo que juzga conforme a la medida.

–Sin duda.

–Pero la facultad, que hace relación a la medida y al cálculo, es la parte mejor del alma.

–Sin contradicción.

–Luego la facultad opuesta es alguna cosa inferior en nosotros.

–Es preciso que así sea.

–A esta confesión quería conduciros, cuando decía que, de una parte, la pintura, y en general todo arte que consiste en la imitación, está muy distante de la verdad en todo lo que ejecuta; y que, de otra, esta parte de nosotros mismos, con la que el arte de imitar está en relación, se encuentra también muy distante de la sabiduría y no inspira nada verdadero ni real.

–Estoy conforme.

–Por consiguiente, la imitación, siendo mala de por sí y uniéndose a lo que hay de malo en nosotros, sólo puede producir efectos malos.

–Así debe de ser.

–Pero esto, ¿es cierto tan sólo respecto a la imitación que hiere la vista? ¿Y no puede decirse otro tanto de la que hiere al oído y que llamamos poesía?

–Creo que se puede decir lo mismo.

–No nos detengamos en semejanzas fundadas en la analogía que se encuentra entre la pintura y la poesía; penetremos hasta esta parte del alma, con la cual tiene la poesía un comercio íntimo, y veamos si ella es buena o mala.

–Me agrada.

–Consideremos el punto de esta manera. Diremos que la poesía imitativa nos presenta a los hombres entregados a acciones forzosas o voluntarias, de cuyo resultado depende que se crean dichosos o desgraciados y que se abandonen a la alegría o a la tristeza. ¿Hay en lo que ella hace más que lo que digo?

–Nada más.

–Y bien; ¿en todas estas situaciones el hombre está de acuerdo consigo mismo? ¿No se encuentra, por el contrario, en razón de su conducta, en contradicción en lucha consigo mismo, como se encontraba antes con ocasión de la vista cuando formaba a la vez sobre un mismo objeto dos juicios contrarios? Pero recuerdo que es inútil disputar sobre este punto, porque antes convinimos en que nuestra alma estaba llena de una infinidad de contradicciones, que reinan en ella al mismo tiempo.

–Hemos tenido razón.

–Sin duda. Pero me parece imprescindible examinar ahora lo que entonces omitimos.

–¿De qué se trata?

–Dijimos entonces que un hombre de un carácter moderado, a quien hubiere sucedido alguna desgracia, como la pérdida de un hijo o de otra cosa extremadamente querida, sufrirá esta pérdida con más resignación que cualquiera otro.

–Seguramente.

–Veamos ahora si será completamente insensible a esta pérdida, o si no pudiendo existir semejante insensibilidad, pondrá por lo menos límites a su dolor.

–A decir verdad, me parece que tomará este último partido.

–Dime: ¿En qué momentos se hará más violencia para disimular su dolor? ¿Será cuando se encuentre en presencia de otros, o cuando esté solo, frente a frente de sí mismo?

–Estará más sobre sí cuando esté con otros que cuando esté solo.

–Pero viéndose sin testigos dejará escapar quejas que sentiría se le oyeran; y hará otros muchos extremos, en que no querría ser sorprendido.

–Es cierto.

–Lo que le ordena mantenerse firme contra el dolor es la ley y la razón; por el contrario, lo que le obliga a abandonarse a él es la pasión.

–Convengo en ello.

–Pero cuando el hombre experimenta dos movimientos contrarios con relación al mismo objeto, es una prueba, decimos, de que hay en él dos partes opuestas.

–Sin duda.

–Una, que está pronta a obedecer a la ley en todo aquello que ella prescribe.

–¿Cómo?

–Por ejemplo, la ley dice, que es bueno mantenerse firme en las desgracias y no dejarse llevar de la desesperación, y las razones que tiene, son que se ignora si los accidentes son bienes o males; que nada se adelanta con afligirse; que los sucesos de la vida no merecen que tomemos por ellos un gran interés; y sobre todo, que la aflicción es un obstáculo para hacer lo que proceda en tales circunstancias.

–¿Qué deberá hacerse entonces?

–Tomar consejo de la razón sobre lo que acaba de suceder, reparar los efectos de la mala suerte, como se repara una mala jugada de dados; es decir, por los medios que la razón haya demostrado que son los mejores, y no obrar como los niños, que, cuando sufren una caída, llevan la mano a la parte herida y pierden el tiempo en llorar; antes bien, acostumbrar su alma a aplicar prontamente el remedio a la herida, levantar lo que ha caído, y no malgastar el tiempo en llorar inútilmente.

–Es el mejor partido que podemos tomar cuando acaecen tales desgracias.

–Y es la parte más sana de nosotros mismos la que sabe tomar consejo de la razón.

–Eso es evidente.

–Y esta otra parte que nos recuerda sin cesar nuestras desgracias, que nos hace exhalar lamentos y que nunca se sacia, ¿temeremos decir que es una cierta cosa irracional, cobarde y tímida?

–Sin dudar lo diremos.

–Porque nada se presta mejor a una imitación variada que el dolor y la desesperación; mientras que un carácter sabio, tranquilo, siempre semejante a sí mismo, hay dificultad en imitarle, y la pintura que de él se hiciese sería poco a propósito para conmover esa multitud confusa, que se reúne de ordinario en los teatros; porque sería presentarle la imagen de una condición, que le es completamente extraña.

–Sin contradicción.

–Por otra parte, es evidente que el genio del poeta imitador no le llama en manera alguna a representar esta parte del alma, y que, en su afán de agradar a la multitud, procura separarse de este camino, y más bien se inclina a expresar los caracteres apasionados, cuya variedad hace que sea más fácil el representarlo.

–Es evidente.

–Luego tenemos justos motivos para condenarle y ponerle en la misma clase que al pintor. Tiene de común con él el componer sólo obras sin valor, si se las coteja con la verdad; y también se le parece en que trabaja con el fin de agradar a la parte débil del alma, y no a lo mejor que hay en ella; y por tanto tenemos fundados motivos para rehusarle la entrada en un estado que debe ser gobernado por leyes sabias, puesto que remueve y despierta la parte mala del alma, y al fortificarla destruye el imperio de la razón. Y podemos asegurar que lo que sucedería en un estado, en que los más malos llegasen a ser los más fuertes, revistiéndose de toda la autoridad y haciendo perecer a todos los buenos ciudadanos, es la imagen del desorden, que el poeta imitador introduce en el gobierno interior de cada hombre, por la excesiva complacencia que tiene para con esta parte insensata de nuestra alma, que no sabe distinguir lo que es más grande de lo que es más pequeño; que sobre un mismo objeto se forma ideas tan pronto demasiado grandes, como demasiado pequeñas; que produce fantasmas y que permanece siempre a una distancia infinita de la verdad.

–Es cierto.

–Aún no hemos dicho nada del mayor mal que causa la poesía. ¿No es, en efecto, una cosa bien triste ver que es capaz de corromper el espíritu de las personas discretas a excepción de muy pocas?

–Triste es sin duda, si produce semejante efecto.

–Escucha y luego juzga. Sabes, que todos indistintamente, hasta los más razonables, cuando oímos recitar pasajes de Homero o de cualquiera otro poeta trágico, en que se representa a un héroe angustiado, deplorando su suerte en un largo discurso, prorrumpiendo en gritos y dándose golpes de pecho, sabes, repito, que en aquel acto percibimos un vivo y secreto placer, del que nos dejamos llevar insensiblemente, uniéndose a la compasión, que inspira el héroe, la admiración por el talento del poeta, que tan bien ha sabido conmovernos.

–Lo sé. ¿Y cómo podría ignorarlo?

–Sin embargo, has podido observar que en nuestras propias desgracias creemos comprometido nuestro honor, si no tomamos el partido contrario, quiero decir, si no nos mantenemos firmes y tranquilos, cual conviene a la condición de hombre, abandonando a las mujeres esas mismas lamentaciones que acabamos de aplaudir.

–Sí, lo he observado.

–Pero ¿tiene sentido, no digo el ver sin indignación, sino el aprobar con entusiasmo en otro una situación de que nos ruborizaríamos si nos viésemos en ella, y que condenaríamos en nosotros como una indigna debilidad?

–En verdad, no es razonable.

–No, sin duda; sobre todo si miramos la cosa como debe mirarse.

–¿Cómo?

–Si consideramos que esta parte de nuestra alma, contra la que nos mantenemos firmes en nuestras propias desgracias, que está sedienta de lágrimas y lamentaciones de que querría saciarse, y que busca por naturaleza, es la misma a que los poetas adulan y a la que hacen estudio en complacer; y que, en tales ocasiones, esta otra parte de nosotros mismos, que es la mejor, no estando aún bastante fortificada por la razón y por el hábito, afloja la rienda a la otra parte llorona, excusándose con que no es más que simple espectadora de las desgracias de otro, y que no es vergonzoso para ella dar señales de aprobación y de compasión, al ver las lágrimas, que otro, que se dice hombre de bien, derrama indebidamente; de suerte que tiene por un bien el placer que disfruta en aquel momento, y no consentiría verse privado de él, como se vería si condenara absolutamente esta clase de poemas. Esto procede de que son pocos los que fijan su reflexión en que los sentimientos de otro se hacen infaliblemente nuestros, y que después de haberse mantenido y fortificado nuestra sensibilidad mediante la vista de los males ajenos, es difícil moderarla en los propios.

–Es cierto.

–¿No diremos otro tanto cuando se trata del ridículo? Por aversión que tengas al tipo del bufón, si manifiestas un placer excesivo en oír sus bufonadas, sea en el teatro, sea en conversaciones particulares, te sucederá lo mismo que en las emociones patéticas, es decir, que concluyes por hacer lo que apruebas en los demás. Porque entonces das rienda suelta al deseo de hacer reír, que la razón reprimía antes en ti por temor de pasar por bufón; y después de haber alimentado este deseo en la comedia, no tardarás en dejar escapar en tus relaciones con los demás, hasta sin pensar en ello, dichos que sólo pueden convenir a un farsante de profesión.

–Tienes razón.

–La poesía imitativa produce en nosotros el mismo efecto con respecto al amor, a la cólera y a todas las pasiones del alma, que tienen por objeto el placer y el dolor, y que nos sitian constantemente. En lugar de hacer que se sequen poco a poco, las rocía y las alimenta. La poesía imitativa nos hace viciosos y desgraciados a causa de la fuerza que da a estas pasiones sobre nuestra alma, en vez de mantenerlas a raya y en completa dependencia, para asegurar nuestra virtud y nuestra felicidad.

–No puedo menos de convenir en ello.

–Y así, mi querido Glaucón, cuando oigas decir a los admiradores de Homero, que este poeta ha formado la Grecia, y que, leyéndole, se aprende a gobernar y conducir bien los negocios humanos, y que lo mejor que se puede hacer es someterse a sus preceptos, deberás tener toda clase de miramientos y de consideraciones con los que empleen este lenguaje, como si estuvieran dotados del mayor mérito, y hasta concederles que Homero es el más grande poeta y el primero entre los trágicos; pero al mismo tiempo no pierdas de vista, que en nuestro estado no podemos admitir otras obras de poesía que los himnos a los dioses y los elogios de los hombres grandes; porque tan pronto como des cabida a la musa voluptuosa, sea épica, sea lírica, el placer y el dolor reinarán en el estado en lugar de las leyes, en lugar de esta razón, cuya excelencia han reconocido todos los hombres en todos los tiempos.

–Nada más cierto.

–Puesto que por segunda vez se ha presentado la ocasión de hablar de la poesía, he aquí lo que tenía que decir para justificarnos por haberla desterrado de nuestro estado: la razón nos obligaba a ello. Por lo demás, y para que la poesía misma no nos acuse de haberla tratado con rudeza y tosquedad, será bueno decirle que no es de ahora su disensión con la filosofía. Sirvan de testigos las frases siguientes: "Esta perra arisca que ladra contra su dueña..." "Ese gran hombre que brilla en un círculo de dementes..." "La cuadrilla de sabios que quiere elevarse por encima de Zeus..." "Estos hombres contemplativos sutiles cuyo ingenio aguza la pobreza..." y otras mil que prueban lo antiguo de esta querella.[85] A pesar de esto, protestemos resueltamente que si la poesía imitativa, que tiene por objeto el placer, puede probarnos con buenas razones que no se la debe desechar de un estado civilizado, nosotros la recibiremos con los brazos abiertos, porque no podemos ocultarnos a nosotros mismos la fuerza y la dulzura de sus encantos; pero en ningún caso es permitido hacer traición a la verdad. En efecto; tú mismo, mi querido amigo, ¿no eres uno de los apasionados por la poesía, sobre todo si se trata de la de Homero?

–Sí, seguramente.

–¿No es justo, por tanto, que le demos el derecho de venir a defender su causa delante de nosotros, sea en una oda, sea en cualquiera, otra especie de poema que juzgue conveniente escoger?

–Sin duda.

–En cuanto a sus defensores oficiosos, esos que, sin hacer versos, son amantes de la poesía, les permitiremos que demuestren en prosa, no sólo que es agradable, sino que también es útil a los estados

85. Frases de poetas desconocidos, vuelven a aparecer en las *Leyes,* Libro XII.

y a los particulares para el régimen de la vida; los escucharemos con gusto y ganaremos en ello, si se nos hace ver que une lo útil a lo agradable.

–Sí, en verdad, ganaremos en ello.

–Pero si no consiguen probarnos esto, ¿imitaremos la conducta de los enamorados que se hacen violencia para libertarse de la pasión después que han reconocido el peligro? Efecto del amor que hemos concebido por la poesía desde la infancia, y que se nos ha inspirado en estas bellas repúblicas, en que hemos recibido nuestra educación, desearíamos que nos pudiera aparecer muy buena y muy amiga de la verdad, pero mientras ella no tenga razones sólidas que alegar en su defensa, la escucharemos precaviéndonos contra sus encantos por las razones que acabo de exponer, y procuraremos no volver a caer en la pasión que por ella hemos sentido en nuestra juventud, y de cuya influencia no se libra el común de los hombres. Viviremos persuadidos de que no se debe mirar esta especie de poesía como una cosa seria, ni que afecte a la verdad; que todo hombre que teme por el gobierno interior de su alma, debe estar en guardia contra ella, escucharla con precaución, y en fin, creer que todo lo que hemos dicho es verdadero.

–Consiento en ello con todo mi corazón.

–Porque, mi querido Glaucón, es un gran combate, y más grande que se piensa, aquel en que se trata de ser virtuoso o malo. Ni la gloria, ni las riquezas, ni las dignidades, ni, en fin, la poesía merecen que despreciemos por ellas la justicia y las demás virtudes.

–No puedo menos de conformarme después de lo que hemos dicho, ni creo que se pueda pensar de otra manera.

–Sin embargo, aún no hemos hablado de las mayores recompensas ofrecidas a la virtud.

–Es preciso que sean de un precio infinito, si superan a las que acabamos de exponer

–¿Puede llamarse grande lo que pasa en un pequeño espacio de tiempo? En efecto, el intervalo que separa nuestra infancia de la vejez es bien poco en comparación de la eternidad.

–Puede decirse que no es nada.

–¡Y qué! ¿Piensas que un ser inmortal debe limitar sus cuidados y sus miras a un tiempo tan corto en vez de extenderlos a la eternidad?

–No lo creo, ¿pero a qué viene esta observación?

–¿No sabes que nuestra alma es inmortal y que no perece jamás?...

Al oír estas palabras, Glaucón, mirándome con un aire de sorpresa, me dijo:

–Yo no sé nada. Y tú, ¿podrías probármelo?

–Sí –repuse yo–, si no me engaño; creo que tú podrías hacer otro tanto, porque no es un punto difícil.

–Para mí lo es; y me harás un señalado servicio si me demuestras un punto que crees tan fácil.

–Escucha.

–Habla.

–¿Reconoces que hay bien y mal?

–Sí.

–¿Tienes de lo uno y de lo otro la misma idea que yo?

–¿Qué idea?

–¿Que el mal es todo principio de corrupción y de disolución; y el bien todo principio de conservación y de mejoramiento?

–Sí.

–¿No tiene cada cosa su mal y su bien? La oftalmía, por ejemplo, es el mal de los ojos; la enfermedad, el mal de todo el cuerpo; la niebla es el mal del trigo; la podredumbre, el de la madera; la herrumbre, la del hierro y del bronce; en una palabra, no hay nada en la naturaleza que no tenga su mal y su enfermedad particular. ¿No admites esto conmigo?

–Sí.

–Este mal, ¿no daña a la cosa a que afecta? ¿No concluye por disolverla y destruirla totalmente?

–Sin duda.

–Por consiguiente, cada cosa es destruida por el mal y por el principio de corrupción que lleva en sí; de suerte que, si este mal no tiene fuerza para destruirla, no hay nada que sea capaz de hacerlo; porque el bien no puede producir este efecto respecto a ninguna cosa, como no puede producirlo lo que no es ni bien ni mal.

–¿Cómo podría hacerlo?

–Luego si encontramos en la naturaleza una cosa a la que su mismo mal puede hacer mala, pero que no puede disolverla ni destruirla, desde este momento, ¿no podremos asegurar que esta cosa no puede perecer?

–Así parece.

–¡Pero qué! ¿No hay algo que hace mala al alma?

–Sí, ciertamente; los vicios de que hemos hecho mención: la injusticia, la intemperancia, la cobardía, la ignorancia.

–¿Entre estos vicios hay alguno que pueda alterarla y disolverla? Ten cuidado, no sea que incurramos en error imaginándonos que cuando el hombre injusto e insensato es condenado a muerte por su injusticia, su muerte sea efecto de la injusticia, que es el mal de su alma. He aquí de qué manera es preciso examinar este punto. ¿No es cierto que la enfermedad, que es el principio disolvente del cuerpo, lo mina poco a poco, lo destruye y lo reduce hasta el punto de perder la forma de cuerpo? ¿No lo es que todas las demás cosas de que hemos hablado, tienen su mal propio, que se identifica con ellas, las corrompe por la estancia que en ellas hace y las reduce al extremo de no ser lo que eran?

–Sí.

–En la misma forma, haciendo la aplicación de esto al alma, es preciso ver si la injusticia y los demás vicios, llegando a aposentarse y fijarse en ella, la corrompen, la arruinan hasta conducirla a la muerte separándola del cuerpo.

–Esa aplicación no puede tener lugar respecto del alma.

–Por otra parte, sería contra toda razón decir que un mal extraño destruye una sustancia, que su propio mal no puede destruir.

–Sin duda.

–En efecto, fija tu reflexión, mi querido Glaucón en que ni aun respecto a los cuerpos creemos que su destrucción haya de ser el efecto inmediato de la mala calidad de los alimentos, ya por tener demasiado tiempo, ya por estar corrompidos o por cualquiera otra razón. Si el alimento malo engendra en el cuerpo el mal que le es propio, lo que diremos será que, con ocasión del alimento, el cuerpo ha sido arruinado por la enfermedad, la cual es propiamente su mal; y jamás sostendremos que los alimentos, que son de una naturaleza diferente de la del cuerpo, tengan por su mala calidad la virtud de destruirle, a menos que este mal extraño no haga nacer en él el mal que le es propio.

–Muy bien.

–Por la misma razón, a menos que la enfermedad del cuerpo no engendre la del alma, jamás podremos decir que el alma, que no participa, del mal del cuerpo, pueda perecer por un mal extraño, sin la intervención del mal que le es propio.

–Nada más razonable.

–Por tanto, asentemos la falsedad de esta demostración, o mientras se mantenga en toda su fuerza, guardémonos bien de decir que, ni la fiebre, ni ninguna otra especie de enfermedad, ni el hierro, ni nada, sea lo que sea, aun cuando resultare el cuerpo hecho pedazos, puede dar la muerte al alma, a menos que no se nos haga ver que el efecto de estos accidentes del cuerpo consiste en hacer el alma más injusta y más impía. Y no consintamos que se diga, que ni el alma ni cualquiera otra sustancia perecen por el mal que la sobrevenga de una sustancia de naturaleza diferente, si el mal que le es propio no llega a juntarse con aquél.

–Nadie nos demostrará jamás, que las almas de los que mueren se hacen más injustas por la sola razón de morir.

–Si alguno fuese tan atrevido, que combatiese lo que acabamos de decir, y sostuviese que la muerte hace al hombre más malo y más injusto, para no verse obligado a reconocer la inmortalidad del alma, nosotros le obligaremos a convenir en que si lo que dice es cierto, se sigue de aquí que la injusticia, como la enfermedad, conduce naturalmente a la muerte, que mata mediante una fuerza que tiene en sí misma; y que los que dan entrada en su alma a la injusticia, mueren más o menos pronto, según que son más o menos malvados; lo cual es contrario a la experiencia de todos los días, que nos hace ver que la causa ordinaria de la muerte de los criminales es el suplicio a que se les condena, y no la justicia.

–En efecto, si la injusticia fuese un mal capaz de dar por sí misma la muerte a los hombres malos, no habría razón para mirarla como una cosa tan terrible, puesto que sería un remedio para todos los males. Pienso, por el contrario, que evidentemente la injusticia mata a los demás en cuanto ella puede, mientras que conserva lleno de vida y además muy despierto a aquel en quien fija su estancia; ¡tan distante está la injusticia de darle la muerte!

–Dices verdad, porque si la corrupción del alma, si su propio mal no puede matarla y destruirla, ¿cómo un mal, destinado por su naturaleza a la destrucción de otra sustancia, podría hacer perecer al alma o cualquiera otra cosa, que no sea aquélla sobre la que puede producir naturalmente este efecto?

–Me parece imposible.

–Pero es evidente que una cosa, que no puede perecer ni por su propio mal, ni por un mal extraño debe necesariamente existir siempre, y que si existe siempre es inmortal.

–Sí.

–Sentemos, por tanto, esto como un principio incontestable. Ahora bien, si es así, es fácil concebir que estas mismas almas deben de existir siempre, puesto que no pereciendo ninguna de ellas, no puede disminuir su número. Ya comprendes, que si el número de los seres inmortales se hiciese más grande, estos nuevos seres se formarían de lo que fuese mortal, y que entonces todas las cosas acabarían por ser inmortales.

–Dices verdad.

–No nos permite la razón creer, ni tampoco pensar, que nuestra alma, considerada en el fondo mismo de su ser, sea de una naturaleza compuesta, llena de de semejanza y diversidad.

–¿Cómo?

–Es difícil que lo que resulta de la reunión de muchas partes sea eterno, a menos que la composición sea tan perfecta como acaba de parecernos la del alma.

–En efecto, eso no es probable.

–Las razones que acabamos de alegar y muchas otras demuestran, por tanto, de una manera invencible la inmortalidad del alma. Mas, para conocer su verdadera naturaleza, no se la debe considerar, como lo estamos haciendo, en el estado de degradación a que la conducen su unión con el cuerpo y todos los males que son resultados de esta unión, sino que debe contemplársela atentamente con los ojos del espíritu, tal como es en sí misma, desprendida de todo lo que a ella es extraño. Entonces se verá que es infinitamente más bella; se conocerá con más claridad la naturaleza de la justicia, de la injusticia y de las demás cosas de que hemos hablado. Todo lo que hemos dicho del alma es verdadero con relación a su estado presente; pero así como los que viesen ahora a Glauco el marino, tendrían dificultad en reconocer su primera forma, porque las antiguas partes de su cuerpo han sido unas rotas, otras gastadas y totalmente desfiguradas por las olas y se ha formado otras nuevas de conchas, yerbas marinas y chinarros, de suerte que más bien se parece a un monstruo que a un hombre, tal como antes era; de igual modo el alma se presenta a nosotros desfigurada por mil males. Pero he aquí, mi querido Glaucón, lo que es preciso examinar en ella.

–¿Qué?

–Su amor por la verdad. Es preciso, que fijemos nuestra reflexión en las cosas a que el alma se dirige, en los objetos con que quiere comunicarse, en el enlace íntimo que naturalmente tiene con todo lo que es divino, inmortal, imperecedero, y en lo que debe convertirse, cuando entregándose por entero a este sublime fin, se eleve mediante un noble esfuerzo desde el fondo de este mar en que está sumida, y se desembarace de las conchas y guijarros, que se pegan a ella a causa de la necesidad en que está de alimentarse con las cosas terrenas, necesidad que merece el aplauso de muchos, considerándola como una felicidad. Entonces es cuando verás claramente cuál es la naturaleza del alma, si es simple o compuesta, en una palabra, cuáles son su esencia y su manera de ser. En cuanto al presente, hemos explicado, a mi parecer, bastante bien las pasiones y las inclinaciones a que está sujeta en este mundo.

–Muy bien.

–En esta indagación ¿no hemos despojado la justicia de todo lo que es accesorio, y puesto aparte los honores y las recompensas que tú le has atribuido bajo la fe de Homero y de Hesíodo? ¿No hemos demostrado que la justicia es por sí misma el mayor bien del alma, que ésta debe realizar lo que es justo, ya posea o no el anillo de Giges, y si se quiere también el casco de Hades?[86]

–Muy bien.

–No parecerá mal, mi querido Glaucón, que ahora restituyamos a la justicia y a las otras virtudes, además de estas ventajas que son propias de ellas, las recompensas que los hombres y los dioses han unido a las mismas, y que el hombre justo recibe durante la vida y después de la muerte.

–No, ciertamente.

–Ahora, ¿devolverás tú a la vez lo que te presté al principio de esta conversación.

–¿Qué?

–Quise concederte, que el hombre justo puede pasar por malo y el malo por justo, porque creíste, que si bien era imposible engañar en este punto a los hombres y a los dioses, era sin embargo indispensable suponerlo en obsequio de tu indagación, para que se pudiera apreciar plenamente la justicia y la injusticia, tomadas en sí mismas. ¿No te acuerdas?

–Sería en mí grave falta el no acordarme.

–Ahora que ya las hemos apreciado, te emplazo en nombre de la justicia para que le restituyas los honores que ella recibe de los hombres y de los dioses, y para que ayudes tú mismo a reponerla en todos sus derechos. Después de haberte obligado a convenir en las ventajas que resultan de ser justo, y en que la justicia no defrauda las esperanzas de los que la practican quiero que convengas también en que es infinitamente muy superior a la injusticia en razón de los bienes que la reputación de hombre virtuoso proporciona.

–Nada pides que no sea justo.

---

86. Homero habla de este casco en el libro V de la Ilíada, v. 845; dice que Paris tomó el casco de Hades para que Ares no la viese. Este casco hacía al que lo llevaba invisible a los dioses, como el anillo de Giges le hacía invisible a los hombres.

–Me concederás, en primer lugar, que el hombre virtuoso y el hombre malo son conocidos por los dioses tales como son.

–Te lo concedemos.

–Y que si es así, el uno es querido de los dioses y el otro aborrecido, como convinimos desde el principio.

–Es cierto.

–¿No me concederás también que el hombre querido de los dioses sólo puede esperar de su parte bienes, y que, si algunas veces recibe males, es en expiación de las faltas de su vida pasada?

–Sin contradicción.

–Es preciso reconocer, por tanto, respecto del hombre justo, ya se encuentre pobre o enfermo, o en cualquiera otra situación que se considere como desgraciada, que sus pretendidos males se convertirán en ventaja suya durante su vida o después de su muerte. Porque la providencia de los dioses necesariamente se fija en el que se esfuerza en hacerse justo y en llegar mediante la práctica de la virtud a la más perfecta semejanza que puede tener el hombre con la divinidad.

–No es natural que un hombre de este carácter sea despreciado por aquel a quien se esfuerza en parecerse.

–Del hombre malo, ¿no debe pensarse lo contrario?

–Sin duda.

–Y así, de parte de los dioses, los frutos de la victoria pertenecen al justo.

–Por lo menos ésa es mi opinión.

–Y de parte de los hombres ¿no sucede lo mismo, puesto que es preciso decir la verdad? ¿No sucede a los hombres malos y perversos lo que a los atletas, que corren perfectamente a la ida, pero que no hacen lo mismo a la vuelta? Al pronto se lanzan con rapidez, pero al final de la carera dan lugar a que se burlen de ellos, cuando se los ve, con las orejas caídas, retirarse precipitadamente sin ser coronados, mientras que los verdaderos corredores llegan al término, consiguen el premio y, reciben la corona ¿Los justos no tienen de ordinario la misma suerte, quiero decir, que al término de cada una de sus empresas, de su carrera y de su vida, reciben de los hombres el tributo de gloria y de recompensa que les es debido?

–Tienes razón.

–¿Consentirás, pues, en que yo aplique a los justos lo que tú mismo has dicho de los malos? Sostengo que los justos, cuando han alcanzado la edad madura, llegan a obtener en el estado en que viven todas las dignidades a que aspiran; que contraen uniones a su elección ellos y sus hijos; en una palabra, todo lo que tú has dicho de aquéllos, lo digo yo de éstos. En cuanto a los hombres malos, sostengo que aun cuando hayan conseguido ocultar lo que son, en su mayor parte se descubren al fin de su carrera; que cuando llegan a la vejez, ven caer sobre sí el ridículo y el oprobio; que son el juguete de los extranjeros y de sus conciudadanos, y para servirme de expresiones que considerabas demasiado fuertes respecto del justo, pero que son verdaderas respecto del perverso, digo, que serán azotados, sometidos al tormento y quemados con hierros candentes; en una palabra, imagínate que oyes de mi boca todos los géneros de suplicios de que tú hacías mención entonces. Veamos si quieres concederme que habrán de sufrir todo esto.

–Sí, tanto más cuanto que nada dices que no sea razonable.

–Tales son las ventajas, el salario y las recompensas que el justo recibe durante su vida de parte de los hombres y de los dioses, además de los bienes que le proporciona la práctica de la justicia.

–Estas ventajas son, a la vez, gloriosas y positivas.

–Pero no son nada, ni por el número ni por la magnitud, en comparación de los bienes y de los males reservados en la otra vida a la virtud y al vicio. Necesitamos hacer mérito de ellos, para dar al justo y al malo lo que tienen derecho a esperar de nosotros en esta conversación.

–Pocas cosas hay que esté yo más deseoso de escuchar; habla, pues.

–No es la historia de Alcinoo[87] la que voy a referir, sino la de un hombre de corazón. Er el armenio, originario de Panfilia. Después

87. Es decir, una historia falsa, tal como la de Odiseo a Alcinoo entre los feacios.

de haber muerto en una batalla, como a los diez días se fuera a recoger los cadáveres que ya estaban corrompidos, se encontró el suyo sano y entero; y conducido a su casa, cuando al duodécimo día estaba sobre la hoguera, volvió a la vida, y refirió a los circunstantes lo que había visto en el otro mundo: "En el momento que mi alma salió del cuerpo –dijo– llegué con otra infinidad de ellas a un sitio de todo punto maravilloso, donde se veían, en la tierra, dos aberturas, próximas la una a la otra, y, en el cielo, otras dos, que correspondían con las primeras. Entre estas dos regiones estaban sentados jueces, y así que pronunciaban sus sentencias, mandaban a los justos tomar su camino por la derecha, por una de las aberturas del cielo, después de ponerles por delante un rótulo que contenía el juicio dado en su favor; y a los malos les obligaban a tomar el camino de la izquierda, por una de las aberturas de la tierra, llevando a la espalda otro rótulo semejante, donde iban consignadas todas sus acciones. Cuando yo me presenté, los jueces decidieron que era preciso llevase a los hombres la noticia de lo que pasaba en el otro mundo, y me mandaron que oyera y observara en aquel sitio todas las cosas de que iba a ser testigo. Vi en primer lugar a las almas de los que habían sido juzgados, unas subir al cielo, otras descender a la tierra por las dos aberturas que se correspondían; mientras que por la otra abertura de la tierra vi salir almas cubiertas de basura y de polvo, al mismo tiempo que por la otra del cielo descendían otras almas puras y sin mancha. Parecían venir todas de un largo viaje, y detenerse con gusto en los prados como en un punto de reunión. Las que se conocían, se pedían unas a otras, al saludarse, noticias acerca de lo que pasaba en el cielo y en la tierra. Unas referían sus aventuras con gemidos y lágrimas, que les arrancaba el recuerdo de los males que habían sufrido o visto sufrir a los demás durante su estancia en la tierra, cuya duración era de mil años, otras, que volvían del cielo, hacían la historia de los deliciosos placeres que habían disfrutado y de las cosas maravillosas que habían visto." Pero, a fin de cuentas, sería muy largo, mi querido Glaucón, referirte por entero el discurso del armenio Er sobre este punto. Se reducía a decir que las almas eran castigadas diez veces por cada una de las injusticias que habían cometido durante la vida; que la duración de cada castigo era de cien años, duración natural de la vida humana, a fin de que el castigo fuese siempre décuplo para cada crimen. Y así, los que se han manchado con muchos asesinatos, que han vendido los estados y los ejércitos, que los han reducido a la esclavitud, o que se han hecho culpables de cualquiera otro crimen semejante, eran atormentados con el décuplo por cada uno de estos crímenes Aquellos, por el contrario, que han hecho bien a los hombres, que han sido santos y virtuosos, recibían en la misma proporción la recompensa de sus buenas acciones. Respecto a los niños muertos luego de su nacimiento, Er daba otros detalles que es superfluo referir. Había, según su historia, recompensas más grandes aún para los que habían honrado los dioses y respetado a sus padres; y suplicios extraordinarios para los impíos, los parricidas y los homicidas a mano armada. El armenio Er, de Panfilia, añadía: "Estaba yo presente cuando un alma preguntó a otra dónde estaba el gran Ardieo. Ardieo había sido tirano de una ciudad de Panfilia mil años antes; había dado muerte a su padre, que era de avanzada edad, y a su hermano mayor, y cometido, según se decía, otros muchos crímenes enormes. No viene, respondió el alma, ni vendrá jamás aquí. Todos fuimos testigos en esta ocasión del espectáculo más aterrador. Cuando estábamos a punto de salir del abismo subterráneo, después de haber purgado nuestras culpas y sufrido nuestros castigos, vimos a Ardieo y a muchos más, que eran en su mayor parte tiranos como él, y también vimos a algunos particulares, que en su condición privada habían sido grandes criminales. En el momento que intentaron salir, la abertura les impidió el paso, y todas las veces que alguno de estos miserables, cuyos crímenes no tenían remedio o no habían sido suficientemente expiados, se presentaba para salir, se dejaba oír en la abertura un bramido. Al producirse este estruendo, acudieron personajes horribles que parecían como de fuego. Por lo pronto estos seres espantosos condujeron a viva fuerza a un cierto número de aquellos criminales; en seguida se apoderaron de Ardieo y de los demás, les ataron los pies, las manos y la cabeza, y después de haberlos arrojado en tierra y de desollarlos a fuerza de golpes, los arrastraron fuera del camino sobre sangrientas zarzas, diciendo a las sombras que encontraban el motivo por qué trataban así a estos criminales, y que iban a precipitarlos en el Tártaro. Esta alma añadía que entre los diversos terrores de que se veían agitadas durante el camino, ninguno les causaba tanto espanto como el temor de que se oyera el bramido en la abertura en el momento de salir, y que había sido para ellas un placer inexplicable el no haberlo oído al tiempo de su salida. De esta manera eran, poco más o menos, los juicios de las almas, los suplicios y las recompensas. Después que cada una de estas almas hubo pasado siete días en estos prados, partieron al octavo, y en cuatro días de jornada llegaron a un punto desde el que se veía una luz que atravesaba el cielo y la tierra, recta como una columna, y semejante a Iris, pero más brillante y más pura.[88] A esta luz llegaron después de otro día de jornada. Allí vieron que las extremidades del cielo venían a parar al centro de esta luz, que les servía de lazo y que abrazaba toda la circunferencia del cielo, poco más o menos, como esas piezas de madera que ciñen los costados de las galeras y sostienen toda la armadura. De estas extremidades está pendiente el huso de la necesidad, el cual daba impulso a todas las revoluciones celestes. El cuerpo del huso y el gancho eran de acero, y el peso, una mezcla de acero y otras materias. Este peso se parecía por la forma a los pesos de este mundo. Mas para tener de él una idea exacta, es preciso representarse un gran peso hueco por dentro, en el que esté engastado otro peso más pequeño, como los vasos que entran uno en otro En el segundo peso había un tercero, en éste un cuarto, y así sucesivamente hasta el número de ocho, dispuestos entre sí a manera de círculos concéntricos. Se veía por arriba el borde superior de cada uno, y todos presentaban al exterior la superficie continua de un solo peso alrededor del huso, cuyo tronco pasaba por el centro del octavo. Los bordes circulares del peso exterior eran los más anchos; después los del sexto, los del cuarto, los del octavo, los del séptimo, los

88. La vía lactea.

del quinto, los del tercero y los del segundo iban disminuyendo en anchura en este mismo orden. El círculo, formado por los bordes del peso más grande, era de diferentes colores.[89] El del séptimo era de un color muy brillante.[90] El del octavo tomaba del séptimo su color y su brillo.[91] El color de los círculos segundo y quinto era casi el mismo, y tiraba más a amarillo.[92] El tercero era el más blanco de todos.[93] El cuarto era un poco encarnado.[94] En fin, el segundo superaba en blancura al sexto.[95] El huso entero rodaba sobre sí mismo con un movimiento uniforme, mientras que en el interior los siete pesos concéntricos se movían lentamente en una dirección contraria. El movimiento del octavo era el más rápido. Los del séptimo, el sexto y del quinto eran menores e iguales entre sí. El cuarto era el tercero en velocidad, el tercero era el cuarto; y el movimiento del segundo era el más lento de todos. El huso mismo giraba entre las rodillas de la necesidad. En cada uno de estos círculos había una sirena que giraba con él, haciendo oír una sola nota de su voz siempre con el mismo tono, de suerte que de estas ocho notas diferentes resultaba un acorde perfecto.[96] Alrededor del huso y a distancias iguales estaban sentadas en tronos las tres parcas, hijas de la necesidad: Laquesis, Cloto y Atropos, vestidas de blanco y ceñidas sus cabezas con cintillas. Acompañaban con su canto al de las sirenas; Laquesis cantaba lo pasado; Cloto lo presente; y Atropos lo venidero. Cloto, tocando por intervalos el huso con la mano

89. Las estrellas del zodíaco.
90. El sol.
91. La luna y la ierra.
92. Saturno y Mercurio.
93. Júpiter.
94. Marte.
95. Venus.
96. Los ocho pesos, encajados los unos a los otros, son los ocho ciclos, el de las estrellas fijas y los siete planetas; los círculos formados por los bordes de cada peso son las órbitas que describen los astros. La sirena, situada sobre cada uno de estos circulos, es el astro mismo. El resto del emblema es relativo a la velocidad respectiva de los planetas, a su magnitud o su diámetro medido por la anchura de los bordes de cada peso, a su color representado por el de los círculos.

derecha, le obligaba a hacer la revolución exterior. Atropos, con la mano izquierda, imprimía el movimiento a cada uno de sus pesos interiores; y Laquesis con una y otra mano tocaba tan pronto el huso como los pesos interiores. Luego que las almas llegaron, las fue preciso presentarse delante de Laquesis Por lo pronto un hierofante señaló a cada una su puesto; en seguida, habiendo tomado del regazo de Laquesis la distinta suerte y las diferentes condiciones humanas, subió a un tablado elevado y habló de esta manera: –He aquí lo que dice la virgen Laquesis, hija de la necesidad: «Almas pasajeras, vais a comenzar una nueva carrera y a entrar en un cuerpo mortal. Un genio no os escogerá, sino que cada una de vosotras escogerá el suyo. La primera que la suerte designe escogerá la primera, y su elección será irrevocable. La virtud no tiene dueño; se une a quien la honra y huye del que la desprecia. Cada cual es responsable de su elección, porque el dios es inocente».– Cuando terminó de decir estas palabras, tan sabias, el hierofante echó suertes, y cada alma recogió la que cayó delante de ella, excepto yo, pues no se me permitió hacerlo. Entonces conoció cada cual en qué orden debía escoger. En seguida el mismo hierofante arrojó en tierra delante de ellas géneros de vida de todas clases, cuyo número era mucho mayor que el de las almas que debían escoger, porque todas las condiciones, tanto de los hombres como de los animales, se encontraban allí revueltas. Había tiranías, unas que debían durar hasta la muerte; otras que habrían de verse bruscamente interrumpidas y concluir en la pobreza, el destierro y la mendicidad. Se veían igualmente condiciones de hombres célebres, éstos por la belleza, por la fuerza, por su reputación en los combates; aquéllos, por su nobleza y las grandes cualidades de sus antepasados; se veían también condiciones oscuras bajo todos estos conceptos. Había asimismo destinos de mujeres igualmente variados. Pero nada había dispuesto sobre el rango de las almas, porque cada una debía necesariamente mudar de naturaleza, según su elección. Por lo demás las riquezas, la pobreza, la salud, las enfermedades, se encontraban en todas las condiciones; aquí sin ninguna mezcla, allá justamente compensados los bienes y los males", dijo, finalmente, Er.

Aquí tienes evidentemente, mi querido Glaucón, la prueba terrible para la humanidad. Y así cada uno de nosotros, despreciando todos los demás estudios, debe dedicarse sólo a aquel que le haga conocer al hombre, cuyas lecciones puedan ponerle en estado de discernir las condiciones dichosas y desgraciadas y escoger siempre la mejor; y llegará a conseguirlo siempre que repase en su espíritu todo lo que hemos dicho hasta ahora y juzgue de lo que puede contribuir más a la felicidad de la vida por el examen que hemos hecho de las diferentes condiciones consideradas junta o separadamente. Así es como aprenderá, por ejemplo, qué grado de belleza, mezclado con una cierta dosis de riqueza o de pobreza y una cierta disposición del alma, hace al hombre malo o virtuoso; qué efecto deben producir el nacimiento ilustre y el nacimiento oscuro, la vida privada y las dignidades, la fuerza del cuerpo y la debilidad, la mayor o menor aptitud para las ciencias; en una palabra, las diferentes cualidades naturales o adquiridas, cotejadas las unas con las otras, de suerte que, después de haber reflexionado sobre todo esto, sin perder de vista la naturaleza del alma, podrá distinguir el género de vida que le es ventajoso del que le sería funesto; llamará funesto al que le conduzca a hacer su alma más injusta, y ventajoso al que la haga más virtuosa, sin tener en cuenta todo lo demás; porque ya hemos visto que éste es el mejor partido que puede tomarse, sea en vida, sea para la otra. Es preciso conservar hasta la muerte el alma firme e inalterable en este sentimiento, para que no se deje alucinar en este mundo ni por las riquezas, ni por los demás males de esta naturaleza; que no se exponga, arrojándose con avidez sobre la condición de tirano u otra semejante, a cometer un gran número de males sin remedio y sufrirlos aún mayores; antes bien debe saber fijarse para siempre en un estado intermedio, evitando igualmente los dos extremos, en cuanto de ella dependa, así en la vida presente como en todas las demás por las que habrá de pasar. En esto consiste la felicidad del hombre. Además, según la relación del armenio, el hierofante había añadido: "El que escoja el último, con tal que lo haga con discernimiento y que después sea consecuente en su conducta, puede prometerse una vida dichosa y exenta de males. Así, pues, que ni el primero que haya de escoger se entregue a una excesiva confianza, ni el último desespere". Y debemos de tener en cuenta que, después que el hierofante hubo hablado de esta manera, el primero a quien tocó la suerte se adelantó apresuradamente, y sin más examen cogió la tiranía de más cuenta que encontró allí, arrastrado por su avidez y su imprudencia; pero cuando hubo considerado y visto que su destino era el devorar a sus propios hijos y el cometer otros crímenes enormes, se lamentó, y, olvidando las advertencias del hierofante, acusó de su suerte a la fortuna, a los dioses, en fin, a todo menos a sí mismo. Esta alma era una de las que venían del cielo, había vivido antes en un estado bien gobernado, y había debido su virtud a la bondad de su índole y a la fuerza del hábito más bien que a la filosofía. He aquí por qué las almas procedentes del cielo no eran las menos entre las que se engañaban en su elección por no tener experiencia de los males de la vida. Por el contrario, la mayor parte de las que habían permanecido en la región subterránea, y que a la experiencia de sus propios sufrimientos unían el conocimiento de los males de otros, no escogían tan a la ligera. Esta experiencia, de una parte, y esta inexperiencia, de otra, independientemente del azar que decidía del lugar en que debía ser llamada para escoger, hacía que la mayor parte de las almas cambiasen una buena condición por una mala, y una mala por una buena. Así un hombre, que cada vez que volviese a este mundo, se aplicase constantemente a la sana filosofía, con tal que su turno de elección no fuese el último de todos, sería muy probablemente, conforme a esta historia, no sólo feliz en la tierra, sino también en su viaje a este mundo, y al volver marcharía por el camino llano del cielo y no por el sendero subterráneo y penoso. El armenio Er decía también que era un espectáculo curioso ver de qué manera cada alma hacía su elección; nada más extraño ni más digno a la vez de compasión y de risa. Las más se guiaban en la lección por los hábitos de la vida precedente. Vio al alma de Orfeo escoger la condición de cisne en odio a las mujeres, que le habían dado muerte en otro tiempo, no queriendo merecer su nacimiento a ninguna de ellas; y al alma de Tamiris escoger la condición de ruiseñor. Vio también a un cisne adoptar la condición humana, y lo mismo hicieron otros pájaros músicos. Otra alma escogió la condición de león, que fue la de Ayax, hijo de Telamón, el cual recordando la afrenta que sufrió en el juicio que tuvo lugar con motivo de las armas de Aquiles, rehusó tomar un cuerpo humano. Después llegó el alma de Agamenón, que teniendo también aversión al género humano a causa de sus pasadas desgracias, escogió la condición de águila. El alma de Atalanto, como se fijara en los grandes honores que reciben los atletas no pudo resistir al deseo de hacerse ella también atleta. El alma de Epeo, hijo de Panopea, prefirió la condición de una mujer hábil en trabajos manuales;[97] el alma del bufón Tersites, que se presentó de los últimos, vistió el cuerpo de un mono. El alma de Odiseo, que fue el último llamado por la suerte, vino también a escoger, pero recordando sus infortunios pasados y ya sin ambición, anduvo buscando por mucho rato, hasta que al fin descubrió en un rincón, como despreciada la condición pacífica de un simple particular, que todas las demás almas habían dejado; y exclamó al verla, que aun cuando hubiera sido la primera a escoger, no habría hecho nunca otra elección. "Había –añadió el armenio– almas de animales que mudaban su condición por la nuestra; y almas humanas que pasaban a cuerpos de animales; las de los malos a las especies feroces; las de los buenos a especies domesticadas; lo cual daba lugar a mezclas de toda clase." Sin embargo, sabemos que, después que todas las almas escogieron su género de vida en el lugar marcado por la suerte, se aproximaron en el mismo orden a Laquesis, la cual dio a cada una el genio que ella había preferido, para que le sirviese de guarda durante el curso de su vida mortal y le ayudase a cumplir su destino. Este genio la conducía primero a Cloto, para que con su mano y una vuelta de huso confirmase el destino escogido. Después que el alma había tocado el huso, el genio la llevaba desde aquí a Atropos, que enrollaba el hilo para hacer irrevocable lo que había sido hila-

97. Epeo es el que construyó el caballo de madera con que los griegos tomaron Troya. *Eneida*, II, v. 264.

do por Cloto. En seguida, no siendo ya posible volver atrás, se dirigían al trono de la Necesidad, por bajo del cual el alma y su genio o demonio pasaban juntos. En el momento que todas hubieron pasado, se trasladaron a la llanura del Leteo, donde experimentaron un calor insoportable, porque en este llano no había plantas ni árboles. Pasaron en seguida la noche al pie del río Ameles, cuya agua no puede ser contenida por ninguna vasija. Es preciso que cada alma beba de esta agua hasta cierta cantidad. Las que por imprudentes no se contienen y beben más allá de la medida prescrita, pierden absolutamente la memoria. En seguida se entregaron todas al sueño, pero a media noche se oyó un trueno acompañado de temblores de tierras, y las almas, despertando llenas de sobresalto, fueron dispersadas acá y allá, como estrellas errantes, marchando a los distintos puntos en que debían renacer. En cuanto a Er, según decía, se le impidió beber el agua del río; pero sin embargo, sin saber por dónde ni cómo, su alma se había unido a su cuerpo; y al abrir sus ojos de repente en la madrugada, vio que estaba tendido sobre la pira. Esta fábula, mi querido Glaucón, se ha preservado del olvido, y si le damos crédito, puede preservarnos a nosotros mismos, porque pasaremos con felicidad el río Leteo, y mantendremos nuestra alma libre de toda mancha. Por tanto, si quieres creerme, convencidos de que nuestra alma es inmortal y capaz por su naturaleza de todos los bienes como de todos los males, marcharemos siempre por el camino que conduce a lo alto, y nos consagraremos con todas nuestras fuerzas a la práctica de la justicia y de la sabiduría. Por este medio viviremos en paz con nosotros mismos y con los dioses, y después de haber alcanzado en la tierra el premio destinado a la virtud, a semejanza de los atletas victoriosos que son llevados en triunfo, seremos dichosos en este mundo y durante ese viaje de mil años, cuya historia acabamos de referir.

Índice

Estudio preliminar

La República o El Estado

•FONTANA•

1. **LA DIVINA COMEDIA,** Dante
2. **EL ARTE DE LA GUERRA,** Sun Tzu
3. **LA ILÍADA,** Homero
4. **LA ODISEA,** Homero
5. **LA ENEIDA,** Virgilio
6. **EL RETRATO DE DORIAN GRAY,** Oscar Wilde
7. **LA METAMORFOSIS,** Franz Kafka
8. **FRANKENSTEIN,** Mary Shelley
9. **NECRONOMICÓN, LOS MEJORES RELATOS,** H. P. Lovecraft
10. **ALICIA EN EL PAÍS DE LAS MARAVILLAS,** L. Carroll
11. **A TRAVÉS DEL ESPEJO,** Lewis Carroll
12. **LA VUELTA AL MUNDO EN OCHENTA DÍAS,** J. Verne
13. **DRÁCULA,** Bram Stoker
14. **CUENTOS DE LA SELVA,** Horacio Quiroga
15. **EL FANTASMA DE LA ÓPERA,** Gaston Leroux
16. **LA BELLA Y LA BESTIA,** Velleneuve y Beaumont
17. **DE LA TIERRA A LA LUNA,** Julio Verne
18. **EL PROCESO,** Frank Kafka
19. **CUENTOS DE AMOR DE LOCURA Y DE MUERTE,** H. Quiroga
20. **ROMEO Y JULIETA,** William Shakespeare
21. **ASÍ HABLABA ZARATUSTRA,** Friedrich Nietzsche
22. **MANIFIESTO COMUNISTA,** K. Marx y F. Engels
23. **EL PRÍNCIPE,** Nicolás Maquiavelo
24. **EL KYBALIÓN,** Tres Iniciados
25. **MÁS ALLÁ DEL BIEN Y DEL MAL,** Friedrich Nietzsche
26. **EL ANTICRISTO,** Friedrich Nietzsche
27. **APOLOGÍA DE SÓCRATES,** Platón
28. **DIÁLOGOS,** Platón
29. **METAFÍSICA,** Aristóteles
30. **RETÓRICA,** Aristóteles
31. **ÉTICA A NICÓMACO,** Aristóteles
32. **ELOGIO DE LA LOCURA,** Erasmo de Rotterdam
33. **AURORA,** Friedrich Nietzsche
34. **AZUL...,** Rubén Darío
35. **SELECCIÓN POÉTICA,** Federico García Lorca
36. **SENTIDO Y SENSIBILIDAD,** Jane Austen
37. **EL FANTASMA DE CANTERVILLE Y OTROS RELATOS,** O. Wilde
38. **EL PRÍNCIPE FELIZ Y OTROS CUENTOS,** Oscar Wilde
39. **CORAZÓN: DIARIO DE UN NIÑO,** Edmondo de Amicis
40. **ALREDEDOR DE LA LUNA,** Julio Verne

41. **LA MURALLA CHINA,** Franz Kafka
42. **AMÉRICA,** Franz Kafka
43. **EL PERRO DE LOS BASKERVILLE,** Arthur Conan Doyle
44. **EL DOCTOR JEKYLL Y MISTER HYDE,** Robert Louis Stevenson
45. **YERMA · DOÑA ROSITA LA SOLTERA,** Federico García Lorca
46. **SELECCIÓN DE CUENTOS,** Hermanos Grimm
47. **SELECCIÓN DE CUENTOS,** Christian Andersen
48. **EL MARAVILLOSO MAGO DE OZ,** Lyman Frank Baum
49. **EL CREPÚSCULO DE LOS ÍDOLOS,** Friedrich Nietzsche
50. **LA REPÚBLICA,** Platón
51. **EL CUERVO Y OTROS POEMAS,** Edgar Allan Poe
52. **LA MÁSCARA DE LA MUERTE ROJA Y OTROS RELATOS,** E. A. Poe
53. **EL CONTRATO SOCIAL,** Rousseau
54. **TRES ENSAYOS SOBRE LA TEORÍA SEXUAL,** Sigmund Freud
55. **PRINCIPIOS ELEMENTALES DE LA FILOSOFÍA,** Georges Politzer
56. **POPOL VUH & CHILAM BALAM**
57. **CANCIÓN DE NAVIDAD,** Charles Dickens
58. **EL INVITADO DE DRÁCULA Y OTRAS HISTORIAS DE TERROR,** Bram Stoker
59. **SALOMÉ & UNA MUJER SIN IMPORTANCIA,** Oscar Wilde
60. **INVESTIGACIÓN SOBRE LA NATURALEZA Y CAUSAS DE LA RIQUEZA DE LAS NACIONES,** Adam Smith
61. **EL ESCARABAJO DE ORO Y OTROS RELATOS,** Edgar Allan Poe
62. **HOJAS DE HIERBA,** Walt Whitman
63. **TAO TE KING,** Lao Tse
64. **MARTÍN FIERRO,** José Hernández
65. **MARÍA,** Jorge Isaacs
66. **EL ARTE DE AMAR · EL REMEDIO DEL AMOR,** Ovidio
67. **EL PROFETA · EL JARDÍN DEL PROFETA,** Khalil Gibrán
68. **DESOBEDIENCIA CIVIL Y OTROS TEXTOS,** Henry David Thoreau
69. **EL VALLE DEL TERROR,** Arthur Conan Doyle
70. **LA TEOGONÍA,** Hesíodo
71. **LA CASA DE BERNARDA ALBA · LA ZAPATERA PRODIGIOSA,** Federico García Lorca
72. **LAS FLORES DEL MAL,** Charles Baudelaire
73. **EL TERROR EN LA LITERATURA,** H. P. Lovecraft
74. **EL MUNDO COMO YO LO VEO,** Albert Einstein
75. **LOS MITOS DE CTHULHU,** H. P. Lovecraft
76. **UTOPÍA,** Tomás Moro
77. **EL GATO NEGRO Y OTROS RELATOS,** Edgar Allan Poe
78. **EN LAS MONTAÑAS DE LA LOCURA,** H. P. Lovecraft
79. **CUMBRES BORRASCOSAS,** Emily Brontë